钱塘史学论丛

浙江工商大学历史系 编

浙江工商大学出版社
ZHEJIANG GONGSHANG UNIVERSITY PRESS
·杭州·

图书在版编目(CIP)数据

钱塘史学论丛 / 浙江工商大学历史系编 . — 杭州：
浙江工商大学出版社，2022.6
ISBN 978-7-5178-4976-6

Ⅰ．①钱… Ⅱ．①浙… Ⅲ．①史学－文集 Ⅳ．
① K0－53

中国版本图书馆 CIP 数据核字 (2022) 第 096080 号

钱塘史学论丛
QIANTANG SHIXUE LUNCONG

浙江工商大学历史学系 编

责任编辑	郑　建	
责任校对	何小玲	
封面设计	浙信文化	
责任印制	包建辉	
出版发行	浙江工商大学出版社	
	（杭州市教工路 198 号　邮政编码 310012）	
	（E-mail：zjgsupress@163.com）	
	（网址：http://www.zjgsupress.com）	
	电话：0571-88904980，88831806（传真）	
排　　版	杭州彩地电脑图文有限公司	
印　　刷	杭州高腾印务有限公司	
开　　本	710mm×1000mm　1/16	
印　　张	16.75	
字　　数	248 千	
版印次	2022 年 6 月第 1 版　2022 年 6 月第 1 次印刷	
书　　号	ISBN 978-7-5178-4976-6	
定　　价	69.00 元	

目　录

CONTENTS

孔子民本经济思想新论

李　军

　　孔子创立的儒家学说以及在此基础上发展起来的儒家思想中蕴藏着解决当代人类面临的难题的重要启示，其中以民为本、安民富民乐民的思想等，可以为人们认识和改造世界提供有益启迪，也可以为治国理政提供有益启示。本文以春秋晚期社会经济为背景，在缜密的史实考辨和语义分析基础上，论述孔子民本经济思想的历史形成、核心要义和主要内容，以期为新时代经济社会发展提供有益启发。

一、孔子民本经济思想的历史形成

　　孔子民本经济思想的历史文化渊源是上古三代，特别是西周以来传统德治思想与宗法制度的长期影响，产生的条件是春秋晚期社会变迁引发的观念更新，学理呈现则是孔子仁学思想在经济领域的自然展开。

　　孔子民本经济思想可以溯源到三代之治的德治重民思想。孔子祖述尧、舜、禹之政，谓其"所重民、食、丧、祭"，称赞其"恭则不侮，宽则得众，信则民任焉，敏则有功，惠则足以使人"，以及"天下之民归心焉"（《论语·尧曰》）。[①]子张问仁于孔子，孔子回答"恭、宽、信、敏、惠""能行五者于天下，为仁矣。"（《论语·阳货》），这恰与三代重民的施政理念相接续，而落脚点则在"惠"，即让百姓得到经济实惠。当然，孔子民本经济思想的

---

① 文中引用《论语》均来自杨伯峻《论语译注》，中华书局1980年版，下文不再另注。

直接渊源是周朝建立之初的"敬天保民"思想。周族原是殷商王朝的西部边陲小族，在推翻殷商、建立周朝之际，为了体现周朝新政权的正当性，提出了"天命靡常，唯德是辅"的天命观，以此作为周朝取代殷商政权的神学依据。由于过去商王荒淫失德，残暴对待治域内的各族臣民，以周公为代表的周初统治者看到"殷鉴不远"，将"敬天保民"作为基本治理原则，在随后的周朝社会中逐渐形成了一定程度上的重民思想。另一方面，周族灭商之后，迫于统治天下的巨大压力，依靠本族宗亲力量对原殷商治域进行管控，通过封土建国、诸侯屏藩，构成了一个由周族姬姓血亲成员和姜姓等姻亲成员组成的分封等级治理体系。在此过程中，周族把他们原有的一套氏族制末期的血亲宗法制度带进中原各国，经过以周公为代表的周初统治者所谓"制礼作乐"的加工改造，将这套原本属于周族内部的氏族习俗，变成周朝治理天下的礼乐文化，成为维系和巩固西周分封政治制度的强劲纽带[①]。因此，周朝礼乐文化从一开始就带有十分明显的宗法特性，这种宗法性表现为各等级的统治者与被统治者之间兼具政治与血亲的双重关系，即"尊尊"与"亲亲"的双重关系，而其中的"亲亲"关系又使得周朝礼乐文化带有一种注重同族同姓同宗成员的"温情"面纱。尽管这种"温情"只针对具有国人身份的民众，而不包括奴隶和农奴，却或多或少在周礼文化中形成了一种重民的传统。这对"年少好礼"的孔子应该不无影响。

春秋时代是中国社会从奴隶制向封建制转变的过渡时期，冶铁业的迅速发展和铁制生产工具的广泛使用大大提高了农业生产者的劳动生产力，在提高土壤经济价值的同时也提高了劳动力的使用价值，其直接后果就是包括国人、农奴和奴隶在内的普通民众更加得到了统治者的重视。孔子生活的春秋晚期正是这一社会转型的关键时期。在孔子之前及同时代，各国出现了一批注重民心、民意、民生的政治家，包括郑国子产、晋国叔向、齐国管仲和晏婴、鲁国叔孙豹、宋国乐喜等。孔子与他们或者有所交往，或者相当了解，或者心怀尊崇。以子产为例，孔子称子产为"惠人"（《论语·宪问》），

---

① 李亚农：《李亚农史论集》，上海人民出版社 1978 年版，第 816 页。

赞扬子产"足以为国基矣。《诗》曰：'乐只君子，邦家之基。'子产，君子之求乐者也"（《左传·昭公十三年》）[1]，借用《诗经·小雅·南山有台》表达对子产"乐只君子，民之父母"的称许。及子产卒，孔子闻之，出涕曰："古之遗爱也。"（《左传·昭公二十年》）按照王念孙的说法，"爱即仁也，谓子产之爱，有古人之遗风也"[2]。这是孔子对子产等前辈时贤重民爱民的肯定，也道出了孔子民本经济思想的渊源。

在春秋晚期的社会经济政治大变局下，孔子一方面希望维系周朝礼乐制度，另一方面也适时应势地对传统周礼文化进行新的提炼和改造，形成了"仁者爱人"的仁学思想体系。这个仁学思想体系所涉甚广，包括政治、经济、社会、伦理等诸多领域，而孔子民本经济思想就是仁学思想体系在经济领域的具体延展。

"仁"是孔子整个思想体系的中心概念。"仁"字在《论语》中一共出现 105 次，大致有两层含义：一是指个体性的道德实践理性；二是指向社会性的治国施政理想。换言之，"仁"既是"仁者"的"修己""克己"，也是"安人""安百姓"的"仁政"。

子路问君子。子曰："修己以敬。"曰："如斯而已乎？"曰："修己以安人。"曰："如斯而已乎？"曰："修己以安百姓。修己以安百姓，尧舜其犹病诸？"（《论语·宪问》）

在孔子看来，一个理想的君子应该修己求仁以实现道德人格，在此基础上入仕参政，以实现安民、安百姓。这是"仁"的最高境界，即使尧舜也不过如此。

需要指出的是，孔子在这里区分了"安人"与"安百姓"两个不同的层次，"安百姓"明显是"安人"的扩而大之。那么，"人"与"百姓"有何不同？何晏《论语集解》引孔安国曰："人，谓朋友九族。"[3]也就是说，"人"是指家族成员。刘宝楠《论语正义》曰："安人者，齐家也。安百姓，则治国

① 文中引用《左传》均来自杨伯峻《春秋左传注》（修订本），中华书局 2009 年版，下文不再另注。
② 王引之：《经义述闻》，上海古籍出版社 2018 年版，第 1130 页。
③ 何晏注：《邢昺疏·论语注疏》，北京大学出版社 1999 年版，第 204 页。

平天下也。"①可以看出，孔子"安百姓"的对象是指全体民众。在这里，有必要介绍一下赵纪彬先生的一种说法："孔门所说的'人''民'，是指春秋时期相互对立的两个阶级；两者在生产关系中是剥削者与被剥削者的关系，在政治领域中是统治与被统治的区别。"②赵纪彬的观点大致是正确的，《论语》中的"人"指的是贵族阶层，"民"指的是普通民众。孔子回答子路的再三提问，最后落脚在"修己以安百姓"，体现了孔子仁学思想的民本底蕴。下面还有一段对话可以验证：

子贡曰："如有博施于民，而能济众，何如？可谓仁乎？"子曰："何事于仁，必也圣乎！尧舜其犹病诸！夫仁者己欲立而立人，己欲达而达人。能近取譬，可谓仁之方也已。"（《论语·雍也》）

孔子运用"尧舜其犹病诸"的强烈口吻，说明"博施于民，而能济众"乃是"仁"的最高境界。在《论语》中，孔子多次将"仁"与"民""众"相联系，如"泛爱众而亲仁"（《论语·学而》）、"君子笃于亲，则民兴于仁"（《论语·泰伯》）。叶公问政，孔子说："近者说，远者来。"（《论语·子路》）孟子就发展了孔子"近悦远来"的思想，并构建了较为详备的仁政实践学说。子路、子贡与孔子讨论管仲，孔子充分肯定管仲"如其仁，如其仁"，理由就是"民到于今受其赐"（《论语·宪问》），也就是把民众的福祉作为衡量仁的标准。可见，"以民为本"是孔子仁政思想的本质内涵，是孔子对统治者居官为政的基本要求，也是孔子经世济用的思想本源。

二、 孔子民本经济思想的主要内容

孔子民本经济思想具体内容十分丰富，主要包括"居敬行简"的治民观、"敛从其薄"的税赋观、"宁俭毋奢"的节俭观、"取物有节"的生态观、"无信不立"的诚信观、"待价而沽"的货殖观。

---

① 刘宝楠：《论语正义》，中华书局 1990 年版，第 605 页。
② 赵纪彬：《论语新探》，人民出版社 1976 年版，第 1 页。

　　"居敬行简"的治民观属于孔子的经济管理思想。关于孔子的管理思想，或曰为政之道，《论语》中有两句话：一是"为政以德"；二是"无为而治"。这两个方面是相互统一的。孔子说："为政以德，譬如北辰，居其所，而众星共之。"（《论语·为政》）朱熹《四书章句集注》（以下简称《集注》）曰："为政以德，则无为而天下归之。"①孔子又说："无为而治者，其舜也与？夫何为哉。恭己正南面而已矣。"（《论语·卫灵公》）孔子所说的"无为而治"，与道家有所不同：其一，孔子的无为而治不是无所作为，而是着眼于任官得人，不必亲自作为。何晏《集解》曰："言任官得其人，故无为而治也。"②孔子以舜为例，诚如皇侃《论语义疏》（以下简称《义疏》）所引蔡谟云，"舜居其中，承尧授禹，又何为乎"③。其二，孔子的无为之治是有条件的，就是对为政者提出了"恭己正南面"即修己敬德的要求，正如朱熹《集注》所说，"无为而治者，圣人盛德而民化，不待其有所作为也"④。概言之，孔子提倡为政者在修己敬德的基础上实行无为而治。这一思想，落实在经济管理层面上，就是孔子所赞许的"居敬而行简"。

　　仲弓问子桑伯。子曰："可也，简。"仲弓曰："居敬而行简，以临其民，不亦可乎？居简而行简，无乃太简乎？"子曰："雍之言然。"（《论语·雍也》）

　　冉雍是孔子期许为"可使南面"（《论语·雍也》）的治国之才。冉雍问大夫子桑伯如何，孔子肯定子桑伯为政宽简，又似乎有所保留。仲弓理解孔子的意思，提出"居敬而行简，以临其民"治理思想，得到了孔子的充分肯定。朱熹《集注》曰："简者，不烦之谓。言自处以敬，则中有主而自治严，如是而行简以临民，则事不烦而民不扰，所以为可。"⑤由此可见，孔子的经济管理思想首先要求管理者自己先做到"居敬"，修己敬肃，心怀主见，

①朱熹：《四书章句集注》，中华书局2012年版，第53页。
②何晏注：《邢昺疏·论语注疏》，北京大学出版社1999年版，第208页。
③皇侃：《论语义疏》，中华书局2013年版，第395页。
④朱熹：《四书章句集注》，中华书局2012年版，第163页。
⑤朱熹：《四书章句集注》，中华书局2012年版，第84页。

然后在治理过程中以简御繁，事不烦，民不扰，宽宏简重，利民富民。

"敛从其薄"的税赋观可以说是孔子居敬行简经济管理思想的直接派生。孔子晚年返鲁后，弟子冉有为"富于周公"的季孙肥增赋聚敛，孔子道："非吾徒也。小子鸣鼓而攻之可也。"（《论语·先进》）宋翔凤《论语发微》认为，孔子"若深疾冉有，实正季氏之恶"①。此事在《左传》中也有详录，孔子说："君子之行也，度于礼，施取其厚，事举其中，敛从其薄。如是则以丘亦足矣。若不度于礼，而贪冒无厌，则虽以田赋，将又不足。"（《左传·哀公十一年》）孔子在这里讲到了"足"与"不足"，蕴含了一种以民为本、藏富于民的民本经济思想。这种思想在弟子有若反对鲁哀公提高亩税征收比例时，表达得更加清晰。

哀公问与有若曰："年饥，用不足，如之何？"有若对曰："合彻乎？"曰："二，吾犹不足，如之何其彻也？"对曰："百姓足，君孰与不足？百姓不足，君孰与足？"（《论语·颜渊》）

鲁国原来实行十分之一的税率，称之为"彻"；从宣公十五年开始实行按亩征税的田赋制度，即所谓的"初税亩"，税率也是十分之一，这样实际上税率达到了十分之二。有若劝鲁哀公实行什一而税，哀公觉得很奇怪，什二而税犹嫌不足，如何实行什一而税？有若回答说："百姓足，君孰与不足？百姓不足，君孰与足？"（《论语·颜渊》）有若藏富于民的思想显然来自孔子。

"宁俭毋奢"的节俭观体现了孔子一贯具有俭约自守、力戒奢华的经济思想。早年齐景公问政于孔子，孔子曰："政在节财。"②孔子对大禹薄于自奉、勤于民事的品格大加赞美："禹，吾无间然矣。菲饮食而致孝乎鬼神，恶衣服而致美乎黻冕，卑宫室而尽力乎沟洫。禹，吾无间然矣！"（《论语·泰伯》）孔子赞扬卫国大夫公子荆居室不求华美（《论语·子路》），批评管仲不俭（《论语·八佾》）。孔子虽然致力于维护周礼，但明确反对奢华、提倡俭朴。在孔子看来，礼仪的存在并非为了让人追求享乐，而是为了维护

---

① 程树德：《论语集释》，中华书局1990年版，第775页。
② 司马迁：《史记》，中华书局1982年版，第1911页。

社会秩序，遵循周礼应该合情合理，而非舍本求末。林放问礼之本。孔子说："礼，与其奢也，宁俭，与其易也，宁戚。"（《论语·八佾》）孔子认为，"奢则不孙，俭则固。与其不孙也，宁固"（《论语·述而》）。鲁人要扩建长府，闵子骞表示异议，子曰："夫人不言，言必有中。"（《论语·先进》）孔子赞扬子路"衣敝缊袍，与衣狐貉者立，而不耻"，他自称平时用丝冠替代麻冕，尽管不尽合礼，但符合节俭原则（《论语·子罕》）。孔子倡导俭约自守，甘于清贫，明确表示"士志于道，而耻恶衣恶食者，未足与议也"（《论语·里仁》）。

"取物有节"是孔子的生态经济观。这种思想源于孔子对社会管理与经济发展的一种长远考虑。子曰："人无远虑，必有近忧。"（《论语·卫灵公》）孔子反对急于求成，不求短期效应，尤其不主张因为眼前小利而牺牲长远利益。

子夏为莒父宰，问政。子曰："无欲速，无见小利，欲速则不达，见小利则大事不成。"（《论语·子路》）

孔子这种处理社会事务的原则，落脚在面对自然的态度上，就是"取物有节"的思想。"子钓而不纲，弋不射宿。"（《论语·述而》）《集解》引孔安国曰："纲者，为大纲以横绝流，以缴系钓罗属著纲也。"[1]朱熹《集注》曰："纲，以大绳属网，绝流而渔者也。"朱熹注"弋"为"以生丝系矢而射也"[2]。"宿"有二说，一说是所谓"夜宿之鸟"，一说是皇侃《义疏》所谓"老宿之鸟"。按照皇侃的说法，"弋不射宿"就是猎鸟时"不取老宿之鸟"，因为"宿鸟能生伏，故不取也"[3]。孔子少贫贱，多能鄙事，且其父早殁，为生计不得不参与劳动。按照春秋的生活习惯，时人祭祀先祖当用醢，即用切细的肉、鱼做成的肉酱。肉、鱼得之不易，孔子必须亲自渔猎。对于孔子坚持"钓而不纲，弋不射宿"，后儒多理解为仁人之心，邢昺《论语注疏》曰："孔子但钓而不纲，是其仁也。"[4]朱熹也说："此可见仁人之本心矣。待物如此，待人可

---

① 何晏注：《邢昺疏·论语注疏》，北京大学出版社1999年版，第94页。

② 朱熹：《四书章句集注》，中华书局2012年版，第99页。

③ 皇侃：《论语义疏》，中华书局2013年版，第174页。

④ 何晏注：《邢昺疏·论语注疏》，北京大学出版社1999年版，第94页。

知。"①这样理解当然也不为错,但没有看到更深层的"取物有节"经济思想。黄三式《论语后案》曰:"鱼鸟本可取之物,不纲不射宿,取物以节而已。取物以节,遂其生,即遂其性也,此至诚之所以尽物性也。"②这才点到了要害处。孔子之所以能有"取物以节"的思想,还与其长期关注自然事物有关。《论语》中记录孔子所论自然事物与现象包括北辰、迅雷、四时、动物、植物等。孔子"取物以节"的生态经济思想正是建立在人与自然和谐相处的基础之上的。

"信"是孔子"四教"之一(《论语·述而》)。在《论语》中,孔子非常强调"信"的重要性。孔子说:"人而无信,不知其可也。大车无輗,小车无軏,其何以行之哉!"(《论语·学而》)孔子年轻时曾任季孙意如的委吏,自称"会计当而已矣"(《孟子·万章下》)③,这是他的诚信实践。孔子将人与人之间的诚信视为一切社会生活的基础,当然也包括经济生活。

子贡问政,子曰:"足食,足兵,民信之矣。"子贡曰:"必不得已而去,于斯三者何先?"曰:"去食。自古皆有死,民无信不立。"(《论语·颜渊》)

"信"是与"义"相联系的,所以有若说"信近于义"(《论语·学而》)。孔子称"子路无宿诺"(《论语·颜渊》),《左传》记载"小邾射以句绎来奔",请子路代替鲁国盟誓,被子路拒绝,原因就是"彼不臣而济其言,是义之也。由弗能"(《左传·哀公十四年》)。所以,孔子常以"忠""信"二字并称。《论语》中六次提到"忠信",皇侃《义疏》曰:"以忠信为百行所主。"④孔子"无信不立"的诚信观对后世商业诚信传统产生了相当积极的影响。

孔子所处的春秋晚期随着私有经济逐渐壮大,商业贸易迅速发展,当时各国流通交换的商品种类几乎到了应有尽有的程度,涌现出范蠡、计然、子贡等一批著名的商贾。鲁国虽有周公遗风,"及其衰,好贾趋利,甚于周人"⑤,有人因冶铁发家,富至巨万,"邹、鲁以其故多去文学而趋利者"⑥。孔子的

---

① 朱熹:《四书章句集注》,中华书局 2012 年版,第 99 页。
② 程树德:《论语集释》,中华书局 1990 年版,第 490 页。
③ 本文凡引用《孟子》均来自杨伯峻《孟子译注》,中华书局 1960 年版,下文不再另注。
④ 皇侃:《论语义疏》,中华书局 2013 年版,第 309 页。
⑤ 司马迁:《史记》,中华书局 1982 年版,第 3266 页。
⑥ 司马迁:《史记》,中华书局 1982 年版,第 3279 页。

得意弟子子贡是精明的商人，按照司马迁的说法，"子赣学于仲尼，退而仕于卫，废著鬻财于曹、鲁之间"①，这说明子贡的经商活动在孔子生前身后一直进行，如果孔子对货殖行为不持积极肯定的态度，子贡不可能有如此成功的经商活动，孔子也不可能以宗庙重器"瑚琏"称许子贡（《论语·公冶长》）。孔子曾对子贡货殖做过直接的评价：

子曰："回也其庶乎。屡空。赐不受命，而货殖焉，亿则屡中。"（《论语·先进》）

这段话历代注解者多理解为孔子对子贡货殖的讥讽、批评或劝勉。如班固《汉书·货殖传》、王充《论衡·实知篇》、何晏《集解》、皇侃《义疏》皆作是解。朱熹《集注》反作平实之论，认为孔子"言子贡不如颜子之安贫乐道，然其才识之明亦能料事而多中也"②。此章从字里行间看，实在看不出孔子对子贡有任何贬抑之意。孔子说子贡"不受命"，无非是指他不甘于接受"死生有命，富贵在天"的命定论。其实孔子自己也是一个"知其不可而为之"的人，偶尔讲"天命"，也多是一种努力抗争命运之后的自我安慰。如孔子说："道之将行也与，命也；道之将废也与，命也。公伯寮其如命何！"（《论语·宪问》）这句话与其说孔子认命，不如说孔子抗命。孔子说过"五十而知天命"，这不可理解为孔子年逾五十而消极安于天命，事实上孔子五十五岁去鲁赴卫，开始十四年周游列国，何来安于天命之说？孔子所谓"五十而知天命"应该理解为孔子五十岁而知周礼文化使命降于己身，后来孔子周游列国遇到险厄之时，常以"文王既没，文不在兹乎"和"天生德于予，桓魋其如予何"自勉，这就是孔子天命在己的自我确认。所以，孔子说子贡"不受命"，并非批评子贡，而是一定程度上的肯定褒扬。至于说子贡"货殖焉，亿则屡中"，更是明显带有一种欣赏的口吻。孔子与子贡还有一段对话也颇能说明这一点：

子贡曰："有美玉于斯，韫椟而藏诸？求善贾而沽诸？"子曰："沽之哉，沽之哉！我待贾者也。"（《论语·子罕》）

---

① 司马迁：《史记》，中华书局 1982 年版，第 3258 页。
② 朱熹：《四书章句集注》，中华书局 2012 年版，第 128 页。

在这里，师徒二人兴致勃勃地使用商贾、货殖之语，谈论的却是孔子本人的人生进退，把自己的出仕比作玉石买卖，公然衒玉求售，在后儒看来实在是"夫子之言却不雅重"[①]，要竭尽全力为之别解。事实上，"待价而沽"的货殖观表现出孔子对商业活动的一种积极肯定的态度。春秋晚期随着社会等级制度的衰微，原本隶属于官府的工、商从业者逐渐摆脱身份依附，越来越多地直接走向市场，于是原本静态的社会分工演变成动态的社会交换。事实上，孔子本人已经亲身参与了社会迁移、社会分工带来的社会交换活动，这就是孔子的设教授徒。孔子说："自行束脩以上，吾未尝无诲焉。"（《论语·述而》）这是把知识传授作为商品进行交换。春秋时代开设私学还相当罕见，孔子大胆首创私人教育，很难说一点都没有受到春秋晚期货殖交换经济现象的影响，孔子本人明显欣然接受"待价而沽"的商贸观念。

三、 孔子民本经济思想的核心要义

孔子民本经济思想的基本要义是惠民、富民。

先说惠民。

子谓子产："有君子之道四焉。其行己也恭，其事上也敬，其养民也惠，其使民也义。"（《论语·公冶长》）

孔子称赞子产具备四个方面的君子之道，其中包括"养民也惠"。朱熹《集注》曰："惠，爱利也。"[②] 就是对民众爱之、利之的恩惠。

孔子之所以重视惠民，是因为在他看来，爱利恩惠恰恰是百姓的民生关切所在。

子曰："君子怀德，小人怀土。君子怀刑，小人怀惠。"（《论语·里仁》）

这里的君子、小人，皆就社会身份而言，并非道德高低之别。《集解》

---

① 程树德：《论语集释》，中华书局 1990 年版，第 603 页。
② 朱熹：《四书章句集注》，中华书局 2012 年版，第 79 页。

引孔安国曰："怀，安也。"①《集注》曰："怀，思念也。"②两种解释皆可。"怀惠"就是思利。百姓思利，在孔子看来纯属正常，并没有贬抑之意。孔子还说过"君子喻于义，小人喻于利"（《论语·里仁》），《集解》引孔安国曰："喻，犹晓也。"③《集注》采用孔说。潘维城《论语古注集笺》认为"喻"即"谕"，就是告知、晓谕、规劝、引导之意④。孔子此语，意为对老百姓应该用利益来晓谕、引导，强调执政者要对不同群体采用不同治理手段。讨论孔子的义利观，应该先弄清楚孔子所言是针对谁说的。孔子讲"君子义以为上"（《论语·阳货》），不是针对平民"小人"说的，而是针对统治阶层的"君子"说的。当时统治阶层追逐私利的情况十分严重，普通庶民"小人"生活艰辛，温饱不保，还谈什么"义以为上"？孔子的确说过"见利思义"（《论语·宪问》）、"见得思义"（《论语·季氏》），还说过"放于利而行，多怨"（《论语·里仁》），但这主要是针对贵族阶层而言的。在春秋晚期的社会变局中，统治阶层放纵地追逐私利，不仅加剧了社会的礼崩乐坏，也给民众生活造成巨大痛苦。《左传》记晏婴与叔向对话，讲到齐国"民参其力，二入于公，而衣食其一。公聚朽蠹，而三老冻馁"（《左传·昭公三年》）。这种情形列国皆有，孔子有鉴于此，一方面告诫统治阶层"君子义以为上"（《论语·阳货》），另一方面引导统治阶层要"义以生利"，造福于民众。孔子说："名以出信，信以守器，器以藏礼，礼以行义，义以生利，利以平民，政之大节也。"（《左传·哀公十二年》）孔子并不一味排斥求利，人们在符合道义前提下是可以取利的。孔子在与公叔文子的对话中，肯定了"义然后取，人不厌其取"（《论语·宪问》）。孔子还主张"先事后得"（《论语·颜渊》），即通过个人努力获得利益。孔子说："君子谋道不谋食。耕也，馁在其中矣；学也，禄在其中矣。君子忧道不忧贫。"（《论语·卫灵公》）这段话说得很清楚，"君子谋道不谋食"，并非绝对不谋食，而是通过谋道来间接地谋食，"禄"

---

① 何晏注：《邢昺疏·论语注疏》，北京大学出版社1999年版，第50页。
② 朱熹：《四书章句集注》，中华书局2012年版，第71页。
③ 何晏注：《邢昺疏·论语注疏》，北京大学出版社1999年版，第51页。
④ 程树德：《论语集释》，中华书局1990年版，第268页。

在"学"中，"食"在"道"中，利与义何必决然对立？这样理解孔子的义利观，比简单地认为孔子"重义轻利"的皮相之谈，显然更加接近史实。

孔子的惠民思想不仅认同民众的求利心理，也对治理者如何满足民众求利心理提出了具体的实践方法，这就是"因民之所利而利之"。

子张问于孔子曰："何如，斯可以从政矣？"子曰："尊五美，屏四恶，斯可以从政矣。"子张曰："何谓五美？"曰："君子惠而不费，劳而不怨，欲而不贪，泰而不骄，威而不猛。"子张曰："何谓惠而不费？"子曰："因民之所利而利之，斯不亦惠而不费乎？……"（《论语·尧曰》）

皇侃《义疏》曰："因民所利而利之，谓民水居者利在鱼盐蜃蛤，山居者利于果实材木，明君为政，既而安之……是因民所利而利之，而于君无所损费也。"[1]可见，孔子所说的"因民之所利而利之"，就是尊重经济发展规律，因势利导地为民众生产生活提供便利，以较小的经济成本，实现惠民利民的政策实效。这是孔子经济思想的民本性与实践性的高度统一。李颙《四书反身录》感叹道："因民之所利而利之，真正有父母斯民之心始能如此。否则，即明知其可以利民，置若罔闻，若是者，岂胜道哉！"[2]

当然，孔子的惠民思想除了为百姓谋利的目的，也有为统治者谋治的考虑。孔子谈到仁政的"恭、宽、信、敏、惠"五个方面时，提出"惠则足以使人"（《论语·阳货》）。在孔子看来，让百姓得到经济实惠既是施政目的，又是治理手段。利民与利国是孔子仁政相互统一的两个方面，体现了孔子经济思想的惠民、利民与使民、治民的双重特性，当然其重心仍倾向于惠民、利民，这正是儒家传统民本思想的特质所在。相较而言，《老子》讲"虚其心，实其腹"，目的不是惠民、利民，而是"常使民无知无欲"（《老子·第三章》），填饱民众肚子只是便于统治的手段而已，体现了早期道家治民思想的工具性意义。《管子》讲"仓廪实则知礼节，衣食足则知荣辱"（《管子·牧民》），似亦有惠民之意，然通观全篇，细绎深义，其实质在"牧民"而非"惠民"，

---

① 皇侃：《论语义疏》，中华书局 2013 年版，第 126 页。
② 程树德：《论语集释》，中华书局 1990 年版，第 1370 页。

所谓"民恶贫贱，我富贵之……能富贵之则民为之贫贱"（《管子·牧民》），说到底还是为了"上位安""君令行"，篇末所谓"故知予之为取者，政之宝也"（《管子·牧民》），一语道出了《管子》的政治经济逻辑，其治民思想的工具性意义虽未如《老子》昭然，但与孔子爱民、惠民、利民的目的性意义殊有分别。故日人泷川资言《史记会注考证》论管仲"予之为取"曰："《孟子》所谓假仁者。《老子》盖本于此，与孔、孟之道自有径庭。"[①]

孔子高度重视"使民也义"，这里的"义"作"宜"解。具体来讲，就是"使民以时"（《论语·学而》），即统治者使用民力整治沟洫、耕种收敛以及讲武事、兴土工等劳役，应尽量安排在农闲之时，并且保持适度、适量，避免妨夺农事、农务，确保生产者农桑衣食之本。仲弓问仁，孔子的回答是"使民如承大祭"（《论语·颜渊》）。皇侃《义疏》引范宁云："大祭，国祭也。"[②]孔子要求统治者以春秋时期最庄重、最审慎的国之大祭态度，谨慎地对待"使民"。按照《礼记·王制》的说法，三代时期"用民之力，岁不过三日"[③]。这当然是理想化的传说，《诗经·七月》中百姓对统治者使民无度的哀怨与控诉是确确实实的存在，孔子民本经济思想的"使民以时"就是对此发出的针砭。在孔子所处的时代，现实生活中统治者对民众使役无度的现象还是相当普遍的。楚灵王劳民伤财营建章华台，还遍邀各国诸侯大夫参加落成典礼，穷奢极欲的最后结果是乾溪自戕。孔子闻讯叹曰："古也有志：'克己复礼，仁也。'信善哉！楚灵王若能如是，岂其辱于乾溪？"（《左传·昭公十二年》）孔子所谓的"克己复礼"在一定程度上就是针砭楚灵王"形民之力，而无醉饱之心"，这是孔子对统治者"使民以时"的箴诫。

再说富民。

子适卫，冉有仆，子曰："庶矣哉。"冉有曰："既庶矣，又何加焉？"曰："富之。"曰："既富矣，又何加焉？"曰："教之。"（《论语·子路》）

这段话体现了三层意思：第一，富民是为政者的第一施政要务；第二，

---

① 参见泷川资言：《史记会注考证》，上海古籍出版社2015年版，第2741页。
② 皇侃：《论语义疏》，中华书局2013年版，第299页。
③ 孙希旦：《礼记集解》，中华书局1989年版，第356页。

为政者在富民基础上要对民众进行教化；第三，富民是礼乐教化的基础，只有先"富之"，然后才能"教之"，这与管仲"仓廪实而知礼节，衣食足而知荣辱"的思想是基本一致的。孔子教导弟子"富而无骄"（《论语·宪问》）、"富而好礼"（《论语·学而》），也是同样的道理。

尽管孔子反对"不义而富"（《论语·述而》），但对于"富"本身，却从未有过任何贬词，反倒明确说过"富与贵，是人之所欲也"（《论语·里仁》），"富而可求也，虽执鞭之士，吾亦为之"（《论语·雍也》），并且认为"邦有道，贫且贱焉，耻也"（《论语·泰伯》）。这些都表明，孔子对于个体追求富裕的欲望是充分认同的，尤其是对普通庶民而言，满足其富裕的物欲乃是施政者的重要目标。

要之，孔子民本经济思想倡导"惠民""利民""富民""安民""博施于民"，开启了中国古代经济思想中源远流长的"以民为本"优良传统。一百多年后，出于曾子、子思一派的孟子"遵夫子之业而润色之，以学显于当世"（《史记·儒林传》），创立了中国历史上第一个相对完备的仁政思想体系。孟子的仁政思想体系包括"王道""仁政"的政治论、"性善"与"四端"的人性论、"民贵君轻"的君民论等，而其实践要义则落在民本经济思想上，包括"养民""利民""得民""养老""恒产""井田""经界""制民之产""民事不缓""佚道使民""取民以制""廛而不征""讥而不征""助而不税""九一而助""什一自赋""百工之备""善政得民财，善教得民心"，以及反对"私垄断""罔市利""不行仁政而富""惠而不知为政""诸侯大夫争利争富"，对于"布缕之征、粟米之征、力役之征"主张"用其一，缓其二"等，涉及田制、税赋、工商、民生等诸多方面，其大旨不但继承了孔子民本经济思想要义，而且使其更加具体化和可操作化，奠定了以孔孟之道为核心的儒家民本经济思想体系，对后世历代的经济思想与民生治理产生了深远而积极的影响，形成了中国历史上源远流长的"以民为本""贵民尊生"的经济思想传统，促进了以农业经济为基础的中国古代社会经济发展，构成了中华文明的重要基础。正如习近平总书记在纪念孔子诞辰 2565 周年国际学术研讨会暨国际儒学联合会第五届会员大会开幕会上的讲话中所说，"孔子创立的儒家学说以及在此基础上发展起来的儒家思想，对中华文明产生了深刻影响"①；在儒家思想中蕴藏着解决当代人类面临难题的重要启示，其中包括"关于以民为本、安民富民乐民的思想"等，"可以为人们认识和改造世界提供有益启迪，可以为治国理政提供有益启示"②。在新时代的语境下深入研究和重新阐发孔子民本经济思想的丰富内涵，结合时代条件实现创造性转化、创新性发展，对于坚持"以人民为中心"的发展思想具有重要意义。

---

① 习近平：《在纪念孔子诞辰 2565 周年国际学术研讨会暨国际儒学联合会第五届会员大会开幕会上的讲话》，《人民日报》2014 年 9 月 25 日第 2 版。
② 习近平：《在纪念孔子诞辰 2565 周年国际学术研讨会暨国际儒学联合会第五届会员大会开幕会上的讲话》，《人民日报》2014 年 9 月 25 日第 2 版。

南越国疆域考

马金霞

南越国的疆域其实有一个变化和发展的过程，大致以汉文帝元年（前179年）为界分为前后两个阶段。从南越建国（前204年）到汉高后八年（前180年）是南越国疆域的初步形成期，《史记·南越列传》说，"秦已破灭，佗即击并桂林、象郡，自立为南越武王。……与长沙接境"①，秦朝破灭后，赵佗击并桂林、象郡于前204年自立为南越武王，故而南越国创建时的疆域应与秦代岭南三郡的辖地相当，即东滨南海，西据桂西黔东南与西瓯、骆越、西南夷为邻，南至今雷州半岛，北于今永州、南雄、漳州与汉长沙国、淮南国、闽越国接壤。汉文帝元年（前179年）到汉武帝元鼎六年（前111年）是南越国领土扩张和疆域最终定型期，前180年汉高后崩殂，"佗因此以兵威边，财物赂遗闽越、西瓯、骆，役使焉，东西万余里。乃乘黄屋左纛，称制，与中国侔"②，文帝时赵佗上书曾夸口说，"老夫身定百邑之地，东西南北数千万里，带甲百万有余"③，赵佗的话虽然有点言过其实，但也说明后来的南越领土确实有所增益。元鼎六年（前111年）汉武帝平南越，"以其地为儋耳、珠崖、南海、苍梧、郁林、合浦、交阯、九真、日南九郡"，因此，南越国最后的疆域范围大致与此九郡相当。秦代南海、桂林、象郡的地理范围，南越国的东界，滨临南海，也不必讨论，下面仅就南越国的西界、南界和北界进行分析探讨。

---

① 司马迁：《史记》，中华书局1982年版，第2967页。
② 司马迁：《史记》，中华书局1982年版，第2969页。
③ 班固：《汉书》，中华书局2002年版，第3852页。

一、南越国的西界

南越国建立后，经过几十年的经略和拓殖，其西部疆域较之立国伊始大为扩展，赵佗在位时，南越降服了西瓯和骆越，将边疆推进到西南夷地区，自北而南分别与且兰、夜郎、句町等国交界。

（一）与且兰的边界

《汉书·地理志》记载牂柯郡下有且兰县，颜师古《汉书注》认为乃故且兰侯邑，且兰侯即《史记·西南夷列传》《汉书·西南夷两粤朝鲜传》中的且兰君，所谓"南夷君长以十数"的其中之一。汉初南夷主要分布于今贵州省大部、云南省东南部及广西西部右江上游，南夷诸部中以夜郎最大，且兰在地域上与夜郎相邻，也是南夷强邦。《汉书·西南夷两粤朝鲜传》说："及至南粤反，上使驰义侯因犍为发南夷兵。且兰君恐远行，旁国房其老弱，乃与其众反，杀使者及犍为太守。汉乃发巴蜀罪人当击南粤者八校尉击之。会越已破，汉八校尉不下，中郎将郭昌、卫广引兵还，行诛隔滇道者且兰，斩首数万，遂平南夷为牂柯郡。"① 根据《汉书》的记载，汉武帝欲发南夷兵东征南越，南夷且兰君恐丁壮远行，邻国抄掠其老弱，遂与部众反叛，杀死了西汉使者及犍为太守，后来汉以巴蜀罪人诛灭且兰，平南夷为牂柯郡，汉牂柯郡郡治且兰县即是南夷且兰国故地。

根据《华阳国志·南中志》记载，楚将军庄蹻出巴溯沅水，先至且兰，后伐夜郎；而《汉书·西南夷两粤朝鲜传》说："中郎将郭昌、卫广引兵还，行诛隔滇道者且兰。"② 即郭昌等亦由夜郎还巴蜀而经且兰，夜郎与巴有交通往来，且兰盖正当其孔道，故地在今贵阳至黄平地区。③

又汉且兰县与牂柯郡毋敛县为邻，而毋敛县正在由象郡分属牂柯的诸地之中④，西汉象郡延续的是原南越国的行政区划，毋敛以前隶属象郡又紧邻且

---

① 班固：《汉书》，中华书局 2002 年版，第 3841 页。
② 同注。
③ 方国瑜：《中国西南历史地理考释》，中华书局 1987 年版，第 111 页。
④ 周振鹤：《西汉政区地理》，人民出版社 1987 年版，第 204 页。

兰说明它是南越的西部边陲，毋敛治所在今贵州独山县北，推而论之，独山县与贵阳、黄平一线的中间区域即为南越国的西北边界。

（二）与夜郎的边界

《汉书·西南夷两粤朝鲜传》："南夷君长以十数，夜郎最大。……夜郎者，临牂牁江，江广百余步，足以行船。南粤以财物役属夜郎，西至桐师，然亦不能臣使也。"[①]夜郎是南夷中最有实力的酋邦，赵佗王南越后，以财物赂遗西南夷，自夜郎至桐师皆役属于南越，在政治经济上与南越有着密切的交往和联系。建元六年（前135年），汉武帝拜唐蒙为郎中将，遣唐蒙率领万余人携货赂入见夜郎侯多同，多同贪图西汉的厚赐，遂听唐蒙约束，以夜郎辖地为夜郎县，属汉犍为郡，设一都尉。虽然夜郎名义上是西汉的县级地方行政单位，但实际上其在政治军事方面有着很大的独立性，正如《史记索隐》引荀悦曰："犍为属国也。"[②]唐蒙使多同之子为夜郎令，表明汉中央政府对夜郎其实是一种羁縻统治，所以当南越叛汉，汉武帝因犍为发南夷兵时，夜郎采取的是一种观望态度，元鼎六年（前111年）南越破灭，夜郎侯失去政治依仗，始入朝汉室，受夜郎王印，于是夜郎改隶牂牁，受牂牁郡守节制。

《汉书·地理志》谓牂牁郡夜郎县："夜郎。豚水东至广郁。都尉治。莽曰同亭。"[③]《水经注·温水注》："郁水，即夜郎豚水也。"[④]王先谦《汉书补注》说："豚水诸家异论，以地望推之，即宣威州北之三岔河，《提纲》以为北盘江源者是也。"[⑤]按：豚水即"夜郎者，临牂牁江，江广百余步"的牂牁江，亦即今之北盘江，豚水非出自夜郎，其上源为存水，流经夜郎后称豚水，至郁林郡广郁县入郁水，所谓"广郁，郁水首受夜郎豚水，东至四会入海，过郡四，行四千三十里"。[⑥]郁水首受豚水（北盘江），与温水（南盘江）合流后称郁水，至今广东省广州市入海，凡今红水河、黔江、浔江、

---

① 班固：《汉书》，中华书局2002年版，第3837页。
② 司马迁：《史记》，中华书局1982年版，第2991页。
③ 班固：《汉书》，中华书局2002年版，第1602页。
④ 郦道元著，陈桥驿校正：《水经注校证》，中华书局2007年版，第831页。
⑤ 王先谦：《汉书补注》，中华书局1983年版，第789页。
⑥ 班固：《汉书》，中华书局2002年版，第1628页。

西江皆古之郁水，自夜郎浮船豚水（北盘江），顺流而东，由郁水（依次经红水河、黔江、浔江、西江）而至番禺（广州），即唐蒙对汉武帝所说的"出其不意，制越一奇也"。夜郎临北盘江，方位大致在今贵州安顺一带[①]；南、北盘江合流处为汉广郁县地，治所当在今广西田林、乐业与贵州册亨县交界地区[②]。由《汉书·地理志》"豚水东至广郁""郁水首受夜郎豚水"，可知郁林郡广郁县与牂柯夜郎县为邻，而广郁、夜郎以前又分别是南越国属地和夜郎侯邑，故夜郎国与南越国接界，二者的边界盖当册亨与安顺之间。

（三）与句町的边界

《汉书·地理志》："句町。文象水东至增食入郁。又有庐唯水、来细水、伐水。莽曰从化。"[③]句町与夜郎、卧漏比邻，也是南夷酋邦，汉武帝开西南夷，封句町君长为句町侯，以其地为牂柯郡句町县，汉昭帝时句町侯亡波因"率其邑君长人民击反者，斩首捕虏有功"[④]。晋封句町王，句町与夜郎情形仿佛，亦为国县并置。关于句町的地理方位，王先谦《汉书补注》谓："文象水即西洋江。句町国县并置，幅员自广，其县当在宝宁、百色、泗城、镇安之间。文象水历广郁至增食，疑西洋江所迳下旺旧城。定罗诸土司，归德土州，皆为广郁境。"[⑤]方国瑜认为："文象水即今之西洋江，庐唯诸水即西洋江之支流。而诸水发源于句町，东流入郁，则今云南之广南、富宁，广西之西隆、西林、凌云、百色诸县，即句町故地也。"[⑥]按：句町国故地在今右江上游西洋江、驮娘江流域当无异议，但其具体范围尚需斟酌，根据近些年来公布的右江流域战国秦汉墓葬资料，似将句町国定在西林、广南和富宁之间更为合理。

右江流域已经发掘并公开发表考古报告的战国秦汉墓葬有：西林普驮铜鼓墓、田东锅盖岭土坑墓、武鸣马头元龙坡土坑墓群、武鸣马头安等秧土坑墓群和武鸣独山岩洞墓。位于右江上游的西林普驮铜鼓墓与云南青铜文化属

---

① 方国瑜：《中国西南历史地理考释》，中华书局 1987 年版，第 118 页。
② 周振鹤：《汉书地理志汇释》，安徽教育出版社 2006 年版，第 431 页。
③ 班固：《汉书》，中华书局 2002 年版，第 1602 页。
④ 班固：《汉书》，中华书局 2002 年版，第 3843 页。
⑤ 王先谦：《汉书补注》，中华书局 1983 年版，第 789 页。
⑥ 方国瑜：《中国西南历史地理考释》，中华书局 1987 年版，第 82 页。

同一系统，除去一些比较明显的汉文化因素，其主要器物为云南青铜文化典型器，而居于右江中下游的田东锅盖岭、元龙坡、安等秧和独山岩洞墓则既有云南青铜文化因素，又有两广越族青铜文化成分。因此，西林普驮墓不属于两广越族墓葬，而西林所处的右江上游驮娘河流域正是史书记载的句町国范围，故而普驮墓的墓主很可能是西汉时期句町国的贵族。与西林普驮墓相对的，右江中下游的战国秦汉墓随时代早晚在文化面貌上存在一些差异，年代较早的元龙坡墓葬两广越族青铜文化因素比较少一些，类似滇文化的因素相对比较多，年代较晚的安等秧、独山和锅盖岭墓葬则滇文化因素比较少，两越青铜文化因素多。① 右江中下游地区战国秦汉墓的这种青铜文化发展变化趋势，刚好与《史记·南越列传》中南越国扩张疆域役属西瓯、骆越的史实相符，因而田东、武鸣等右江中下游地区汉初应是南越国的势力范围。又南、北盘江合流处为汉广郁县地，广郁治所在今广西田林、乐业与贵州册亨县交界处，则句町不大可能深入田林以东的百色、凌云等广郁县腹地，所以将句町国定在右江上游的西林、广南和富宁之间更为合理。那么句町国与南越国的边界，盖以右江上、中游为分，驮娘河、西洋江流域属句町，田林、百色、田东一线隶南越。

二、南越国的南界

汉武帝平南越后，以南越之地为岭南九郡，岭南九郡中最南端的是位于今越南中部的日南郡，故而南越的南疆应及至是地。

南越国是在秦代岭南三郡的基础上建立起来的，立国之初其南部疆土基本是秦象郡的故地，相当于汉郁林郡西部、牂牁郡东部与武陵郡南缘之和，即今广西西部、贵州东南部和湖南一隅。从文献记载来看，南越将势力范围拓展到西瓯、骆越地区大约是汉高后殂逝之后的事情。秦始皇用兵岭南时，虽然也发动了征服西瓯的军事行动，但终因旷日持久，粮草不济而败北，《淮

---

① 李龙章：《广西右江流域战国秦汉墓研究》，《考古学报》2004 年第 3 期，第 271—294 页。

南子·人间训》言道:"又以卒凿渠而通粮道,以与越人战,杀西呕君译吁宋。而越人皆入丛薄中,与禽兽处,莫肯为秦虏,相置桀骏以为将,而夜攻秦人,大破之,杀尉屠睢,伏尸流血数十万。乃发谪戍备之。"《史记·主父偃列传》引严安《上武帝书》说:"又使尉屠睢将楼船之士南攻百越,使监禄凿渠运粮,深入越,越人遁逃。旷日持久,粮食绝乏,越人击之,秦兵大败。秦乃使尉佗将卒以戍越。"[①]前204年,赵佗击并桂林、象郡自立为南越武王,此后,为了称霸一方,赵佗积极筹谋扩张势力,汉高后八年(前180年)吕后驾崩,汉军撤离长沙郡岭北边场,解除了北边的军事威胁,南越开始向西南开疆拓土,《水经注·叶榆河注》《日南传》《交州记》《广州记》都记录了这一时期南越赵佗举众攻打骆越安阳王的战争。

　　《日南传》曰:南越王尉佗攻安阳王,安阳王有神人皋通为安阳王治神弩,一张一发,万人死,三张杀三万人。佗退遣太子始降安阳,安阳不知通神人,遇无道理,通去。始有姿容,端美,安阳王女珠悦其貌而通之,始与珠入库,盗锯截神弩,亡归,报佗。佗出其非意,安阳王弩折,兵挫,浮海奔窜。[②]

　　《水经注·叶榆河注》:交趾昔未有郡县之时,土地有雒田,其田从潮水上下,民垦食其田,因名为雒民,设雒王、雒侯,主诸郡县。县多雒将,雒将铜印青绶。后蜀王子将兵三万来讨雒王、雒侯,服诸雒将,蜀王子因称为安阳王。后南越王尉佗举众攻安阳王,安阳王有神人名皋通,下辅佐,为安阳王治神弩一张,一发杀三百人,南越王知不可战,却军住武宁县。……越遣太子名始,降服安阳王,称臣事之。安阳王不知通神人,遇之无道,通便去,语王曰:"能持此弩王天下,不能持此弩者亡天下。"通去,安阳王有女名曰媚珠,见始端正,珠与始交通,始问珠,令取父弩视之,始见弩,便盗以锯截弩讫,便逃归报南越王。南越进兵攻之,安阳王发弩,弩折遂败。

① 司马迁:《史记》,中华书局1982年版,第2958页。
② 李昉等:《太平御览》,中华书局1960年版,第1603页。

安阳王下船逐出于海，今平道县后王宫城见有故处。[①]

《交州记》：安阳王者，其城在乎[平]道县之东北。林贺周相罣通，徐作神弩。赵曲者，南越王佗之孙。屡战不克，矫托行人，因得与安阳王女媚珠通。截弦而兵，既重交，一战而霸也。[②]

《广州记》：交趾有骆田，仰潮水上下，人食其田，名为骆人。有骆王、骆侯，诸县自名为骆将，铜印青绶，即今之令长也。后蜀王子将兵讨骆侯，自称为安阳王，治封溪县。后南越王尉他攻破安阳王，令二使典主交阯、九真二郡人。[③]

安阳王遗迹在平道县。毕沅辑《晋太康三年地记》记载平道县属于当时的交趾郡；《元和郡县图志》指出安阳王故城，在宋平县东北三十一里；《安南志原》认为越王城又名可缕城，是安阳王所筑。可缕当指嬴娄故城。亦在宋平县。南越战胜骆越后，将统治范围扩展到了今越南北部、中部地区，今天的考古学家们在越南发现了多处南越国时期的文化遗存。越南学者阮文越（Nguyen Van Viet）在《关于越南海洋省的南越国时期的坟墓》中，介绍了越南海洋省志玲县两座用独木棺作葬具的墓葬，从所出铜器及其他陪葬用具看，这两座墓葬属于南越国时期。此外，在越南河西富川县也发现类似的墓葬，这表明红河低地平原的东山居民的"船棺葬"与南越文化有密切关系。范平明（Pham Minh Huyen）和叶定华（Diep Dinh Hoa）撰写的《2005年福寿省上庙遗址（河内古螺城）的发掘》，总结了越南福寿省上庙遗址2005年的考古收获，证实上庙遗址在古罗时代曾是为瓯骆王国及南越王国铸造箭头等武器的地方。阮文越的《赵佗的东山式装饰提筒》提及瑞士日内瓦巴尔比耶—穆埃勒博物馆所藏1件青铜提筒，该件藏品是在越南的非考古遗址采集的，他认为，这件提筒与南越王赵眜墓所出提筒大小相近、纹饰相似，似出自同一工匠之手，它们均与第一代南越王赵佗有关，赵眜墓所出提筒可能是赵佗

---

① 郦道元著，陈桥驿校正：《水经注校证》，中华书局2007年版，第861页。
② 刘纬毅：《汉唐方志辑佚》，北京图书馆出版社1997年版，第131页。
③ 刘纬毅：《汉唐方志辑佚》，北京图书馆出版社1997年版，第143—144页。

送给孙子赵眜的礼物。[①]

南越国控制的越南中部地区后来被汉武帝划为日南郡,日南郡下辖朱吾、比景、卢容、西卷、象林五县,其中象林县位于该郡的最南端。王先谦《汉书补注》曰:"《续志》,后汉因。刘注,今之林邑国。《一统志》,故安南国有布政府路,林邑故地也。《纪要》,象林故城在占城西北,隋改象浦。"[②] 象林郡治在今越南广南省会安西南,故而南越国的南界应已抵达越南广南。

三、南越国的北界

南越国的北界变动比较小,基本以武夷山、五岭等山脉为标志,自东而西,分别与闽越国、淮南国和长沙国接壤。

(一)与闽越国的边界

根据考古发现和文献记录,今天闽南、粤东一带的山地丘陵地区应即是汉代闽越国与南越国的自然边境,地处闽、粤、赣三省交壤的武夷山脉西南延伸部分为两国边界的西段, 闽南、粤东沿海山地丘陵地带是两国边界的东段。

闽越国位于今福建省,其故地在秦代乃是闽中郡的辖区,闽中郡与秦岭南三郡中的南海郡交界,赵佗王越后,未改变南海郡的旧制[③],故而闽越王无诸建国闽中后,闽越又与南越之南海郡相邻。《汉书·地理志》:"南海郡,户万九千六百一十三,口九万四千二百五十三。县六:番禺,博罗,中宿,龙川,四会,揭阳。"[④] 按:《汉志》中的南海郡即故秦、南越南海郡,武帝元鼎六

---

① 洪石、易西兵:《"西汉南越国考古与汉文化国际学术研讨会"纪要》,《西汉南越国考古与汉文化》,科学出版社 2010 年版,第 21 页。

② 王先谦:《汉书补注》,中华书局 1983 年版,第 826 页。

③《汉书·地理志》:"南海郡",班固自注曰:"秦置。秦败,尉佗王此地也。"广州南越国公署遗址出土的南越木简中也有关于南海郡的记录,简 067:"□还我等齡(系)盈已齡(系)乃归南海☒。"见黄展岳:《南越木简选释》,《先秦两汉考古论丛》,科学出版社 2008 年版,第 447 页。

④ 班固:《汉书》,中华书局 2002 年版,第 1628 页。

年开，为十七初郡之一。

南海郡郡内属县多沿袭南越建制，如番禺[①]、龙川[②]、揭阳[③]均可在涉及南越的文献和考古资料中觅得踪迹，南海六县中以揭阳、龙川方位最东，分处今粤东北地区的南北两端，由揭阳、龙川北上便为闽越国国境，因此二县所在正当南越国之东北边疆。

揭阳得名于揭岭，古代"山南水北"谓之阳，揭阳地处揭岭南部，故而古人名之为揭阳。古揭岭的位置向来存在两说：一说揭岭即揭阳山，在揭阳县城西北48公里[④]，今广东揭东、揭西县北莲花山东支[⑤]；一说揭岭为飞泉岭，今属广东丰顺县在县城西南38.5公里[⑥]，岭高数百仞，迳通五华县，为粤东交通要隘[⑦]。饶宗颐在《揭岭揭阳山辨》中调和二说，认为："盖秦皇置戍，虽以一山，其曰揭岭者，当为揭阳山、瘦牛岭、飞泉岭、贵人山，以及猴子崇、巾明独等处之总名。此揭阳岭及秦汉揭阳地所属范围也。"[⑧]按：粤东地区的主要山脉为"阴那山—莲花山"山脉，该山系由福建的戴云山、博平岭伸入广东，经大埔、梅县、丰顺、兴宁、五华、揭西等县，一直向西南延至海丰与惠东交界的莲花山，为兴梅山区与潮汕平原的天然屏障。[⑨]今飞泉岭与揭阳

①《史记·南越列传》："元鼎五年秋，卫尉路博德为伏波将军，出桂阳，下汇水；主爵杨仆为楼船将军，出豫章，下横浦；故归义越侯二人为戈船、下厉将军，出零陵，或下离水，或抵苍梧；使驰义侯因巴蜀罪人，发夜郎兵，下牂牁江：咸会番禺。"

②《史记·南越列传》："佗，秦时用为南海龙川令。"

③《史记·南越列传》："苍梧王赵光者，越王同姓，闻汉兵至，及越揭阳令定自定属汉。"

④饶宗颐总纂：《潮州志》（第七册），潮州市地方志办公室2004年版，第3191页。

⑤史为乐主编：《中国历史地名大辞典》，中国社会科学出版社2005年版，第2485页。

⑥饶宗颐总纂：《潮州志》（第七册），潮州市地方志办公室2004年版，第3269页。

⑦《读史方舆纪要》卷一百三："揭阳山，县西北百五十里。形势岩峣，南北二支直抵兴宁、海丰二县界。亦曰揭岭。秦始皇伐百越，命史禄转饷，禄留家揭岭，或以为即此山也。岭之阳为海丰县。西北之瘦牛岭去县治百里。岭之西为飞泉岭，壁立数百仞，周围数十里，有泉飞空而下，迳通惠州府长乐县，为惠、潮之关隘。或以此为揭岭。岭之西北又有贵人山。"

⑧饶宗颐：《揭岭揭阳山辨》，《饶宗颐潮汕地方史论集》，汕头大学出版社1996年版，第157页。

⑨广东省社科院丘陵山区综合科学考察队：《广东山区地貌》，广东科技出版社1991年版，第220页。

山一北一南，刚好处在"阴那山—莲花山"山脉的中段，该段山脉的东南便是古揭阳所在的潮汕平原，古代地广人稀，山川命名粗疏，往往一名兼括数地，因而笔者以为秦汉所谓"揭岭"并非一山一峰，而是指"阴那山—莲花山"山脉的中间部分。

既然揭岭位于"阴那山—莲花山"山脉，那么汉代的揭阳又在哪呢？关于古揭阳的地望，王先谦在《汉书补注》中说："东越王余善击南海兵至此，以海风波为解，见《东越传》。《续志》：后汉因。《一统志》：故城今揭阳县西。揭岭在县西北百五十里，县以山氏。"[1]周振鹤谓揭阳治所："当在广东揭阳市西北一带。"[2]虽然汉揭阳县县治在今揭阳市西北一带，但其管辖范围远远超过现在揭阳市的规模，粤东秦汉时期的考古遗址在揭阳[3]、普宁[4]、汕头[5]等地均有发现，因此古揭阳的控制区域可能包括整个粤东潮汕地区。

南越揭阳县与闽越国并不直接接壤，《史记·东越列传》谈到东越王余善时有这样一段记载，"至元鼎五年，南越反，东越王余善上书，请以卒八千人从楼船将军击吕嘉等。兵至揭阳，以海风波为解，不行，持两端，阴使南越"[6]，从闽越出发至与之毗邻的揭阳，需要乘船，可见两越的陆路交通被山川阻隔通行不便。受地质构造的影响，潮汕平原与漳州平原间全部为山地丘陵地貌，闽中大山带中的博平岭向南延伸到了粤东，形成了饶平北部、大埔南部山地丘陵区，漳州长泰县内的闽越遗址[7]和汕头的南越澄海龟山遗址[8]就分布在这一分隔带的两侧，于是潮汕平原与漳州平原间的山地丘陵地带

① 王先谦：《汉书补注》，中华书局1983年版，第821页。
② 周振鹤：《汉书地理志汇释》，安徽教育出版社2006年版，第429页。
③ 揭阳考古队、揭阳市文化广电新闻出版局编：《揭阳考古（2003—2005）》，科学出版社2005年版。
④ 广东省文物考古研究所：《广东省考古五十年》，《新中国考古五十年》，文物出版社1999年版，第320页。
⑤ 丘立诚：《澄海龟山汉代遗址》，广东人民出版社1997年版。
⑥ 司马迁：《史记》，中华书局1982年版，第2982页。
⑦ 高绍萍、林瑞明：《福建闽越国时期遗址分布概述》，《福建文博》2011年第1期，第66—70页。
⑧ 同注⑦。

便成为南越与闽越的东南边界。

龙川县始置于秦，赵佗在秦末就做过龙川令[①]，后来汉武帝开南海郡，在保留南越龙川县的基础上又并入了定楬县[②]，故而西汉龙川的县境要比秦、南越时期大得多，其辖区大致包括今天广东省的河源市、五华县、兴宁市、梅县等地，涵盖了粤东北东江流域的大部分地区。龙川旧治为今河源市龙川县西北的佗城，《汉书补注》云："秦县，赵佗为令，见《南越传》。《续志》，后汉因。《一统志》，故城今龙川县西北。"[③]南越定楬治所在今梅州五华县华城镇塔岗村西南，从龙川佗城和定楬县治的地理位置着眼，我们可以粗略辨析出二者在南越时期的管辖范围。粤东北地区多山地丘陵，在地质构造上，处于东江断裂带和莲花山断裂带之间，由于本区地貌发育深受北东—西南向和北西—南东向两组构造线控制，在流水侵蚀的作用下，使得梅江谷地西北侧形成格子状水系，两组构造线相交地带，河流扩宽侵蚀作用强烈，又易形成盆地。盆地与盆地间常成峡谷，有丘陵或山地与盆地相隔，这些山间盆地有冲积平原、阶地和台地，土层深厚又较肥沃，灌溉便捷，成为山区重要的农业生产地带，也是民众的聚居之地，几乎所有县城和乡镇所在地都建筑于这些盆地和谷地中。[④]龙川县治佗城位于龙川盆地之中，定楬治所处在五华盆地，二者被东江和梅县间的山地丘陵带阻滞，隔岭相望，而该列由龙川玳瑁山、七目嶂向西南延至紫金县鸡母山的丘陵山地，刚好将粤东北地区一分为二，成为东江谷地与梅江、西枝江谷地的区隔标界。因而，从自然地理角度推测："东江—梅县丘陵山地"西北的今河源市应为南越龙川县属地；而居于其东

①《史记·南越列传》："至二世时，南海尉任嚣病且死，召龙川令赵佗。"
②定楬，不见于文献记载，治所在今梅州五华县华城镇塔岗村西南。2011年五华狮雄山遗址出土了钤印有"定楬之印"和"定楬丞印"字样的秦封泥，专家研究后认为该遗址可以定为"定楬城址"，可能是秦、南越国时期南海郡下辖的"定楬县"。狮雄山遗址被三条壕沟分为四个功能区，分别是衙署区、作坊区、粮食储藏区和墓葬区，其中秦代遗址面积2万多平方米，西汉遗址面积4万多平方米，已经达到了秦汉建县的标准。《汉书·地志》南海六县中没有定楬县，依地理位置的远近推测，应已并入邻近的龙川县。
③王先谦：《汉书补注》，中华书局1983年版，第821页。
④广东省社科院丘陵山区综合科学考察队：《广东山区地貌》，广东科技出版社1991年版，第220—221页。

南的五华县、兴宁市和梅县则属定楬辖区。

南越龙川县北临豫章，东界闽越，域内东北武夷重岩叠嶂，西北九连群山绵延，东江贯穿全境，山川纵横峰谷交错，作为南越国的东北边陲地理位置十分险要。从文献记载和地理、考古资料来看，南越龙川与闽越国的界限应在武夷山脉和九连山脉的交接区域。目前的考古发现表明，闽越文化的影响最东大约到达福建龙岩的武平、上杭。武平县城厢亭子岗、十方乡彭寨村、城厢东岗村、万安乡贤溪村、刘屋村、中堡乡富贝村、大坪岗、平川镇且龙背村、碍下、七坊村等，均有战国晚期到西汉早期的文化遗物发现；上杭县南阳乡长岗背山、坑屋山、射山村、官庄乡新凤村、兰溪镇兰溪村、黄潭村等处出土了米字纹、方格纹、弦纹、蕉叶纹等战汉时期陶片。[①] 武平县位于武夷山脉南端，上杭县地处武夷山脉南麓和博平岭之间，二者的腹地均为山间盆地地貌，盆地内有河流分布，沿河两岸发育有适宜农业耕种的冲积平原，而盆地南面矗立的武夷山脉又为武平、上杭提供了天然防御屏障，因此这两地成为闽越国屯边布防的西南前哨。

与武平县一山之隔的是江西寻乌县，寻乌地处武夷山脉与九连山脉会合处，东部为武夷山南端余脉延伸，西部群山与九连山连接，中间多山谷、盆地，域内项山甑位于粤赣闽三省交界，是赣南第二高峰，军事地位非常重要。寻乌还是东江的发源地，沿东江顺流而下便可航行至今龙川县城，与龙川、河源山水相连。旧志谓寻乌汉代属豫章郡于都县，但仔细分析考察历史地理材料，笔者以为这种说法并不可靠。寻乌建县很晚，明代万历以前寻乌一直隶属安远县，明万历四年（1576年）始析安远的黄乡、项山、寻邬等15堡置长宁县，1914年，因避四川同名之长宁，以境内寻邬水改称寻邬县，1957年又改"寻邬"为"寻乌"。汉初，灌婴平定江南后，西汉政府在东楚、南楚地区置吴、豫章、会稽郡，为了防范南越赵佗，在豫章郡靠近百越的地区又设置了赣、于都、南野三县。汉于都县得名于境内的雩水，故城在今江西

---

① 高绍萍，林瑞明：《福建闽越国时期遗址分布概述》，《福建文博》2011年第1期，第66—70页。

于都县东北,《汉书·地理志》于都县下云:"湖汉水东至彭泽入江,行千九百八十里。"①《水经注·赣水注》曰,"湖汉水出于都县,导源西北流,迳金鸡石,其石孤竦,临川耆老云,时见金鸡出于石上,故石取焉。湖汉水下入赣"②。据《一统志》,贡水即湖汉水,贡水发源于石城横江镇,称壬田河,在瑞金城区与黄沙河交汇,称绵水,绵水流经会昌,与湘水交汇,始称贡水,又称会昌江,之后在会昌庄口接纳濂江,继而流经于都纳梅江,于都段又称雩江,之后贡水在赣江江口镇纳平江、茅店纳桃江,流入赣州市章贡区,在章贡区内俗称东河,于八镜台与章水交汇,始称赣江,又赣江北流经万安、泰和、吉安、吉水、峡江、新干、清江、丰城到南昌市注入上饶鄱阳湖,后泄入长江。赣南地区位于南岭、武夷山、诸广三大山脉交接处,地貌以丘陵、山地为主,古代陆路交通十分不便,人员往来和物资运输基本依靠船只舟楫,如元鼎五年西汉征南越时,楼船将军尉杨仆出豫章,下横浦就是乘船顺豫章水南下入粤的,在这种自然环境的影响之下,赣南的古代聚落和地方行政单位,多分布于主要河流的沿岸平原或河口地区。因此虽然《汉书·地理志》没有给出于都县的具体范围,但于都为湖汉水(今贡水)的发源地,湖汉水经流全境,所以其辖区应该不出湖汉水流域,《读史方舆纪要》谓石城、会昌、宁都、瑞金、于都曾隶属汉于都县大约可从,但称东江流域的安远和寻乌也归于都管理便有待商榷了。寻乌在九连山和武夷山的包围下三面环山,境内的寻乌河、晨光河系东江源头,寻乌与龙川、河源同处东江谷地,九连山又将寻乌与赣南其他地方区隔,从自然地理区划来说,寻乌、龙川、河源应同属一区。而特殊的地理位置使得寻乌具有非常重要的军事战略价值,据有寻乌便占领了粤东北的门户,汉武帝平南越时,豫章的汉军在行军路线上只有下横浦(今浈水),没有浮东江,说明寻乌县当时应该并不在豫章郡的管辖之下,综合考虑以上的种种情况,笔者以为汉初寻乌县仍处于南越龙川的势力范围之内。寻乌属于南越龙川县又与发现闽越遗址的今福建武平县相邻,那么寻

---

① 班固:《汉书》,中华书局 2002 年版,第 1593 页。

② 郦道元著,陈桥驿校正:《水经注校证》,中华书局 2007 年版,第 919 页。

乌和武平间的武夷山南端余脉当即是南越国与闽越国的西北边界。

综上所述，潮汕平原与漳州平原间的山地丘陵地带为南越与闽越的东南边界，闽、粤、赣三省交壤的武夷山脉西南延伸部分为两国的西北边界。

（二）与淮南国的边界

位于今江西、广东两省边境的大庾岭是汉代南越国与淮南国的北部边界。

由越城岭、都庞岭、萌渚岭、骑田岭、大庾岭组成的五岭，地处广东、广西、湖南、江西四省交界，是中国南部最大的横向构造带山脉和重要的自然地理界线，是长江和珠江两大流域的分水岭，古代统治者经常利用五岭作为划分行政区界的地理标志，五岭以南的地区被称作岭南，主要指广东、广西。秦朝在设岭南三郡以前，已经有"五岭之戍"，后来秦始皇"又使尉佗逾五岭攻百越①，因而秦岭南三郡的北界基本不超过五岭。赵佗在桂林、象郡、南海的基础上建立南越国，虽然汉高后时，赵佗"自尊号为南越武帝，发兵攻长沙边邑"，但也仅仅是"败数县而去焉"②，并没有真正地攻城略地，将本国疆域推进到五岭以北，汉文帝在赐南越王赵佗书中也说："朕欲定地犬牙相入者，以问吏，吏曰'高皇帝所以介长沙土也'，朕不得擅变焉。"③由此而知南越与西汉的北部边界一直没发生什么变化。

西汉南部郡国与南越交界的分别是淮南国和长沙国，其中淮南国与南越国间的界标是五岭中的大庾岭，大庾岭位于江西与广东两省边界，为南岭山脉的组成部分，秦汉时的横浦关即在此岭左近，该岭扼守岭北、岭南交通咽喉，由江西大余逾大庾岭入广东南雄一路，是赣粤交通最重要的通行孔道，也是军事上的必争之地。秦南海尉任嚣死后，赵佗代行尉事欲据南越自立，即"移檄告横浦、阳山、湟溪关"令三关"绝道聚兵自守"④，后汉武帝派遣三路兵马征讨南越，其中楼船将军杨仆一路出豫章抵番禺也是乘船下横浦，可见横浦关坐落在南越北部边界线上。关于横浦关的地望学界存在几种不同的意见：

① 司马迁：《史记》，中华书局 1982 年版，第 3086 页。
② 司马迁：《史记》，中华书局 1982 年版，第 2969 页。
③ 班固：《汉书》，中华书局 2002 年版，第 3850 页。
④ 司马迁：《史记》，中华书局 1982 年版，第 2967 页。

①认为横浦关是今大庾岭上的梅关[①]；②认为横浦关乃是小梅关[②]；③认为横浦关在今广东南雄县城东北浈江岸边[③]；④认为横浦关在南雄县城西北[④]；⑤认为横浦关在广东翁源县境内[⑤]；⑥认为横浦关在今始兴县境内的浈江与墨江汇合处[⑥]。综合考虑这些说法，笔者以为将横浦关定在南雄县城东北浈江江岸更为合理一些。首先，横浦关是水关而非山关，这点在《史记》中表述得非常清楚，《史记·南越列传》说"主爵都尉杨仆为楼船将军，出豫章，下横浦"[⑦]，横浦即今浈江，别名东河、东江，古称保水、横浦，"横浦关"以"横浦"为名，很明显是坐落于横浦边上的水关。其次，横浦关在南雄县东北的浈江岸边，而非始兴县境内的浈江与墨江汇合处，虽然近年在始兴县城西北发现了汉堡遗址[⑧]，但并没有确实的证据显示始兴的汉代城堡就是秦汉时期的横浦关，故而横浦关的位置当然以刘宋时期的《南康记》为准[⑨]。

由横浦关而东三十里便是汉南野县境内的大庾岭，南野县为汉豫章郡属县，《淮南子·人间训》所谓始皇使尉屠睢为五军，一军守南野之界，即此地。汉初，灌婴平定江南，西汉政府在东楚、南楚地区置吴、豫章、会稽郡，为了防范南越赵佗，又在豫章郡靠近百越的地区设立了赣、于都、南野三县。汉高帝五年，刘邦以九江、衡山、庐江、豫章四郡封英布为淮南王，后英布反，转将淮南更封皇子刘长。旧志多云南野县故城在今南康县西南章江南岸，1982年文物普查时，在江西赣州市大余县池江长江村寨上发现了许多汉代南

① 屈大均：《广东新语》，中华书局1985年版，第65页。
② 徐俊鸣：《从马王堆出土的地图中试论"南越国"的北界》，《岭南文史》1987年第2期，第47—48页。
③ 《史记索隐》引《南康记》曰："南野县大庾岭三十里至横浦，有秦时关。"
④ 《直隶南雄州志》说："秦关在保昌县西北，即横浦关。"
⑤ 《舆地广记》广东东路："净水所出龙川界，西经浈阳南，右注溱水。有楼船水，汉讨南越，一下湟水，一下浈水，皆当邑治东西。"
⑥ 梁国昭：《横浦、阳山、湟溪三关历史地理研究》，《热带地理》1991年第2期，第105—112页；廖晋雄：《论横浦关》，《热带地理》1995年第1期，第30—39页。
⑦ 司马迁：《史记》，中华书局1982年版，第2975页。
⑧ 廖晋雄：《始兴发现汉代城堡遗址》，《文物报》，1987年5月15日。
⑨ 《史记索隐》引《南康记》曰："南野县大庾岭三十里至横浦，有秦时关。"

野古城遗物，说明汉南野县治所在今江西大余境内。①

横浦关在今南雄县城东北浈江江岸，汉南野县据有今江西大余和赣粤交界的大庾岭，因此南越国和淮南国的边界应以大庾岭为标志，大庾岭及大庾岭以北属淮南国豫章郡，大庾岭以南为南越国南海郡郡境。

（三）与长沙国的边界

汉文帝予赵佗书说："朕欲定地犬牙相入者，以问吏，吏曰'高皇帝所以介长沙土也'，朕不得擅变焉。"②南越国与长沙国之间交错嵌插的边界线始作俑于秦代，秦始皇平定南越，为了镇抚岭南防止南越人利用五岭的自然地理形势，叛秦自立，采用"犬牙相入"的郡界划分办法，将岭南的一些区域，划归岭北的邻郡管辖，从而在南岭山川形便的基础上形成了一条犬牙交错的新郡界。汉高祖一统天下后，沿袭了秦代长沙与南海、桂林二郡间的郡界，高帝五年以长沙郡和武陵郡封吴芮置长沙国，其后长沙郡又分置桂阳郡，虽然高后时赵佗曾经一度"发兵攻长沙边邑"，但仅仅"败数县而去焉"，并没有侵占原来属于长沙的土地，因此南越与长沙国的边界未尝改变，后来，长沙国虽然历经政区更迭变更，但南越与西汉政权的这条西北边界一直沿袭至武帝征伐岭南之前。

文献中有关长沙、南越间国界的记录主要见于《史记》《汉书》和《水经注》。《汉书·高帝纪》："五年……诏曰：'其以长沙、豫章、象郡、桂林、南海立番君芮为长沙王。'"③高帝封吴芮的五郡，其时桂林、南海、象郡已被南越占据，只是虚封，豫章郡则为武陵郡之讹。④《史记·汉兴以来诸侯王表》

---

① 赣南地方历史文化研究室：《赣南文物考古五十年》，《南方文物》2001年第4期，第100—104页。

② 班固：《汉书》，中华书局2002年版，第3850页。

③ 班固：《汉书》，中华书局2002年版，第53页。

④ 豫章为武陵之讹，有两条依据：一是高帝六年，汉封英布为淮南王，豫章郡为淮南国属郡，不得贰属吴芮。《史记·鲸布列传》："布遂剖符为淮南王，都六，九江、庐江、衡山、豫章郡皆布。"二是今湖南长沙出土有武陵郡辖地的官印"酉阳长印""镡城令印""临沅令印"，表明武陵郡确为长沙国属地，相对地，豫章郡的地方官印则未见发现，这与周振鹤在《西汉政区地理》中的说法吻合，表明豫章乃武陵之讹是合理推测。

曰："自陈以西，南至九嶷，东带江、淮、谷、泗，薄会稽，为梁、楚、淮南、长沙国。"①《汉书·诸侯王表》："波汉之阳，亘九嶷，为长沙。"②在描述长沙国封域的时候，这两则材料都谈到了九嶷，九嶷即九嶷山，《水经·湘水注》说："营水出营阳泠道县南留山，西流迳九嶷山。其山蟠基苍梧之野，峰秀数郡之间。"③西汉时九嶷山在零陵郡营道县，为长沙国南界。

除了上边两条材料，在《史记·南越列传》和《水经注》中，还有几条与长沙、南越边界相关的记载：

"即移檄告横浦、阳山、湟溪关曰：盗兵且至，急绝道聚兵自守。"④（《史记·南越列传》）

"汉使安国少季往谕王、王太后以入朝，比内诸侯；令辩士谏大夫终军等宣其辞，勇士魏臣等辅其缺，卫尉路博德将兵屯桂阳，待使者。"⑤（《史记·南越列传》）

"元鼎五年秋，卫尉路博德为伏波将军，出桂阳，下汇水；主爵都尉杨仆为楼船将军，出豫章，下横浦；故归义侯二人为戈船、下厉将军，出零陵，或下离水，或抵苍梧；使驰义侯因巴蜀罪人，发夜郎兵，下牂柯江，咸会番禺。"⑥（《史记·南越列传》）

"泷水又南出峡，谓之泷口，西岸有任将军城，南海都尉任嚣所筑也。嚣死，尉佗自龙川始居之。东岸有任将军庙。"⑦（《水经·溱水注》）

由《史记》《水经注》可知，阳山关、湟溪关、任将军城、桂阳县、零陵县地处两国的边境地区，阳山关、湟溪关、任将军城属南越，桂阳、零陵隶长沙。阳山关位于广东省清远市阳山县，是连江支流上的一座水关。《元

---

① 司马迁：《史记》，中华书局 1982 年版，第 802 页。
② 班固：《汉书》，中华书局 2002 年版，第 394 页。
③ 郦道元著，陈桥驿校正：《水经注校证》，中华书局 2007 年版，第 891 页。
④ 司马迁：《史记》，中华书局 1982 年版，第 2967 页。
⑤ 司马迁：《史记》，中华书局 1982 年版，第 2972 页。
⑥ 司马迁：《史记》，中华书局 1982 年版，第 2945 页。
⑦ 郦道元著，陈桥驿校正：《水经注校证》，中华书局 2007 年版，第 900 页。

和郡县志》说，"其关在县西北四十里的茂溪口……今阳山北当骑山岭路，秦于此立阳山关"。① 湟溪关在广东省清远市英德县西南，与洭浦关为同一关隘。《史记集解》谓湟溪关"在桂阳，通四会也"。即《汉书·南越传》"卫尉路博德为伏波将军，出桂阳，下湟水"之处。湟水一名洭水，《说文解字》释"洭"曰："洭水。出桂阳县卢聚。南出洭浦关为桂水。"《水经注》云洭浦关在"中宿县，洭水出关，右和溱水，谓之洭口。《山海经》谓之湟水。……桂水，其别名也"。据《水经注》，洭浦关在洭水（今连江）与溱水（今武水及北江）交汇处，当在今广东英德县西南连江口附近。20世纪60年代考古学家在连江口发现了一处汉代遗址，出土了一批以方格、米字、水波纹为组合特征的汉代印纹硬陶文化遗存，证明了湟溪关(洭浦关)确如《水经注》所说，坐落在英德连江口。② 任将军城位于阳山关与横浦关之间，据《元和郡县志》在今韶州乐昌县南五里。桂阳县，洭水所出，县治为今广东连州市。③ 零陵县，漓水所出，旧治在今广西全州县西南。④

　　除历史文献以外，广西、湖南等地的考古发现为更准确地勘定南越、长沙的边界提供了实物佐证。1990—1996年，广西壮族自治区文物工作队与兴安县博物馆对广西兴安县秦城遗址进行了勘探发掘，此次发掘推翻了旧志对秦城城址建筑年代的记载。⑤ 宋代以前"秦城"在古籍中一直被称为"越城"，《水经注·漓水注》："漓水又南与沩水合，水出西北邵陵县界，而东南流至零陵县，西南迳越城西。建安十六年，交州刺史赖恭，自广信合兵小零陵越城迎步骘，即是地也。"⑥《元和郡县志》桂州全义县："故越城在县西南五十里，汉高后时遣周灶击南越，赵佗据险为城，灶不能踰岭，即此也。"⑦ 宋代以后，典

① 李吉甫：《元和郡县图志》，中华书局1983年版，第711—712页。
② 梁明燊：《广东连江口发现汉代遗址》，《考古》1964年第8期，第421—422页。
③ 周振鹤：《汉书地理志汇释》，安徽教育出版社2006年版，第286页。
④ 周振鹤：《汉书地理志汇释》，安徽教育出版社2006年版，第293页。
⑤ 广西壮族自治区文物工作队、兴安县博物馆：《广西兴安县秦城遗址七里圩王城城址的勘探与发掘》，《考古》1998年第11期，第34—47页。
⑥ 郦道元著，陈桥驿校正：《水经注校证》，中华书局2007年版，第899页。
⑦ 李吉甫：《元和郡县图志》，中华书局1983年版，第918页。

籍中关于"秦城"的记载开始慢慢出现，《舆地纪胜》静江府"古秦城在兴安县西南四十里"，又引《桂林志》谓"秦城，在兴安县，秦始皇二十三年筑以限越"①。《岭外代答》卷十《古迹门》："湘水之南，灵渠之口，大融江、小融江之间，有遗堞存焉，名曰秦城，实始皇发谪戍五岭之地。秦城去静江城北八十里，有驿在其旁。"②"秦城"的称谓被后来的文献如《读史方舆纪要》《广西通志》《兴安县志》等所沿袭，并最终取代了故名，如今这片古代城址仍被称为"秦城"。广西兴安县秦城遗址七里圩王城城址的考古实践，证明《水经注》和《元和郡县志》的记载是可信的，"越城"的叫法名副其实，而所谓"秦城"却是后代人穿凿附会的结果。兴安县秦城城址在多次调查中均未发现秦代遗物，相反其在建筑形制、出土器物等方面均显示出浓厚的汉代特征，所出的陶器、铜器、铁器、建筑材料，与广州秦汉造船工场遗址、广东五华狮雄山、澄海龟山等西汉早中期南越遗址以及两广汉墓中所出的同类器物相同或相近，因而该城应是南越政权"据险为城"，在湘桂走廊修建的一座军事堡垒，其建城时间不晚于西汉中期。"越城"所在的兴安县位于广西东北部，为湘、漓二水之源，也是灵渠的所在地，扼守中原与岭南的交通要道，具有非常重要的战略地位，兴安汉初属南越桂林郡，与长沙国边邑零陵县毗邻，南越在兴安建筑"越城"表明今兴安西南部为南越国的北方前线。

1973年，湖南长沙马王堆三号汉墓出土了大批帛书，同时发现的还有两幅地图，分别被定名为《地形图》和《驻军图》，根据墓葬年代（汉文帝初元十二年，即前168年）推断，地图的绘制年代当在2100年以前，是我国目前发现的最古老的地图。这两幅地图描绘了西汉初期长沙国南部的山川地形和兵力部署情况，为研究西汉初期政治、军事及历史地理等方面，提供了重要的实物资料，特别是其中的《地形图》（如图1所示）更有特殊的意义。《地形图》以汉文帝初期，长沙国南部防区深平大本营为图幅的设计核心进行绘制，

---

① 王象之：《舆地纪胜》，中华书局1992年版，第3161页。
② 杨武泉：《岭外代答校注》，中华书局1999年版，第400页。

把长沙国桂阳郡西部的营浦、泠道、南平、龁道、春陵、桂阳、桃阳、观阳等八县间的地理形势，以及长沙国桂阳郡正南的南越境内的地理轮廓，全部简明地表现在一幅长宽为 96 厘米，比例尺为十八万分之一的正方形帛画上，该图对于汉初岭南一带的政区划分极有参考价值。

图 1 《地形图》

注：据张修桂《西汉初期长沙国南界探讨——马王堆汉墓出土古地图的论证》修改。

根据谭其骧先生的研究，以地图绘制的详确程度为标尺，《地形图》全图又可划分为三个区域，如图 2 所示。①

---

① 谭其骧：《二千一百多年前的一幅地图》，《长水集》，人民出版社 1987 年版，第 238—243 页。

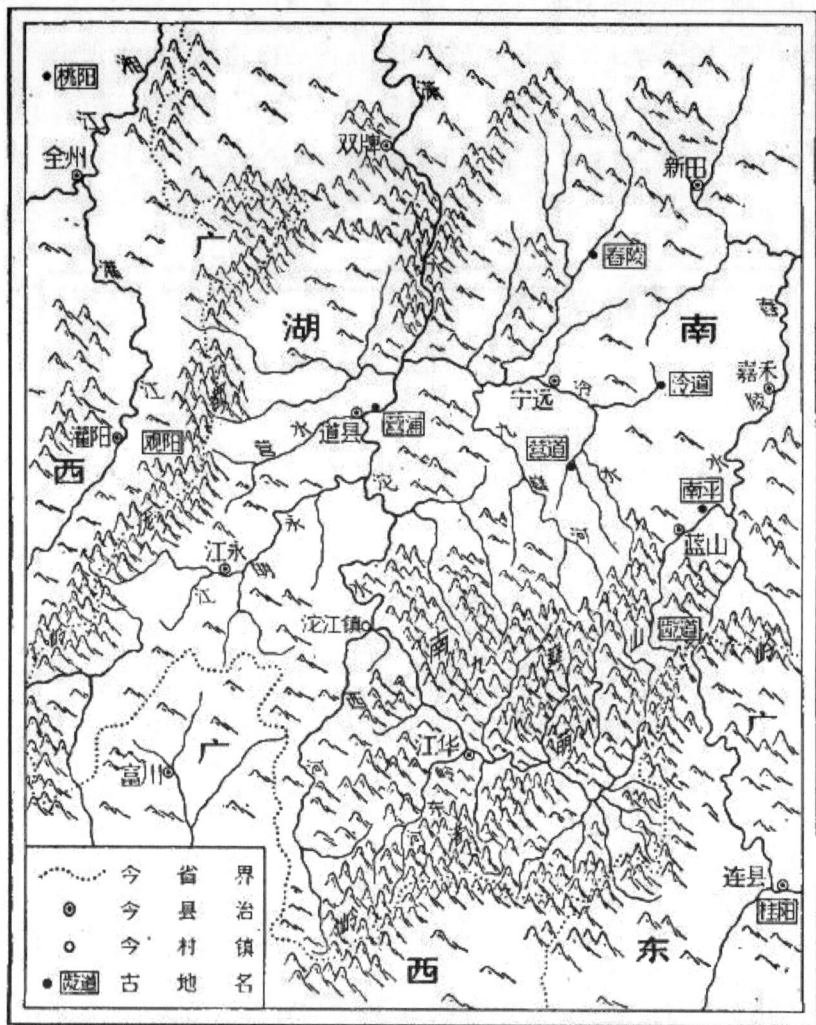

图 2　马王堆三号汉墓《地形图》主区及近邻山川县治在今图上的位置

注：据谭其骧《二千一百多年前的一幅地图》修改。

　　其一，深水流域的营浦全县、舂陵南半县、泠道中西部大半县、龁道西半县，是这幅图的主区。这一区域很可能是墓主利仓之子的驻防区，因此这部分地图应是根据实地考察绘制而成的，所以画得最详细精确。图中除县治外，还画了乡里，但是没有画出政区界线。山脉如九嶷山周旋盘亘数百里，图的北端是《水经注》所谓营阳峡，两岸山势紧逼深水两岸，画得都十分醒目而逼真。水道的曲折流向，基本上，甚或很大程度上接近今地图。

其二，深水流域的春陵北半县、泠道县东部小半县和春水上游的龁道东半县，以及南平县治一带，是这幅图的近邻甲区。都庞岭以西在今广西境内的桃阳、观阳二县，湘粤分水岭以南在今广东境内的桂阳县，是这幅图的近邻乙区。近邻区应已不在三号墓墓主人驻防范围之内，但仍在长沙国封域之内。所以仅仅画出县治和一些道路，不画乡里。甲区与主区之间无大山大川之隔，乙区与主区之间隔着都庞岭和湘粤间的分水岭。

其三，图幅西南部 10、21、18 和南部 26 至 29、2 至 5 共十一片所包括的地区，是远邻区。这个地区已超出长沙国封域之外，属于秦末以来割据岭南的南越国辖境。因此这部分地图极其粗讹，既不画山脉道路，也不画县治乡里，海岸不画曲线而画成一个半月形，水道全无标记，其详细程度又不及第二部分。在区域里，又分为甲乙两区。甲区是靠北接近主区的几片，这上面的水道，如 10 片上的指今淹水上游，21 片上的指瀑带水上游，自 21 片东流经 26 片至 29 片的应指富川江，自 18 片南流至 29 片与富川江相会的应指流经莲塘一水，28 片上自东北角向西南流一水，可能指大宁河。乙区是靠南近海的几片，这里离主区更远，除了绘有几条南注大海的河流外，其他一概不画。

马王堆汉墓《地形图》为我们揭示了汉初长沙国与南越国的中段边界（如图 3 所示）：即西起都庞岭南端，东经富川江源山黄沙岭，再沿湘、桂省界南下至姑婆山，又折向东北至萌渚岭主峰山马塘顶，然后东南经官山穿越大宁河至黑石顶，又顺粤桂界山南下至横水顶，东折终止于连州市东南的石钟顶。

图 3　《地形图》所示长沙国南界

注：张修桂：《西汉初期长沙国南界探讨——马王堆汉墓出土古地图的论证》。

综上所述，我们把历史文献与考古资料所显示的情况结合起来，便可大致画出长沙、南越间的国界：西起汉零陵县西南，东南行绕过灵渠、越城，越海阳山、都庞岭，东经富川江源山黄沙岭，沿今湘桂省界南下至姑婆山，又东北折向萌渚岭，然后东经汉桂阳县抵秦汉阳山关。

小结：汉文帝元年（前 179 年）到汉武帝元鼎六年（前 111 年）是南越国领土扩张和疆域定型期，其最终的国土四至为：东濒南海，西与且兰、夜郎、句町为邻，南至抵汉日南郡，北自汉零陵县、秦汉横浦关、武夷山脉与汉长沙国、淮南国、闽越国接壤。

近年来王充研究的走向及其特征

——基于中国知网"计量可视化分析"的研究

宫云维

中国知网是目前世界上信息量规模最大的"CNKI 数字图书馆",每年收录海量的学术论文。中国知网不但能为学术研究提供文献检索,近年来还开发了计量可视化分析等功能,对相关专题的学术研究提供量化分析,可以在很大程度上反映学术研究的走向和趋势。本文拟根据中国知网提供的数据和"计量可视化分析"图,对改革开放以来的王充研究,尝试分析和研究。由于是初次尝试,有不当之处,敬请指正。

一、文献分类的选择和检索条件的设定

中国知网文献检索形式有高级检索、专业检索、作者发文检索、句子检索、一筐式检索五类,本文选择其中的高级检索。高级检索设有"输入检索条件""并且""发表时间"—"更新时间""支持基金"。检索条件有"主题""篇名""关键词""全文""参考文献""中图分类号"五种。本文选择"主题",主题词为"王充"。由于"王充闾""王充"仅一字之差,自动检索无法识别,且包含"王充闾"的检索结果多达 100 多条,故本检索设定为不包含"王

充闾"①。

中国知网高级检索的"文献分类目录"有基础科学、工程科技Ⅰ辑、工程科技Ⅱ辑、农业科技、医药卫生科技、哲学与人文科学、社会科学Ⅰ辑、社会科学Ⅱ辑、信息科学、经济与管理科学10类。本文选择"哲学与人文科学""社会科学Ⅰ辑""社会科学Ⅱ辑""信息科学""经济与管理科学"5种类目进行检索。

王充是中国古代著名的思想家、学者，历来的研究主要集中在中国哲学、中国历史、中国文学以及古典文献等领域，选择"哲学和人文科学"专辑自不待言。中国知网的"社会科学Ⅰ辑"包括"政治军事法律综合""中国政治与国际政治"等专题，有关王充政治、法律方面的研究会出现在该专辑里。例如，刘国民《"立体的完整生命体"——徐复观解释中国思想史的方法》②、徐斌《德力具足百姓宁集——王充关于和谐社会的构想》③等。"社会科学Ⅱ辑"主要包括"教育综合""教育理论与教育管理""成人教育与特殊教育"等专题。尤其是其中涵盖了许多大学学报。有关王充与教育有关的研究会出现在其中。例如，张世英《思想的一元化——中华精神现象学大纲（之二）》④、周逸仙《简论王充〈论衡〉的科学教育意义》⑤。"信息科学"专辑则包括"档案及博物馆"等，有关王充著作及其文献学的研究会出现在其中。如杨妍静《试

---

① 王充闾，笔名汪聪，辽宁盘锦人，散文作家。曾任辽宁省作协主席。作品有《清风白水》《春宽梦窄》《面对历史的苍茫》《沧桑无语》等，与余秋雨一起被誉为"九十年代中国学者散文（文化散文）的南北两大家的散文大家王充闾"。散文集《春宽梦窄》获第一届鲁迅文学奖。1988年以来，不断有人研究其创作。截至2018年7月31日，中国知网篇名检索"王充闾"，就多达148条结果。

② 刘国民：《"立体的完整生命体"——徐复观解释中国思想史的方法》，《中国青年政治学院学报》2009年第4期，第54—59页。

③ 徐斌：《德力具足百姓宁集——王充关于和谐社会的构想》，《浙江工商大学学报》2005年第3期，第3—8页。

④ 张世英：《思想的一元化——中华精神现象学大纲（之二）》，《北京大学学报》2010年第6期，第14—19页。

⑤ 周逸仙：《简论王充〈论衡〉的科学教育意义》，《河北师范大学学报（教育科学版）》2013年第11期，第42—46页。

论〈论衡〉的文献价值》①、王国强《汉代文献辨伪的成就》②等。"经济与管理科学"专辑主要包括"企业经济""贸易经济""经济管理综合"等专题，但其中也有关于王充思想的现代意义方面的文章。例如，宋春蕾《王充的识佞观与现代领导中的知人之道》③、张锡田《从档案看十二生肖的起源》④、巩本栋《"厚葬"评议》⑤、张华强《〈论衡〉中的思维模式及借鉴》⑥、熊承芬《浅谈六畜之一——羊》⑦、黄仁贤《谈王充人才层次论》⑧、王敬平《王充的识人之道对现代企业管理中准确用人的启示》⑨等，故而也包含在检索专辑之内。

本文所检索数据库包括：期刊、教育期刊、博士、硕士、国内会议、国际会议、报纸、学术季刊。

二、年度发文数量趋势分析

本次检索共得到 1418 条结果，根据中国知网可视化计量分析发布的年度趋势图（如图 1 所示），触底的三个点分别是 1950 年、1959 年、1979 年，发文数量分别为 1 篇、3 篇、3 篇。高开的几个点分别是 1974 年的 32 篇，1981 年的 34 篇，1996 年的 37 篇，2003 年的 42 篇，2011 年的 85 篇。

---

① 杨妍静：《试论〈论衡〉的文献价值》，《图书馆界》2011 年第 1 期，第 51—54 页。
② 王国强：《汉代文献辨伪的成就》，《图书馆杂志》2006 年第 8 期，第 64—67 页、80 页。
③ 宋春蕾：《王充的识佞观与现代领导中的知人之道》，《云南财贸学院学报（社会科学版）》2005 年第 6 期，第 63—64 页。
④ 张锡田：《从档案看十二生肖的起源》，《湖南档案》2001 年第 3 期，第 30—31 页。
⑤ 巩本栋：《"厚葬"评议》，《中国典籍与文化》1994 年第 1 期，第 62—65 页。
⑥ 张华强：《〈论衡〉中的思维模式及借鉴》，《领导科学》2011 年第 9 期，第 56—58 页。
⑦ 熊承芬：《浅谈六畜之一——羊》，《中国农史》1993 年第 4 期，第 38—40 页。
⑧ 黄仁贤：《谈王充人才层次论》，《发展研究》1996 年第 2 期，第 43—44 页。
⑨ 王敬平：《王充的识人之道对现代企业管理中准确用人的启示》，《商场现代化》2007 年第 25 期，第 255—256 页。

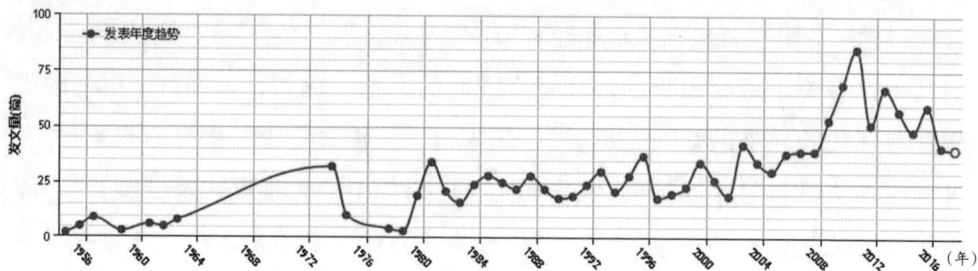

图 1　年度发文数量趋势图 [①]

其中，1950—1965 年一般被认为是中华人民共和国成立初期学术研究正常化的 16 年，其间被认为是确定王充思想具有唯物主义特征的重要时期。1966 年至 1976 年的 11 年间，是"文化大革命"时期，在"评法批儒"运动的影响下，王充被作为"反儒斗士""法家代言人"推向政治舞台，全国掀起了学习《论衡》的热潮，各地报刊纷纷发表文章，赞扬王充具有"问孔刺孟""批判董仲舒"的"反儒战斗精神"。[②]1974 年发文数量空前，达到 32 篇，就是这种背景下的结果。[③]

实际上，王充研究走上正轨，是从张岱年发表《关于中国封建时代哲学思想上的路线斗争——批判"儒法斗争贯穿两千多年"的谬论》开始的。张岱年此文旨在"彻底批判""四人帮""在中国哲学史方面，更以儒法斗争史代替唯物主义与唯心主义两条路线的斗争史，胡说'儒法斗争贯穿两千多年，一直影响到现在'"的谬论。[④]认为"汉代以后唯物主义与唯心主义的斗争不是儒法斗争"，王充既不是法家，也不是儒家，而是"一个独立的唯物主义

[①]2018 年 7 月 21 日 22：49。

[②]申慧芬：《新中国 60 年的王充思想研究及其历史反思》，河南大学 2010 年硕士论文。

[③]据蒋祖怡《试论三十年来王充的研究工作》（《学习与探索》1981 年第 2 期），1974 年、1975 年两年中，全国各地都印发了《儒法斗争史》，还要全国各大学分工编辑"法家"的著作。仅 1974 年一年，全国三十六份重要报纸、十八个重要刊物，发表了数以百计的关于王充的文章。

[④]桂山：《中国无神论学术会议讨论概况》，《武汉水运工程学院学报》1980 年第 4 期，第 106—107 页。

进步思想家""一个有卓越贡献的无神论者"。①这与"文化大革命"时期的调子完全不同。同年，张岂之发表《真孔子和假孔子》，认为王充既批判过早期儒家孔孟的学说，也批判过战国时期的法家理论，"王充的非儒饱和着自己时代的特色，主要是指向当时作为统治阶级支配思想的儒学"。②基本上奠定了后来王充研究的基调。

1980年王充研究的论文有19篇，是党的十一届三中全会以来的第一个高峰，1981年更是达到了34篇。这与中国社会科学院世界宗教研究所、中国无神论学会、湖北省社会科学院、武汉大学、武汉水运工程学院发起召开的"中国无神论学术会议"有关。1980年10月13日至19日，上述单位在武汉水运工程学院召开了"中国无神论学术会议"。会议的议题是熊伯龙及其《无何集》、研究无神论的方法论、研究和宣传无神论的现实意义等。作为著名的无神论思想者，王充自然是关注的主要对象之一。在会上，有人认为熊伯龙继承和发展了王充以来无神论思想的优良传统，王充是黄老学派的，熊伯龙是宗王充的；应该重视研究宣传和研究无神路思想。③该次会议的部分论文被推荐给《江汉论坛》等杂志发表。于是，1980年、1981年的《江汉论坛》《武汉大学学报（哲学社会科学版）》《社会科学辑刊》等学术期刊，就先后发表了张瑷、黎德扬、黄劭邦《中国杰出的无神论者熊伯龙——读〈无何集〉札记》（《江汉论坛》1980年第5期），唐明邦《论〈无何集〉的思想特征和历史地位》（《武汉大学学报（哲学社会科学版）》1980年第6期），翟廷瑨《从人类认识史看无神论反对有神论的斗争》（《江汉论坛》1981年第1期），孙以楷、钱耕森《熊伯龙无神论思想渊源及其历史地位》（《江汉论坛》1981年第1期），姜国柱《论熊伯龙的无神论思想》（《社会科学辑刊》1981年第2期），卢枫《关于熊伯龙和〈无何集〉的几个问题——与张瑷、唐明邦等同志商榷》（《江

①张岱年：《关于中国封建时代哲学思想上的路线斗争——批判"儒法斗争贯穿两千年"的谬论》。
②张岂之：《真孔子和假孔子》，《西北大学学报（哲学社会科学版）》1978年第4期，第59—66页。
③桂山：《中国无神论学术会议讨论概况》，《武汉水运工程学院学报》1980年第4期，第106—107页。

汉论坛》1981年第3期），该两年的王充研究论文数量自然偏高。

1981年以后的王充研究，年发文数量，只有1983年（16篇）、1990年（19篇）、1997年（19篇）不足20篇，其余年份都在20篇以上。1982年、1983年、1984年三年，周桂钿先生发表9篇关于王充研究的文章，其中与冯憬远、吕鸿儒往来商榷的就有4篇，与中国台湾学者罗光、徐复观等商榷的1篇，评价中国台湾学者对王充的研究有2篇。20世纪90年代以来，王充思想研究呈现个性化和多样化色彩，研究方法和模式都发生着很大的变化。[1]20世纪90年代以后，受中国传统文化热的影响，王充研究总体上趋于活跃，无论是研究的方法还是研究的领域，都出现了新的特征。详细情况，可以参阅申慧芬《新中国60年的王充思想研究及其历史反思》。

三、王充研究的地域特征

根据中国知网提供的数据和"计量可视化分析"的作者分布图（如图2所示）来看，改革开放以来的王充研究作者涵盖了全国著名的高等院校和科研机构。作者排名前5位的分别是北京师范大学的周桂钿、绍兴文理学院的吴从祥、中共江苏省仪征市委党校的樊琪（并列第2）、焦作师范高等专科学校的王敬平、河南大学的韩中华，中国社会科学院文学所的孙少华、香港中文大学的王煜、兰州大学的李少惠、东北师范大学的张恩普、厦门大学的王治理、浙江工商大学的徐斌发文数量相同，并列第6。其中北京师范大学的周桂钿先生发文19篇，占15.08%。周桂钿先生是北京师范大学哲学系教授，主要研究中国传统哲学、秦汉哲学。图2中统计的19篇文章全部是篇名中含有"王充"字段的。除此之外，他还著有《王充哲学思想新探》《王充评传》《虚实之辩——王充哲学的宗旨》三本关于王充的著作。[2]周桂钿先生是王充研究影响最大的学者之一。在这个作者分布中，前10名中有两位是浙江学者。

---

[1] 申慧芬：《新中国60年的王充思想研究及其历史反思》，河南大学2010硕士论文。
[2] 周桂钿：《王充哲学思想新探》，河北人民出版社1984年版；《虚实之辩——王充哲学的宗旨》，人民出版社1994年版；《王充评传》，南京大学出版社2011年版。

吴从祥还著有《王充经学思想研究》。①

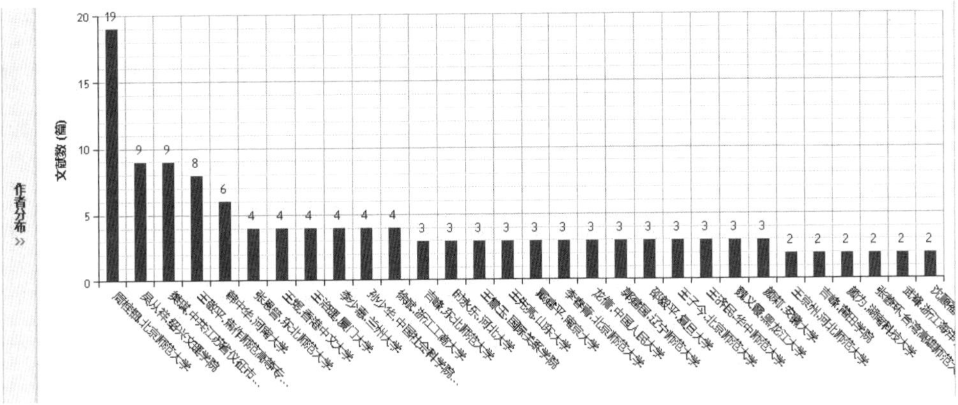

图 2　作者分布图

从发文机构分布（如图 3 所示）来看，前 10 位的分别是北京师范大学、山东大学、北京大学、山东师范大学、东北师范大学、华中师范大学、河南大学、福建师范大学、复旦大学、中国人民大学。浙江省的高校和科研机构，仅有绍兴文理学院发文 11 篇，排名第 18。

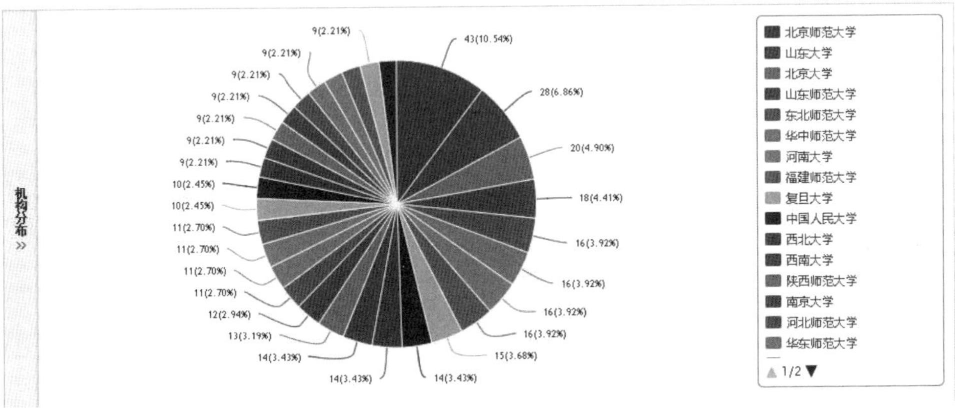

图 3　发文机构分布图

---

① 吴从祥：《王充经学思想研究》，中国社会科学出版社 2012 年版。

从基金分布来看（如图 4 所示），王充研究共获得 51 项厅级以上资助。其中有 37 项国家社科基金立项，省级立项 2 项以上的有湖南、上海、陕西。浙江省仅有 1 项省教委（教育厅）立项。

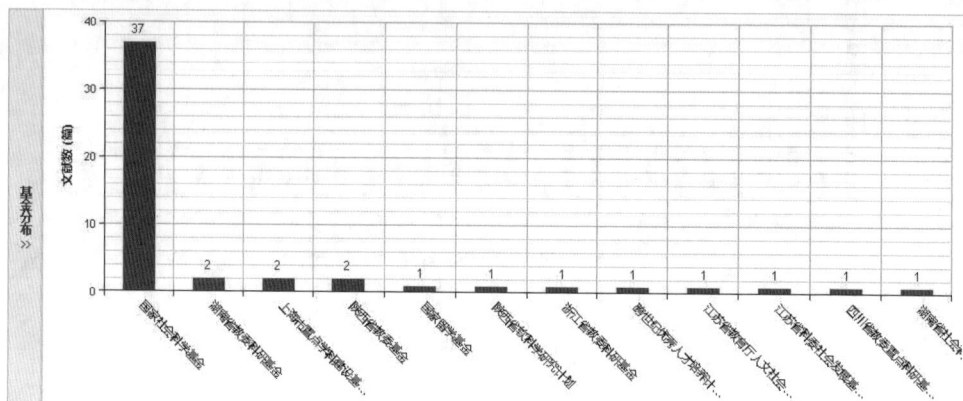

图 4　基金分布图

从学科分布来看（如图 5 所示），王充研究发文数量最多的学科是哲学，其次是中国文学、中国古代史、中国语言文字、宗教、教育理论与教育管理、中国通史、史学理论、美学，体现了王充首先是中国古代著名思想家，以及古代文史哲不分家的学科特征。

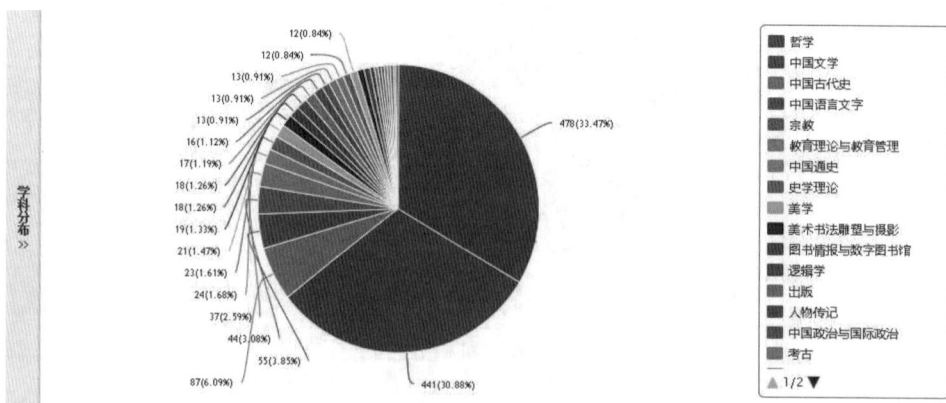

图 5　学科分布图

从文献来源来看（如图 6 所示），发表王充研究的学术期刊，以《甘肃社会科学》发文数量最多，此外依次是《哲学研究》《浙江学刊》《文史哲》《山东大学》《山东师范大学》《孔子研究》《东北师范大学》《社会科学辑刊》《兰台世界》《学术月刊》《北京师范大学学报（社会科学版）》。山东大学有12 篇硕博论文，东北师范大学有 10 篇硕博学位论文，居文献来源的并列第 3位和并列第 8 位。在这个分布图中，浙江高校和科研机构的学术期刊有 3 家：发文数量并列第 3 的《浙江学刊》，并列第 7 的《绍兴文理学院学报（社科版）》和并列第 8 的《浙江大学学报》。

综合以上分析，我们认为，王充研究仍然以传统的文史哲学科为主，研究者大都分布在传统的文史哲综合实力较强的高等院校和科研机构。但是，相对于全国高校和科研机构对王充研究的重视程度而言，作为王充故乡的浙江高校和科研机构对其的重视程度远远不够。王充不仅仅是东汉著名的思想者和学者，也被认为是"浙学"的源头，对浙江文化和学术的发展影响很大，应该引起我们浙江学者和浙江省相关部门的重视。

（本文作于 2018 年，为在上虞举办的王充思想学术研讨会而作，曾刊于《儒学天地》2020 年第 3 期）

竹林名士对放达的把握

徐 斌

摘要：对嵇康、阮籍等竹林名士的放达，尽管历来存在着截然不同的两种评价，其不受束缚的任情自然却是双方的共同认定。其实，竹林名士十分在意这种处世方式的社会影响，对之进行了自觉的把握。通过天性把握、理性把握和审美意境把握三个环节的修养和净化，使放达在实践中体现出"外坦荡而内淳至"的精神，成为中国历史上一道独具魅力的文化景观。离开了这种内在的自觉，产生如此积极影响是不可想象的。

关键词：竹林名士；放达；把握

嵇康、阮籍（以下简称嵇阮）等竹林名士的人生行状，向以"放达"为表征，这种当时被称作率性、任诞的行为风尚，固然遭到礼教之士的痛贬，但更大的影响是引起诸多士人的称誉和向往。一种狂放的外形能在讲究"道德本位"的社会中得到较为广泛的佳评，除了其自身率真自由，个性解放的内涵外，还离不开实践者对行为分寸用心良苦的把握。这是过去研究中关注不够的。

一、什么是"放达"

当代谈论放达，前后经历过较大变化。很长一段时间内，放达被视为世家大族精神没落的表现。近年来对放达的研究转入客观审视，一般认为，其"本质是把人性从礼法的束缚中解放出来，是追求个性的自由"①。至于放达出现的原因，学者们则从不同角度进行了探讨，如"罗宗强《玄学与魏晋士人心态》以政治原因解释之；余英时《士与中国文化》以个性自觉解释之；华中师范大学马良怀博士以社会转型期士人发泄精神的苦闷、痛苦解释之"。或认为是"在探讨玄学本体论时摆脱不了世俗生活诱惑之两难处境的产物"②。

上述研究提出了富有启示的见解，然遗憾之处是未对竹林名士就放达的把握问题给予应有的重视。从方法上讲，原因主要有两点。其一，多将魏晋名士放达统而论之。虽然也有学者分析过竹林之放与元康之放的不同，但总的来看，还是当作同一种历史现象，连在一起审视的。"他们（嵇阮）崇尚自然，寄情希夷，宅心玄远，很容易使老庄的虚静变为士族的放达。"③"魏晋玄学名士矛盾生活中充满庸俗气的一面，就是魏晋玄学在当时及后世均产生过深远影响的任情放达的生活模式。"④其实，自觉意识到并在实践中对放达给予把握者，主要存在于放达的始作俑者——竹林名士尤其是嵇阮身上。嵇阮之后，放达发生变异，把握之事基本不存。对此不加以区别，竹林名士独有的自觉很容易湮没于任情放浪之中。其二，对放达产生的原因，比较看重政治、社会变化等大的因素。这些当然不可或缺。但放达之所以形成，还存在文化思潮演变、竹林名士个性特征等特殊要素的诱发。

从这样的角度再做探讨，竹林名士于放达过程中对行为分寸的注意与把握，便清晰可见了。自汉末新思潮兴起以来，批判名教，追求思想自由、个性解放，成为一部分士人的自觉，转而追求"通脱""简易"的生活格调，开启了将"礼"与"情"整合为一体的道德重构过程。时至建安，以"三曹""七子"为代表的建安名士，在"治平尚德行，有事尚功能"的纲领下，创造了儒家理想加道家气质的人格风范——文采风流。曹魏立国后，重"情"的追求开始受到抑制，此况反而激发了何晏、王弼、夏侯玄等正始名士的谈玄热情，

① 罗宗强：《玄学与魏晋士人心态》，浙江人民出版社1991年版。
② 高华平：《玄学趣味》，湖北教育出版社1997年版。
③ 孔繁：《魏晋玄谈》，辽宁教育出版社1991年版。
④ 高华平：《玄学趣味》，湖北教育出版社1997年版。

有针对性地提出一套革除名教弊端，创建自己理想社会和理想人格的学说——玄学。他们倾心于理论创造和政治改制，道德生活方面却比建安名士更为严谨，也就是注意到对行为规范的把握。

"高平陵之变"发生后，标志着新思潮与统治当局长达半个世纪的合作期终结了，政治社会环境重归"礼教尚峻"的局面。竹林名士在野，名教之士在朝，双方形成壁垒分明的对立关系。这种对立的尖锐性和风险性，决定了玄学思潮需要寻求一种在受压状态下继续生存的特殊途径。历史发展的偶然性恰恰在于，"礼教尚峻"复辟之日，遇到了在道德行为方面比正始名士更为自由的竹林名士。何晏、王弼持积极入世姿态，取道家看重老子，而嵇阮有归隐倾向，近道家而偏好庄子。前者属思想家，后者更像艺术家。这个区别，决定了正始名士和竹林名士不同的处世态度、治学风格以及生活命运。这个时期的学术风格因此转为批判的、审美的和侧重人生哲学的，而在处世方式上，则呼唤一种能够负载多重需求的生存形态。一则，展示玄学的道德价值取向：自然基础上的仁义与善良，提倡人性解放、个性自由，以及修养框架内的任情而动。二则，批判和反衬名教人格的虚伪与乏味。名教的一套流弊已深，迷惑性极大，故而矫枉必须过正，行为方式不能不从反衬的角度来实现揭露批判礼法之士的功能。三则，与本人个性爱好的一致与吻合。个性自由导向下的生活方式是精神爱好和情之所向，个人可根据不同的环境条件设计不同的实现方式。此亦不失为在政治险局中尽可能保存自己的方式。

于是，竹林名士应环境所需，在前辈"通脱""文采风流"的基础上，发展出一种鲜明的不拘礼法，充分显示个性自由的行为方式。这种玄学思潮的曲折反映，本质为反抗精神、忧世情绪以及本人性情三位一体的特殊表现，被世人称之为放达。后人亦由此共认嵇阮为放达的开山祖，无论其是否理解放达的复杂内涵，但得行为自由，便自谓"皆祖述于籍"。

实际，在嵇阮心中，放达并不是道德行为的正常形态，甚至就其表象而言，还容易引起某种负作用，他俩于辞世前不约而同地告诫后代"不得复而"即说明了这一点。因此，从动机与效果的统一考虑，放达要让自身超越一般观念、规范和表现特殊的积极内涵为更多的人所理解接受，不至于惑于表象而误解，客观上必须要把握分寸，运用得当。越在行为上随意任情，于精神上越体现完美高尚，以强烈的反差来展示玄学人生观的纯洁美好。

从放达产生的时代背景以及所担的历史责任看，对之予以把握，实属使命的规定，是竹林名士必须清醒意识、自觉掌握的一个平衡机制。离开了这一点，不仅会使"越名教而任自然"的玄学主题走偏到"纵情欲以任自然"的歧途上，还会将自己的性命早早送于名教的屠刀之下。

二、嵇阮如何把握"放达"：从道德修养的角度

嵇阮对放达的把握是通过现实的道德修养和超现实的审美体验两个方面来实现的。道德修养又表现为天性把握与理性把握两种。

嵇阮俱为深得"建安七子"真传之人，自幼成长于批判名教虚伪、追求人性真诚的新思潮之中，这样的文化底蕴使他们醉心于营造儒家理想加道家风范的人生。"性至孝""与物无伤""行己寡欲，以庄周为模则""高亮任性，不修名誉，宽简有大量"，这些举止品行，在他们的一生作为中随处可见。他们自信一个真诚善良、有理想的士人，既追求任情自然，又能够适可而止，并在崇仰人性的道德空间中获得体面的人生。那种不讲边界，不顾体面的纵欲行为，素为侪辈所不齿。没有这个底蕴，也就没资格谈放达而谓之放荡了。

嵇阮认识到，对于放达这种复杂的处世方式，仅靠天性把握还是不够的，须在理性上进一步把握，一方面自我提升，达于更自觉的境界，另一方面亦是将放达的用意传达于世人。嵇阮精通养生之道，他们将养生与人格培养、道德修养联系起来探讨，使之在某些方面超脱了功利目的的束缚，进入纯粹生命哲学的深度，通过为情辩护和为情升华，力图把道家个性自由、任情率真的优点和儒家温文尔雅、与人为善的长处结合起来，人们通过省欲少私的修炼，于无意间自然地实践仁义兼爱。

嵇阮为情辩护的话题，前人多有论述，此不赘。为情升华的核心为省欲少私之修养。这个省欲少私与苦行僧式的禁欲抑性不同，主要是通过明是非、

顺事理的路径达到目的："清虚静泰，少私寡欲，知名位之伤德，故忽而不营，非欲而强禁也；认厚味之害性，故弃而弗顾，非贪而后抑也。"①所省去的私欲正是认识到的恶与丑。那么，他们行为的基准又为何呢？嵇康在答复向秀以"感而思室，饥而求食"证明欲皆入理时说，"今不使不室不食，但欲室食得理耳"，所谓得理，就是"犹渴者饮河，快然以足，不羡洪流"，"外不殊俗，内不失正"。②

《释私论》系嵇阮修养境界的理论概括。"夫称君子者，心无措乎是非，而行不违乎道者也。何以言之？夫气静神虚者，心不存于矜尚，体亮心达者，情不系于所欲。"意在完全超脱世俗名利的干系，将为善之行根植于"物理顺通"的基础上，最终境界是："君子之行贤也，不察于有度而后行也。任心无邪，不仪于善而后正也。显情无措，不论于是而后为也。是故傲然忘贤，而贤与度会，忽然任心，而心与善遇，悦然无措，而事与是俱也。"深厚的修养成为随时指导言行向善从贤的自动仪。既随性而动，又性不伤人，所得到的"肆志"自由仍是情性的必然，所谓"机心不存，泊然纯素，从容纵肆"。

对于选择什么样的生活方式，并让这种生活方式与自己的理想和情趣相吻合，竹林名士是经过深思熟虑的。嵇康在《卜疑》中，对现实社会的各种生活方式进行了概括与分类，计二十八种。肯定和认可的类型中，有求直道、求德行、求隐逸的，如"宁斥逐凶佞，守正不倾，明否臧乎""宁与王乔、赤松为侣乎"等等。同时对在仕途中"聚货千亿，击钟鼎食""时移俗易，好贵慕名"者，表示了不屑。最后，根据现实环境为自己选择了一种既关心社会又超脱世俗的生活态度，通过太史贞父之口传达出来："内不愧心，外不负俗，交不为利，仕不谋禄，鉴乎古今，涤情荡欲。"这样的活法必须彻底抛弃荣华富贵、功名利禄之心，方可抵达个性自由的境地。他作诗述志："泽雉虽饥，不愿园林，安能服御，劳形苦心，身贵名贱，荣辱何在，贵得肆志，纵心无悔。"③完全看透了那些"富贵尊荣"对人生的异化和误导，无论从理

---

① 嵇康著，戴明杨标注：《嵇康集校注》，卷三，"养生论"，中华书局 2014 年版。
② 嵇康著，戴明杨标注：《嵇康集校注》，卷三，"养生论"，中华书局 2014 年版。
③ 嵇康著，戴明杨标注：《嵇康集校注》，卷一，"兄秀才公穆入军赠诗"，中华书局 2014 年版。

性上还是从感觉上都不能接受，避而远之。如此，他才能写出"七不堪""二不可"那样生动又深刻的鄙视之辞。最后他给自己的生活态度设计了实现形式："抱琴行吟，弋钓草野""游山泽，观鱼鸟，心甚乐之"。

通过稽阮如此的精心结构，放达在他们心中便建立于高度提炼的真情之上。其之所以能负载人格力量，关键就在于体现出"外坦荡而内淳至"的内涵。

三、竹林名士的"放达"实践

验之以竹林名士的放达实践，确乎承载了玄学思潮在特殊环境下的种种诉求，内涵远非表面的种种形式所能包容，而且仅就表现形式而言，也不是一个简单的平面，更像一个多棱镜，不同的侧面反射着不同的色彩，约可分为姿态不同、各有用意又相互关联的三个侧面：蔑视礼法、个性展示、伦理实践。头一项意在批判名教，后两项是展示玄学的道德伦理风范。而无论哪一项，把握均似无所不在的影子伴随其间。

①蔑视礼法。针对"以孝治天下"，阮籍以自己的行动表明，孝是自然之情，不徒具形式照样可以表达哀痛。"母终，正与人围棋，对者求止，籍留与决赌。既而饮酒二斗，举声一号，吐血数升。及将葬，食一蒸肫，饮二斗酒，然后临诀，直言穷矣，举声一号，因又吐血数升。毁瘠骨立，殆致灭性。"①男女授受不亲，为名教之一大讲究。阮籍反其道而行之："邻家少妇有美色，当垆沽酒。籍尝诣饮，醉，便卧其侧。籍既不自嫌，其夫察之，亦不疑也。"②

礼俗中又有"叔嫂不通问"的规矩，阮籍不但行为上置之不顾，还要在言论上鄙视一通："籍嫂尝归宁，籍相见与别。或讥之。籍曰'礼岂为我设邪！'"③这种种言行向人们展示了"放达"负载的多重人性的需求。爱美之心人皆有之，异性相吸乃人之常情，男女正常交往、接触，并不等于心怀不轨。相反，恰是仁义兼爱之心的自然反映。"男女授受不亲"违反人之本性，反倒说明

---

① 房玄龄等：《晋书》，卷四十九，列传第十九，"阮籍"，中华书局1974年版。
② 房玄龄等：《晋书》，卷四十九，列传第十九，"阮籍"，中华书局1974年版。
③ 房玄龄等：《晋书》，卷四十九，列传第十九，"阮籍"，中华书局1974年版

讲究者心里不够干净。

名教向来看重等级、门第，喜好排场、威仪。竹林名士们从心里藐视这一切。"钟会为大将军所昵，闻康名而造之。会名公子，以才能贵幸，乘肥衣轻，宾从如云。康方箕踞而锻，会至，不为之礼。"①越是权贵，越以威仪显示地位煊赫，嵇康就越要蔑视之。当然，他使用的是"箕踞而锻"这种"傲物"的放达形式。阮咸蔑视等级权贵有着另一番风景："诸阮前世皆儒学，善居室，唯咸一家尚道弃事，好酒而贫。旧俗：七月七日，法当晒衣，诸阮庭中，烂然锦绮。咸时总角，乃竖长竿，挂犊鼻也。"②阮咸以此显示了自己家虽贫而人格不贱的天然之质。与嵇康"傲世"姿态不同的是，阮咸取一种"玩世"的手法，行为有点荒诞，然殊途同归，即用玄学"超然物外""不为物累"的理念，批判名教借助身外之物显示自己的虚荣。

②个性展示。玄学人格关怀的基点无非倡个性自由，把人从名教桎梏中解放出来返璞归真，按照自己的爱好选择生活方式。展示个性，就是充分体现这一价值追求，同时反衬出名教道德生活的虚伪与乏味。"嵇康寓居河内……与陈留阮籍、河内山涛、向秀、籍兄子咸、郎琊王戎、沛人刘伶相与友善，游于竹林，号曰七贤。"③著名的"竹林之游"，既是他们共奉玄学思想的宣示，也是主张自由人格的结盟。在此大前提下，他们每个人又表现出不同的个性。其中，阮籍选择了"醉而蔑世"，嵇康认准"隐而傲世"。阮籍"博览群籍，尤好《庄》《老》。嗜酒能啸，善弹琴。当其得意，忽忘形骸"④。嵇康与其他几位遨游方外，寄情山水，常常是："率尔相携，观原野，极游浪之势，亦不计远近，或经日乃归，修复常业。"⑤

嵇康的个性为"傲世"，但他的日常生活则因多才多艺而丰富、高雅，乐趣横生。他通上古之书，握绝代之艺，金铁之功精绝，加上他的那些仙师道友、

---

① 陈寿撰，裴松之注：《三国志》"王粲传"注引《魏氏春秋》，中华书局 2011 年版。
② 刘义庆著，刘孝标注，余嘉锡笺疏：《世说新语笺疏（全三册）》下卷上，"任诞"，中华书局 2008 年版。
③ 《太平御览》，中华书局 1960 年影印本。
④ 房玄龄等：《晋书》，卷四十九，列传第十九，"阮籍"，中华书局 1974 年版。
⑤ 房玄龄等：《晋书》，卷四十九，列传第十九，"阮籍"，中华书局 1974 年版。

志朋神交,隐逸山林则二三子相随论道,出入市则万人景仰,众口呼为"神仙"。他把士人心目中"高士"的行迹集于一身,向社会发放一种人格美的巨大诱惑。"见者叹曰:'萧萧肃肃,爽朗清举。'或云:'肃肃如松下风,高而徐引。'"

在这样的人生、这样的形象比照下,礼法之徒只能自惭形秽。钟会第一次去见嵇康,硬是不敢直面,抱愧而窜。"钟会撰《四本论》,始毕,甚欲使嵇公一见。置怀中,既定,畏其难,怀不敢出,于户外遥掷,便回急走。"①钟会后来诬害嵇康,是出于忌恨和报复之心,同时更源于他心里无时无刻不在的那种被压迫感和恐惧感,以至到了有嵇康在,他在人格上就永远抬不起头来的地步。

向秀是与嵇康交往最密切的,但他的个性则是典型的一介书生。"秀与嵇康、吕安为友,趣舍不同。嵇康傲世不羁,安放逸迈俗,而秀雅好读书。"②山涛以"器识"为至友世人共所称道。"少有器量,介然不群。""涛雅素恢达,度量弘远,心存事外,而与时俯仰。尝与阮籍、嵇康诸人箸忘言之契。至于群子,屯蹇于世,涛独保浩然之度。"③山涛在竹林七贤中是以"入世"思想较浓显其独到之处的,作竹林游时便常"与时俯仰"。但其人格精神与礼法之士明显不同,有一种博大而超然物外的气质。裴楷称之:"见山巨源,如登山临下,幽然深远。"王戎亦评价他:"如璞玉浑金,人皆钦其宝,莫知名其器。"

好酒的刘伶则是用"醉"字来表现其个性的。"初不以家产有无介意。常乘鹿车,携一壶酒,使人荷锸而随之,谓曰:'死便埋我'。其遗形骸如此。"④这醉酒悠悠之态,是借行状而超越世俗,体现玄学"有"与"无"之间的那种似有似无,看破一切又包容一切的意境,故使千古名篇《酒德颂》传世。如果仅仅是好酒好得寻死觅活,虽说富有个性却还不足以借此达到影响社会的程度。刘伶个性产生影响关键在于其个性所蕴含的道德理念。"刘

---

① 刘义庆著,朱碧莲、沈海波注:《世说新语》(上),"文学第四",中华书局 2011 年版。
② 《太平御览》,卷四十九,"向秀别传",中华书局 1960 年影印本。
③ 刘义庆著,朱碧莲、沈海波注,《世说新语》(下),"贤媛"注引《晋阳秋》,中华书局 2011 年版。
④ 房玄龄等:《晋书》,卷四十九,列传第十九,"刘伶",中华书局 1974 年版。

伶恒纵酒放达，或脱衣裸形在屋中，人见讥之。伶曰：'我以天地为栋宇，屋室为衣，诸君何为入我中？'"[①] 表面上看，刘伶是在放形，然其中展示的意境为玄学的回归自然状况。在自然状况中，或许没有完人，因为人皆有毛病，而有毛病不加掩饰即具光明之心，所谓"直行"之人。人在自然状况中已然超越了世俗羞耻，只留下精神意念间的自由快乐。

竹林名士在个性展示方面，表现各有千秋，有温文尔雅尤好读书者，有醉心山林隐为仙游者，有长醉不醒举止忘失者……不论哪种，都是自己所选择且喜爱的生活方式，并在实践中表现出个性解放的愉快和"与物无伤"的修养。在这个意义上，竹林名士的放达便使异行为可行，化犯俗为大诚。

③伦理实践。竹林名士亦有自己的生活和社交圈子，发生人与人之间的道德伦理关系，尤其在竹林名士之间构成他们表现自己所尊奉的伦理观念的基本舞台。此间此时他们像换了个人似的，尽显人世间的优良美德，文雅、优容、幽默、真诚，相互之间相知、友好、平等、互助，以至相托生死。而做这一切时又朴实自然，毫无造作夸饰之态。

竹林七贤并非同辈，是学问、志向把他们结合在一起，但往往一见如故，终生相知。"山公与嵇、阮一面，契若金兰。"刘伶的情况也很类似，因为深通老庄与道同体思想，偶与嵇阮相遇，"欣然神解"，一见而结下道义之交。王戎加入"七贤"行列，颇能说明他们之间的"忘年交"。"阮籍与浑为友。戎年十五，随浑在郎舍。戎少籍二十岁，而籍与之交。籍每适浑，俄顷辄去，过视戎，良久然后出。谓浑曰：'濬仲清赏，非卿伦也。共卿言，不如共阿戎谈。'"[②]

竹林名士之间在学问上是能者为师的。"秀将注《庄子》，先以告康、安，康、安咸曰：'此书讵复须注？徒弃人作乐事耳！'及成，以示二子。康曰：'尔故复胜不？'安乃惊曰'庄周不死矣！'"向秀又是嵇康治学中不可或缺的助手。嵇康作《养生论》时，向秀"与康论养生，辞难往复，盖欲发康高致也"[③]。

①刘义庆著，朱碧莲、沈海波注，《世说新语》（下），"任诞第二十三"，中华书局2011年版。
②房玄龄等：《晋书》，卷四十三，列传第十三，"王戎"，中华书局1974年版。
③房玄龄等：《晋书》，卷四十九，列传第十九，"向秀"，中华书局1974年版。

他们之间的友谊在真诚的学术探讨中加深。

　　他们的友情除了志同道合的基础外，意气相投也是一个重要方面，相互之间到了无拘无束、无可无不可的地步。阮籍丧母，礼俗之士来吊，他以白眼对之。嵇康的哥哥嵇喜前来，他也同样对待，"喜不怿而退"。嵇康听说后，知道阮籍是讨厌常俗礼法的吊唁陈式。于是，"乃赍酒挟琴造焉，籍大悦，乃见青眼"。此种行为虽受到礼法之士的忌恨，但他们自己却从中享受到通情达性的自由之乐。"嵇、阮、山、刘在竹林酣饮，王戎后往。步兵曰：'俗物亦复来败人意！'王笑曰：'卿辈意，亦复可败邪！'"①王戎年龄小，在交游中受到调侃，然王戎的答语，充分表现出过人的才思，证明他无愧于七贤行列。此事亦反映他们交往的平等、率真、风趣，充满了自然交融的氛围。这些都是名教伦理中根本感受不到的。"七贤"之间的无拘无束有时还扩大到他们亲属的范围中，山涛曾对妻子韩氏说道："当年可为友者，唯此二人耳。"韩氏遂提出了"意欲一窥之"的要求。"（嵇阮）二人至，妻劝涛留之宿，夜穿墉而窥之，涛入，曰：'所见何如？'妻曰：'君才殊不如也，正当以识度相友。'涛曰：'然，伊辈亦尝谓我识度胜。'"②这样的生活，这样的品行与修养，在历史上是可遇不可求的。除了朋友间的情投意合外，还需要共同具有淳朴自然又高雅风流的伦理观念。

　　竹林名士之间在交往中建立了诚挚而深厚的感情，这种感情既超越功利又遵奉着一定的准则。"（向秀）与嵇康偶锻于洛邑，与吕安灌园于山阳，不虑家之有无"，表现出一种超然物外的真诚关系。王戎曾云："与嵇康居二十年，未尝见其喜愠之色。"③然而，在发生大是大非的分歧时，他们又是非分明，信守"直道而行"的规则。嵇康写过两篇《绝交书》，对象均是其好友。《与山巨源绝交书》词锋尖锐，笔调辛辣，但明眼人都知道那是一种政治宣言，锋芒指向体制与名教，表明了与山涛在政治上的分道扬镳，而非对山涛的个人攻击。《与吕长悌绝交书》则是痛心之作，是对曾经是朋友的吕巽的谴责，

①刘义庆著，朱碧莲、沈海波注，《世说新语》（下），"排调第二十五"，中华书局2011年版。
②《太平御览》，中华书局1960年影印本，第1889页。
③刘义庆著，朱碧莲、沈海波注，《世说新语》（上），"德行第一"，中华书局2011年版。

但行文严守"古之君子，绝交不出丑言"的风度："足下阴自阻疑，密表系都，先首服诬都，此为都故，信吾又无言，何意足下包藏祸心耶？都之含忍足下，实由吾言。今都获罪，吾为负之。吾之负都，由足下之负吾也。怅然失图，复何言哉！若此，无心复与足下交矣。"全文皆作述事语，不加修饰，不加危词，然轻薆、痛疾之意自见，世理自明，毋庸多言。

后来，竹林七贤走上了不同的道路，但他们之间的情谊并未因此而消亡。嵇康虽然在政治上疏远了山涛，但在个人感情上仍旧信赖他，临刑前托孤于山涛："谓子绍曰：'山公尚在，汝不孤也。'"[1]嵇康死后，向秀被迫入仕，然他"身在曹营心在汉"，作《思旧赋》念亡友："逝将西迈，经其旧庐。于时日薄虞泉，寒冰凄然。邻人有吹笛者，发声寥亮。追想曩昔游宴之好，感音而叹。"哀伤依依，悲凉无限，传达出对那段真情生涯的留恋。

四、竹林名士对"放达"境界的提升

竹林名士在现实的政治对垒中，无疑处于弱势的地位，不得不承受巨大的心理压力，仅靠现实道德修养还不足以完全支撑这种压力，嵇阮以其诗人和艺术家超乎寻常的想象力，在超现实的审美体验中获取了精神力量和人格支撑。而这种努力无疑提升了放达的境界，创造出审美意境的把握。

嵇阮均仰慕庄子的生活意蕴。嵇康虽然把庄子返归自然的理想改造为真实的人生观，并转化为自己的人生实践，但庄子精神中通过审美的中介使自己进入"坐忘"境界的意义并未消失："有主于中，以内乐外；虽无钟鼓，乐已具矣。故得志者，非轩冕也；有至乐者，非充屈也，得失无以累之耳。……故顺天和以自然，以道德为师友，玩阴阳之变化，得长生之永久，任自然以托身，并天地而不朽者，孰享之哉？"[2]他们批判现实中假、恶、丑的东西，却又难以发现世间有理想中的真、善、美存在，于是便认为真正的美存在于

---

① 白居易，《白氏六帖·事类集》，文物出版社 1987 年版。
② 嵇康著，戴明杨标注：《嵇康集校注》，卷四，"答难养生论"，中华书局 2014 年版。

本体，非世俗之人用具体的感官所能察觉，只有通过高度修养进入"坐忘"境界，才能与之神交，感知那种神奇而又纯洁无瑕的完美。这种超现实的心灵感知，看似空灵无着，却正是他们自由精神的审美化实现，反过来再把审美活动融入自己的现实人生，将自我由现实的、物质的存在转化为纯精神性的存在，以终生不渝的热情创造着并实践着这种美的境界。由此激发出超乎寻常的精神力量来超越世俗，战胜畏惧，直面恶险而执着于自己的理想，并在这一过程中获得了强烈的崇高感，凝聚为一种感天动地的气质人格。

嵇阮对自己的放达，皆通过描绘理想人格留下了化身："有宏达先生者，恢廓其度，寂寥疏阔，方而不制，廉而不割，超世独步，怀玉被褐，交不苟合，仕不期达。常以为忠信笃敬，直道而行之。"[①]嵇康一开始就把自己置于超绝拔俗、居高临下、俯视众生的地位。这个地位是审美意境中的，而他正是在此高度上获得修养和感情的升华。比较起来，阮籍的精神境界要更超脱也更虚幻一些，更深地进入了作品的审美角色，把自己当作"大人先生"第二："其视尧、舜之所事，若手中耳。以万里为一步，以千岁为一朝。行不赴而居不处，求乎大道而无所寓。先生以应变顺和，天地为家；运去势，魁然独存。自以为能足与造化推移，故默探道德，不与世同之。"[②]阮籍于诗中笑、诗中哭，心随文走，神随文游，飘飘若仙，把人世间的一切都看破了，真正是"高超藐世"的气概。虽然这是一个无法实现的理想人生，但阮籍却在其中认真地编织着自己的梦想，陶冶着自己的人格。对阮籍，"时人多谓之痴"，这个"痴"字传神地表达了他物我一体的"坐忘"意境。

嵇阮均为我国古代的美学家，深通人与对象之间的"移情现象"，嵇康把这叫作"思假物以托心"，沉浸自然、放情山河时，"人的对象化"和"对象的人化"的情形交融始终。他们以物托心的内容丰富而生动，从游首阳讽"仁义"到奏"广陵"咏高志，自哀鸾凤之遭羁至讥猕猴喻礼士，喜怒哀乐无不淋漓尽致。然他们感触最深、受益最大的，还是雄伟绮丽的大自然对自己崇

---

① 嵇康著，戴明杨标注：《嵇康集校注》，卷三，"卜疑"，中华书局2014年版。
② 阮籍撰，李志钧等校点，《阮籍集》，卷上，"大人先生传"，上海古籍出版社1978年版。

高意境的陶育。

嵇阮特别喜欢领略、体会"山陵崔巍，云电相干，长风振万，萧条大原"之类展现着惊惧威力的自然景物，这类对象给人猛烈震撼，势要席卷一切的感觉。可人并未屈服，倒是泰然相迎，"登飞梁，越幽壑，援琼枝，陟峻"，在遨游山川、征服自然之际，不时抒发着"贵不足尊""富不足先""圣贤不足以为誉"的壮志豪情。阮籍借化身——大人先生的活动，把自己的思想感受全面形象地再现出来："来东云、驾西风……飘摇于四运，翻翱乎八偶。"容身于大自然的经历使他"不以富贵为杰，不以显得为荣"，就是置身帝王之侧，也傲然不拜，旁若无人。嵇康笔下的宏达先生则"居九夷，游八蛮，浮沧海，践河源，甲兵不足忌，猛兽不为患"。很明显，嵇阮在纵情自然之际，是把大自然的险象类比为现实生活的险象，自己对它的泰然无畏正是对现实的泰然无畏，对它的征服也就是对"礼教尚峻"的征服。

嵇阮在自然中的这种感受和想象与他们实际的反抗活动相辅相成。嵇康面嘲威焰熏天的钟会；临刑自若，慷慨援琴，视死如归。阮籍鄙讽"辟招"，回拒司马氏攀亲，等等。他们对"礼教尚峻"表现出的无所畏惧的浩气，与自身长期接受自然崇高感的熏陶是休戚相关的。

嵇阮的放达通过在审美意境中的熏陶，升华为一种强大而健康的精神气质，支持着他们以放达的形式与名教相对抗，同时又按照自己的追求真实地生活。更值得注意的是，这种似人似仙的状态使放达于无形中走向至淳至美的境地。它汰除了世俗的羁绊，以精神上的美感为最大追求，当然也就对放达构成了更高层次的把握。

五、竹林名士对放达把握的社会影响

对放达的把握存在与否，效果又如何？终归还要从它的社会影响中求得印证。礼法之士自视对放达疾之如仇，何曾面责阮籍"纵情背礼败俗"，钟会状告嵇康"轻时傲世""有败于俗"。欲除之而后快。问题是，他们在很长一段时间里，难以从嵇阮的行为中找到下手的借口。"钟会数以时事问之，欲因其可否而致之罪，皆以酣醉获免。"①统治者棘手、难办的感觉，正是竹林名士"把握"所致的效果。

在某些士人和文化人（其中不乏有官职者，从不失文化良心而言）中，看法就别样了。他们深谙嵇阮乃不唯放达而放达的贤哲，敬重其"志气宏放"、无所畏惧的气概，"美词气""博览无不该通"的才学和"自然高迈""恬静寡欲"的品行。放达被视为正始之风的有机组成，嵇阮也在放达生涯中成为正始玄学第二阶段公认的旗手。

此时的一般舆论也大都能以客观的眼光看待放达。"（籍母终）裴楷往吊之，籍散发箕踞，醉而直视，楷吊唁毕便去。或问楷：'凡吊者，主哭，客乃为礼。籍既不哭，君何为哭？'楷曰：'阮籍既方外之士，故不崇礼典，我俗中之士，故以轨仪自居。'时人叹为两得。"②这个时人主要指当时的士阶层，他们"两得"的评价意味着认可了阮籍的做法。在当时的士林中，"竹林之游"被传为美谈，嵇阮的文章不胫而走，"康所著文论六七万言，皆为世所玩咏"。嵇康生前，就在德行上赢得美誉："康性含垢藏瑕，爱恶不争于怀，喜怒不寄于颜。所知王浚冲在襄城，面数百，未尝见其疾声朱颜。此亦方中之美范，人伦之胜业也。"③

这种社会反响和评价，说明相当多的士人理解并赞赏嵇阮身上所体现的玄学人格价值：真正的仁义道德并不表现为"非礼勿动"。嵇康蒙难前夕，"太学生三千人请以为师"，既死，"时人莫不哀之"。嵇阮的"放达"之"疾"之所以取得了"朴"的效果，离开了他们对放达的自觉把握是不可想象的。而竹林名士身后，如此的放达便无存，后来的效颦者就更谈不上这种"把握"了。

①房玄龄等：《晋书》，卷四十九，列传第十九，"阮籍"，中华书局 1974 年版。
②房玄龄等：《晋书》，卷四十九，列传第十九，"阮籍"，中华书局 1974 年版。
③刘义庆著，刘孝标注，余嘉锡笺疏：《世说新语笺疏（全三册）》上卷上，"德行"，注引《嵇康别传》，中华书局 2008 年版。

新兴边地将门与北宋中后期政治

——以种氏将门为中心

姜 勇

在北宋初期尚着意于"先南后北"，无暇顾及西北局势的战略下，府州折氏、丰州王氏、麟州杨氏、金明寨李氏等边地将门凭借五代以来割据一方的势力，获得了世袭继承的特权，成为北宋王朝与西夏之间可资倚仗的屏障。其所倚仗的主要是一种在地优势，即对如麟、府这种特殊的边疆地区的控制，对当地复杂人文、地理环境的熟悉，以及对招抚番落的独特地位。

然时至北宋中期，唯有府州折氏家族，名将辈出，长盛不衰。麟州杨氏因为杨琪幼小、难以接任而丧失了在麟州的特权。金明寨李氏所属番部叛变，最终在西夏的进攻下家族败落。丰州王氏虽然子孙众多，但由于拘泥于父子世袭的惯例，导致州政败坏，番落不附，最终在仁宗中期被元昊攻破，家族也因此失势。这使得仁宗朝中期宋夏之间的缓冲力量大为减弱。

也正是在这个背景之下，新的边地将门逐渐兴起，并在宋夏之间不断的战争中发展壮大。如陇干姚氏、长安种氏以及河西高氏等。这些新兴将门与宋初的边地将门相比，虽然不再获得世袭的特权，但是他们仍可通过种种方式建立在地优势，让家族世代延续，长盛不衰。这些将门，在北宋中后期的政治活动中非常活跃。同时，也不可避免地被卷入剧烈的政治变动之中，尤以种氏为最。

关于边地将门，目前学界已有不少相关的研究。如陈峰《北宋武将群体与相关问题研究》，对武将分门别类做了概述。曾瑞龙《拓边西北——北宋中后期对夏战争研究》一书中亦有相当的篇幅涉及对种氏将门的研究，但着眼点聚焦于军事行动与北宋政治的关系，对于边地将门与北宋政治的互动，则并未深究。曾氏《北宋种氏将门之形成》是种氏将门研究的专著，主要从种氏将门家族延嗣的角度来对北宋的文武关系进行探讨。对于种氏与中央政治的关系，曾氏虽然指出自种世衡至种师道，三代都有政治派系的支持，但并无沿袭的政治立场①，也并未进行展开论述。近期，亦有研究提出北宋后期西北武将势力的抬头，对中央决策的影响力逐渐提高，已经具备左右朝廷决策的能力②。诸此种种，均属北宋中后期复杂的政治局势变动所呈现出的诸多侧面。新兴边地将门的政治角色与地位，仍需进一步探究。

由于史料方面的限制，目前学界的研究主要集中于前述几种论著。陇干姚氏与河西高氏，目前研究较少，只有寥寥数篇述评或考证性文章，兹不一一开列。故本文的讨论，仍以种氏为中心开展，探讨这些新兴边地将门在北宋中后期政治变动中所扮演的角色。

一、新兴边地将门发展概略

长安种氏本为典型的文官家族，种世衡"曾祖存启，河南寿安令。祖仁诩，京兆长安令，赠太常博士。父昭衍，登进士第，累赠职方员外郎"③。家族最初主要活动于河南洛阳，直至其季父种放隐于终南山三十余年，居长安豹林谷，家族的活动空间才转移到了陕西。真宗时，种放还曾"于长安广置良田，岁利甚博，亦有强市者，遂至争讼，门人族属依倚恣横"④。后来，虽然徙居嵩山天封观侧，但"犹往来终南，按视田亩"⑤。种世衡"少孤，依之，服勤

① 曾瑞龙：《北宋种氏将门之形成》，香港：中华书局，2010 年，第 3 页。
② 雷家圣：《北宋后期的西北战争与武将势力的兴衰—以王韶、种谔家族为例》，《史学汇刊》第 33 期，第 67—92 页。
③ 范仲淹著，李勇先、王蓉贵点校：《范文正公文集》卷一五《东染院使种君墓志铭》，四川大学出版社，2002 年，第 358 页。
④ 脱脱：《宋史》卷四五七《种放传》，中华书局，1977 年，第 13426 页。
⑤ 脱脱：《宋史》卷四五七《种放传》，中华书局，1977 年，第 13427 页。

左右，以力学称"①，应该是自幼跟着种放在陕西长大，对西北山川形势等应颇为了解，其修筑青涧城的建议也体现了这一点。种世衡也借修青涧城的机会，从签书同州鄜州判官事迁内殿崇班、知城事，从文官转为武将。

据墓志记载，种世衡娶刘氏，"男八人：长曰古，文雅纯笃，养志不仕，有叔祖明逸之风；次曰诊，试将作监主簿；曰咏，同州澄城尉；曰咨，郊社斋郎；曰谔，三班奉职；皆有立。诉、记、谊三子尚幼。一女，适西头供奉官田守政"②。其长子种古，在世衡卒后，被录为武职，历环庆、永兴军路钤辖。种谊，熙宁初补为三班奉职。种诉和种记则没有相关的入仕记载。但从其他诸子的仕进来看，种世衡子辈中最初是文武兼有，但后期以武将为主。

种世衡的孙辈中，知名者有三人。种朴，种谔之子，"以父任右班殿直，积劳，迁至皇城使、昌州刺史，徙熙河兰会钤辖兼知河州，安抚洮西沿边公事"③。种师道与弟师中，均为种记之子，二人都是在抗金之战中赫赫有名的将领。种师道曾在钦宗朝任同知枢密院，种师中也在此时任河北制置副使。

种世衡曾孙辈中，仅有五人见诸史籍。种师道二子，浩为迪功郎，溪为保义郎、阁门祗候，皆已官而卒。其从子洌，承议郎；湘，知叙州，卒于任；另一从子浤，官职不详，朝廷令其奉祀师道。种师道之孙彦崇死于兵，另一孙彦崧早夭。

陇干姚氏家族起家者姚宝，好学知书，长于骑射。累立战功，获仁宗召对便殿，擢左侍禁、陇干都巡检。仁宗庆历二年（1042），他与葛怀敏同陷于西夏军队的包围，并殁于定川寨之战。"朝廷恻伤，优制赠某卫将军，厚恤其家，官诸子弟者几人。"④姚宝娶同郡杜氏，生三子：次子姚熙，早卒；长子姚兕与三子姚麟，兄弟二人俱有威名，关中号称"二姚"。

姚兕字武之，因父荫补为右班殿直，为环庆巡检。先后在兰浪、荔原堡、

---

① 脱脱：《宋史》卷四五七《种放传》，中华书局，1977年，第13427页。
② 范仲淹著，李勇先、王蓉贵点校：《范文正公文集》卷一五《东染院使种君墓志铭》，四川大学出版社，2002年，第359页。
③ 脱脱：《宋史》卷三三五《种朴传》，中华书局，1977年，第10749页。
④ 苏颂著，王同策、管成学、颜中其等点校：《苏魏公文集》卷五四《陇干姚将军神道碑铭》，中华书局，1988年，第827页。

大顺城等战役中立功，神宗召入觐，"试以骑射，屡中的，赐银枪、袍带。迁为路都监，徙鄜延、泾原"①。后攻河州、交趾有功，又与种谊合兵讨鬼章于洮州，破六逋宗城，真拜通州团练使，卒于鄜延总管任上。

姚麟字君瑞，也曾参与河州之役，积功至皇城使，为秦凤副总管，后从李宪讨生羌，擒获冷鸡朴，转东上阁门使、英州刺史。灵州之战，因高遵裕败还，降为皇城使。元祐初，擢威州团练使、龙神卫四厢都指挥使，历步军司、殿前司都虞候，步军司、马军司副都指挥使，寻拜武康军节度使、殿前司副都指挥使。徽宗时，进殿前司都指挥使。

据《姚宝神道碑》记载："二子以才略相继取贵仕，七孙皆用战多补官。"②但其孙辈中仅姚兕二子姚雄和姚古见诸史籍。姚雄字毅夫，"少勇鸷有谋，年十八即佐父征伐"③。金汤、荔原、安南、泸川之役，皆在军中。后又策援章楶于平夏城，解王赡邈川之围，加复州防御使。后因议弃河湟，停官，光州居住。会贺州团练使、知鄯州高永年死于敌，起为权经略熙河、安辑复新边使，累迁步军副都指挥使、武康军节度使，知熙州。"熙河十八年间，更十六帅，唯雄三至，凡六年。"④其弟姚古，亦以边功，官至熙河经略。靖康元年（1126），金兵入侵，姚古与种师中及折彦质、折可求等勒兵勤王。后任为河东制置使，与种师中援太原，但因失期不至，导致种师中兵败而死，姚古也遭弹劾，广州安置。

姚宝的曾孙辈中，仅姚平仲较为知名。据陆游所撰《姚平仲小传》记载："姚平仲，字希晏，世为西陲大将。幼孤，从父古养为子。年十八，与夏人战臧底河，斩获甚众，贼莫能枝梧。"⑤应该是一员骁勇善战的猛将，时有"小太尉"的称呼。后跟随童贯平定睦州方腊起义，"平仲功冠军"。钦宗即位，金人入侵，都城受围，平仲欲夜劫金营，失利后，"一昼夜驰七百五十里，抵邓州，始

① 脱脱：《宋史》卷三四九《姚兕传》，中华书局，1977年，第11058页。
② 苏颂著，王同策、管成学、颜中其等点校：《苏魏公文集》卷五四《陇干姚将军神道碑铭》，中华书局，1988年，第828页。
③ 脱脱：《宋史》卷三四九《姚雄传》，中华书局，1977年，第11059页。
④ 脱脱：《宋史》卷三四九《姚雄传》，中华书局，1977年，第11060页。
⑤ 陆游：《渭南文集》卷二三《姚平仲小传》，《四部丛刊》景明活字本。

得食。入武关，至长安，欲隐华山，顾以为浅，奔蜀至青城山上清宫"①，直至逃入蜀中大面山，"度采药者莫能至"，才安下心来。南宋乾道、淳熙之间，方敢出山。

河西高氏，世居绥州。自宋初高文岯，"始为本州衙校，以计破叛羌逆谋，杀其爱将，卒完城以归于本朝。太宗嘉叹，委以边任，终汝州防御使，累赠定国军节度使"②。在他卒后，虽然因"久在石州"，而由其长子继升继领父任，但高氏家族已经散居在延安、绥德、平阳等地。

文岯第三子高继嵩，"字惟岳，以将家子，结发从戎，有志于功名。故历任未尝不在边要，而所至有威声，治状可述"③。先后任秦州、环州、晋州、原州等巡检，累立战功。仁宗召见，授昭州刺史、知庆州。并受到龙图阁学士王博文及韩琦、范仲淹的推荐。继嵩有八子：永信、永友、永诚、永坚、永洙、永奇、永亨、永容，均袭武职，其中永亨与从子高永能较为知名。

据《宋史·高永能传》载："高永能字君举，世为绥州人，初伯祖文岯，举州来归，即拜团练使。已而弃之北迁，其祖文玉，独留居延川，至永能，始家青涧。"④永能先后参加过绥州、米脂等战役，后战死永乐城，其子世才，永坚子子通、选，永洙子逢等均在此役战殁。永能子高世亮，后为皇城使、忠州刺史，孙右班殿直昌朝为右侍禁，借职昌祚并为右班殿直，孙昌裔等继续在军中任职。永能从子洵，大观年间任皇城使、晋州兵马钤辖。

综观以上诸边地将门的发展历程，种氏由文官转化而来，自种世衡起，三世为将，经历六朝。种氏将门的重要成员几乎全凭家世而晋身⑤，是其家族延嗣的特点。而且，祖孙三代基本上是在西北边疆地区出任武职。姚氏为典型的武将世家，祖孙四代多自幼便生长于军中，惯于战斗，基本上以军职在宋夏边疆征战，家族也主要依靠军功延嗣。高氏与姚氏类似，祖先事业虽不

---

① 陆游：《渭南文集》卷二三《姚平仲小传》，《四部丛刊》景明活字本。
② 胡聘之：《山右石刻丛编》卷一六《高继嵩碑》，清光绪二十七年刻本。
③ 胡聘之：《山右石刻丛编》卷一六《高继嵩碑》，清光绪二十七年刻本。
④ 脱脱：《宋史》卷三三四《高永能传》，中华书局，1977年，第10725页。
⑤ 曾瑞龙：《北宋种氏将门之形成》，香港：中华书局，2010年，第70页。

太显，但宋夏战争也使得家族有了发展的机遇，高永能一支逐渐在青涧城发展壮大。虽然高氏各支居住分散，但这并未阻碍他们在军事上的共同进取。

总而言之，虽然上述边地将门起家有早晚之分，进入边地将门的方式也各有不同，但发展过程却无大的差别。他们都是在北宋与西夏的战争中崛起的，其家族的发展延嗣也基本与宋夏战争相始终，种氏、姚氏家族在宋末抗金的战争中还扮演过相当重要的角色。而与之同时起家的其他将门，如狄青、郭逵等，子孙多已默默无闻了。这些边地将门世代在边疆统兵，一方面是受宋夏战争影响，另一方面，与这些家族本身的在地优势也是非常相关的。

在地优势是北宋统治者羁縻西北边疆各边圉番落的最主要的原因，也是各边地将门赖以生存和长期延嗣的根基所在。但是，这种优势也随时面临威胁。失去所据之地后，家族的发展就会完全呈现另一种光景。如麟州杨氏，其家族向文官的转化即是在失去世代固守之麟州的背景下发生的。仁宗朝以来，新兴的边地将门并不具备父子世袭的特权，但他们世居边陲，根据时势需要，利用自身条件，也可以建立自己家族的地方基础。

如姚氏家族，在真宗景德年间，便已经在陇干地区进行开拓。当时正值曹玮守镇戎军，"规画于要害之地立堡寨"。而姚兕的祖父"少以武健称，其挽强中远，盖有绝于人者，故乡里皆以硬弓目之，羌戎与相遇，辄慑栗不敢校"[1]，应该是当地豪强中较为尚武的家族。曹玮知其可用，便建议他："若知六盘山西良田万顷，久陷虏疆，若能以力开拓归中原，则世为边圉将，不亦善乎！"[2]"于是，发私财募五原子弟千余人，大城陇干，遂辟其西境四十里，筑垒其傍，土人谓之姚氏堡。"[3]虽然姚兕的祖父仅得到四寨民兵巡检的差使，但却为其家族后续的发展建立了根据地，正所谓"功显名晦，必将有后"。

① 苏颂著，王同策、管成学、颜中其等点校：《苏魏公文集》卷五四《陇干姚将军神道碑铭》，中华书局，1988年，第826页。
② 苏颂著，王同策、管成学、颜中其等点校：《苏魏公文集》卷五四《陇干姚将军神道碑铭》，中华书局，1988年，第826页。
③ 苏颂著，王同策、管成学、颜中其等点校：《苏魏公文集》卷五四《陇干姚将军神道碑铭》，中华书局，1988年，第826页。

　　姚兕父姚宝，"好学知书，长于骑射，以翘（骁）勇继父任"①。虽然没有进一步开拓疆土、修筑城寨的活动，但姚宝在对周围番部招徕或作战的过程中，为姚氏积累了不少人脉和声誉。他曾前后降党留生羌，破烟景云等番部，功名居最。康定元年（1040）春，募死士在东沿川伏击西夏军队，"其获生口，悉留不杀，亦不自言功。由是边人叹服，而谓有阴德"②。而姚宝在战场上也表现出过人的勇气，往往身先士卒。平日自誓之志："凡被坚执锐者，望敌闻声，便当奋击，何暇自营顾虑，而以躯命为计乎！苟不负国家，虽死寇仇，吾得其所矣。"③这点似乎是姚氏的家训，在其子孙身上也多有体现。子姚兕、姚麟均战功卓著，孙姚雄、姚古，也勇鸷有谋，以边功仕进。苏颂在其神道碑中评价也颇高："古人所谓援枹鼓立于军门，使百姓皆加勇焉者，其将军之谓乎！"④而这对提高姚氏家族的声望是显而易见的："朝那故里，泾水之涘。丘坟在焉，过者必止。陇人有言，姚为壮门。功名才武，父子弟昆。定川之殿，众怀忿怨。视彼隹方，终期荡殄。请碑道旁，以警诸羌。忠义所激，人思奋扬。"⑤

　　通过以上诸种经营，姚氏逐渐获得了西北豪杰的广泛认同。据陆游所记，姚古之子姚平仲曾与童贯不协，而导致童贯的不悦，并因此"抑其赏"。但这并不影响姚氏家族在地方上的势力，"然关中豪杰皆推之，号'小太尉'"⑥，足以看出姚氏家族在西北边疆的影响与优势所在。这种影响与在地优势，反过来又会对其家族及其成员的发展产生推动，正如《姚古昭庆军节度使加食邑实封制》中所言："世禀山西之气，众推河右之功……系执豪酋，荡平种落，

<hr>

① 苏颂著，王同策、管成学、颜中其等点校：《苏魏公文集》卷五四《陇干姚将军神道碑铭》，中华书局，1988年，第827页。
② 苏颂著，王同策、管成学、颜中其等点校：《苏魏公文集》卷五四《陇干姚将军神道碑铭》，中华书局，1988年，第827页。
③ 苏颂著，王同策、管成学、颜中其等点校：《苏魏公文集》卷五四《陇干姚将军神道碑铭》，中华书局，1988年，第827页。
④ 苏颂著，王同策、管成学、颜中其等点校：《苏魏公文集》卷五四《陇干姚将军神道碑铭》，中华书局，1988年，第828页。
⑤ 苏颂著，王同策、管成学、颜中其等点校：《苏魏公文集》卷五四《陇干姚将军神道碑铭》，中华书局，1988年，第828页。
⑥ 陆游：《渭南文集》卷二三《姚平仲小传》，《四部丛刊》景明活字本。

坐据襟喉之地，潜销疆场之忧。"① 正是因为如此，姚氏才成为世代为北宋朝廷所倚重的边地将门。

高氏世为绥州人，高继嵩在番部中也享有很高威望，在其徙任原州驻泊都监兼沿边巡检使时，"先是，环州招降吐蕃酋豪数十族，闻公来，竞越境奔走，持物以献……其威惠感人心如此"②。其名望也使得羌人往往望风而逃，边境清肃，"民立生祠，至今奉祀不怠"。③ 其从子高永能，虽然始家青涧，但"所领多故部曲，抚之有恩惠，遇敌则身先之。下有伤者，载以己副马，故能得其死力"④。他也颇为边人所喜爱，远近之人喜言其事，称呼他为"老高"，"及死，边人无不痛惜"⑤。

种氏虽然自种放开始便主要活动于陕西，却并没有姚氏"开斥土境，隶我中华"的根基，也没有高氏这种亲旧部曲。种世衡作为自文臣改秩的武官，通过亲冒矢石的拼杀来博取功名也并不现实。不过，种氏可以通过其他方式来营造类似的在地优势。北宋的边防政策调整就是种氏家族建立地方基础可资利用的条件。

二、招抚番部与种氏的经营

仁宗时宋夏战争中的三次重大失利激起了北宋朝野的广泛议论，关于如何加强边防以防御西夏，较为关键的政策有两点，即大力修筑沿边城寨及加强对沿边番落的招抚，以为屏障。其实，城寨自从太宗时与夏州关系恶化后即已开始修筑，只是并未给以足够重视，以致以往旧城也多废弃，造成西夏进攻之时，多数要冲却无城守，造成极为被动的局面。城寨既可作为防御西夏的壁垒，又可安辑和保护沿边的番汉民户，在反攻时还可作为前沿阵地，

① 佚名：《宋大诏令集》卷一〇二《姚古昭庆军节度使加食邑实封制》，中华书局，1962年，第377页。
② 胡聘之：《山右石刻丛编》卷一六《高继嵩碑》，清光绪二十七年刻本。
③ 胡聘之：《山右石刻丛编》卷一六《高继嵩碑》，清光绪二十七年刻本。
④ 脱脱：《宋史》卷二三四《高永能传》，中华书局，1977年，第10726页。
⑤ 脱脱：《宋史》卷二三四《高永能传》，中华书局，1977年，第10726页。

成为与西夏争夺领土的保障。即范仲淹在陈《陕西八事》中所建言"如进兵攻讨，则据险修寨，以夺其地，就降其众"①。李华瑞对修筑堡寨曾有分析，认为："由于宋对修筑城寨的战略意义有了清醒的认识，加之城寨堡在抵御西夏进攻中起了巨大作用，因而自庆历年间至北宋灭亡，宋在陕西沿边掀起了三次修筑城寨的高潮，即庆历至嘉祐，熙宁至元丰，绍圣至崇宁。"②

与西夏争夺沿边番户也尤为迫切，正如夏竦所言："缘边熟户，号为藩篱，除延州李金明、胡继谔二族与贼世仇，受国厚恩，势必向汉，自余熟户如二族者十无一二。羌戎之性，贪利畏威，若不结以恩信，惮以威武，而欲仓卒驱之御敌，汉强则助汉，贼盛则助贼必矣……国家非不知其若此，所宜速见良画，深破贼计，及早羁束，以固藩篱，此西陲之急务也。"③而宋夏交界地区番部是宋夏双方的重要兵源，韩琦、范仲淹等在《上仁宗和守攻备四策》中已经指出：

> 元昊巢穴，实在河外。河外之兵，懦而罕战，惟横山一带蕃部，东至麟、府，西至原、渭，二千余里，人马精劲，惯习战斗，与汉界相附，每大举入寇，必为前锋。故西戎以山界蕃部为强兵，汉家以山界属户及弓箭手为善战。以此观之，各以边人为强，理固明矣。④

对这些番部的争夺事关相互之间力量的对比，而且是此消彼长的关系。据田况的奏议，宋夏在战前对横山番部的处理措施是有很大差异的：

> 昊贼弄兵，侵噬西蕃，开拓封境，僭叛之迹，固非朝夕，始于汉界缘边山险之地三百余处，修筑堡寨，欲以收集老弱，并驱壮健，为入寇之谋。初贡嫚书，亦未敢扰边，范雍在延州，屡使王文思辈先肆侵掠，规贪小利，贼遂激怒其众，执以为辞，王师伐叛吊民之体，自此失之。刘谦、高继嵩等破庞青诸族，任福袭白豹城，皆指为有

---

① 李焘：《续资治通鉴长编》卷一五〇，仁宗庆历四年六月辛卯条，中华书局，2004年，第3624页。
② 李华瑞：《宋夏关系史》，河北人民出版社，1998年，第173页。
③ 夏竦：《文庄集》卷一四《陈边事十策》，景印文渊阁《四库全书》本。
④ 赵汝愚编，北京大学中国中古史研究中心校点整理：《宋朝诸臣奏议》卷一三四《上仁宗和守攻备四策》，上海古籍出版社，1999年，第1497页。

功者也，无不杀戮老弱，以为首级，彼民皆诉冤于贼，以求复仇，
此皆吾民受制远方，而又使无辜被戮，毒贯人灵，上下文移皆谓之
打掳，吁可愧也。①

战前北宋边臣对待横山番部的措施有严重失误，而这点恰好被元昊所利
用。这就造成了双方人心向背及力量对比的转化，使得在开始的几次战斗中，
北宋均处于不利的地位。故在宋夏关系紧张的时候，北宋再次明确了招抚番
部的重要性，并于庆历元年（1041）五月诏："诸路各置招抚蕃落司，以知州、
通判或主兵官兼领之。"②一方面更加明确政策及边郡长官的职责，另一方面，
也使得对番族的招抚工作更加有组织性。

这两项政策，也是范仲淹在陕西任内着意贯彻的。在知延州期间，就命
种世衡修筑青涧城，并大兴营田，听民互市，互通有无。第二年，"又请修承平、
永平等砦，稍召还流亡，定堡障，通斥候，城十二砦，于是羌汉之民，相踵
归业"③。后又修大顺城、筑细腰、胡芦诸砦。调任环庆路经略安抚、缘边招
讨使后，针对某些属羌反复无常的情况，范仲淹"至部即奏行边，以诏书犒
赏诸羌，阅其人马，为立条约：'若仇已和断，辄私报之及伤人者，罚羊百、
马二。已杀者斩。负债争讼，听告官为理，辄质缚平人者，罚羊五十、马一。
贼马入界，追集不赴随本族，每户罚羊二，质其首领。贼大入，老幼入保本
砦，官为给食；即不入砦，本家罚羊二；全族不至，质其首领。'诸羌皆受命，
自是始为汉用矣"④，取得了初步的成果。

战争的形势及北宋边防政策的调整与实施，为种氏家族的崛起提供了机
遇。种世衡在范仲淹麾下建言修筑青涧城，从而获得了转为武官的机会。据
记载，种世衡最初是以其叔父种放的恩荫得官，为将作监主簿，五迁至太子
中舍。曾通判凤州，因得罪章宪刘太后姻亲王蒙正，而遭冤狱流窦州，徙汝州。

① 李焘：《续资治通鉴长编》卷一三二，庆历元年五月甲戌条，中华书局，2004年，第3129-3130页。
② 李焘：《续资治通鉴长编》卷一三二，庆历元年五月已酉条，中华书局，2004年，第3123页。
③ 脱脱：《宋史》卷三一四《范仲淹传》，中华书局，1977年，第10270页。
④ 脱脱：《宋史》卷三一四《范仲淹传》，中华书局，1977年，第10271页。

其弟种世材"上一官以赎",种世衡才重新获得任用,为孟州司马。后经李纮、宋绶及狄棐为其辩诬,获除卫尉寺丞。至仁宗康定年间,仅获得签书定国军节度判官事的差遣。可见,其作为文官的仕途并不顺利。

西北战事,给他提供了一次很好的展示才识的机会。种世衡自幼在陕西长大,对西北山川形势等十分了解。青涧城的修筑,正体现了他在这方面的优势。其本传记载:"西边用兵,守备不足。世衡建言,延安东北二百里有故宽州,请因其废垒而兴之,以当寇冲,右可固延安之势,左可致河东之粟,北可图银、夏之旧。朝廷从之,命董其役。夏人屡出争,世衡且战且城之。然处险无泉,议不可守。凿地百五十尺,始至于石,石工辞不可穿,世衡命屑石一畚酬百钱,卒得泉。城成,赐名青涧城。"①种世衡寻找泉水的方法,在西北城寨当中普及开来,"大蒙利焉"。朝廷也因此对其进行嘉奖,将他从签书定国军节度判官事迁改为内殿崇班、知青涧城事。种世衡自此从文官转向武将,也为其家族在边疆的发展奠定了基础。

筑城与招徕番部的工作是齐头并进、相辅相成的。在青涧城筑成之后,种世衡一方面"开营田二千顷,募商贾,贷以本钱,使通货赢其利,城遂富贵"②。另一方面,不断招抚周边番落部众。针对当时"塞下多属羌,向时汉官不能恩信,羌皆持两端"的情况,种世衡"乃亲入部落中,劳问如家人,意多所周给,常自解佩带与其酋豪可语者。有得虏中事来告于我,君方与客饮,即取座中金器以奖之。属羌爱服,皆愿效死"③。

正是因为种世衡在青涧城的优异表现,范仲淹才坚决请求将他调任知环州,以解决"患属羌之多而素不为用,与夏戎潜连,助为边患"④的问题。当时,范仲淹试图笼络这些番部,曾召番官慕恩及诸族酋长八百人,"与之衣物""谕

---

① 脱脱:《宋史》卷三三五《种世衡传》,中华书局,1977年,第10741页。
② 脱脱:《宋史》卷三三五《种世衡传》,中华书局,1977年,第10742页。
③ 范仲淹著,李勇先、王蓉贵点校:《范文正公文集》卷一五《东染院使种君墓志铭》,四川大学出版社,2002年,第355页。
④ 范仲淹著,李勇先、王蓉贵点校:《范文正公文集》卷一五《东染院使种君墓志铭》,四川大学出版社,2002年,第356页。

以好恶,立约束四",但番族"悍滑之性,久失其驭,非智者处之,虑复为变"①。因此,尽管遭到鄜延路经略使庞籍的反对,范仲淹仍以"非世衡则属羌不可怀"这一强硬的理由,将之调任环州。种世衡到任后,立即采取了与在青涧城类似的策略,"周行境内,入属羌聚落,抚以恩意"②,不久便收服牛家族的奴讹,史载:

> 有牛家族首奴讹者,倔强自处,未尝出见官长,闻君之声,始来郊迎。君戒曰:"吾诘朝行劳尔族。"奴讹曰:"诺。"是夕,大雪三尺。左右曰:"此羌凶诈,尝与高使君继嵩挑战,又所处险恶,冰雪非可前。"君曰:"吾方与诸羌树信,其可失诸。"遂与士众缘险而进。奴讹初不之信,复会大雪,谓君必不来。方坦卧帐中,君已至,蹴而起之。奴讹大惊曰:"我世居此山,汉官无敢至者,公了不疑我耶!"乃与族众拜伏,喧呼曰:"今而后惟父所使。"自是,属羌咸信于君。③

既以恩信收服了牛家族,随后,种世衡又利用女色将号称部落最强的羌酋慕恩诱致麾下:"羌酋慕恩部落最强,世衡尝夜与饮,出侍姬以佐酒。既而世衡起入内,潜于壁隙中窥之。慕恩窃与侍姬戏,世衡遽出掩之,慕恩惭惧请罪。世衡笑曰:'君欲之耶?'即以遗之。由是得其死力。诸部有贰者,使讨之,无不克。有兀二族,世衡招之不至,即命慕恩出兵诛之,其后百余帐皆自归,莫敢贰。"④种世衡对番部的招抚的确颇有成绩,所以,范仲淹在《奏边上得力材武将佐等第姓名事》中将他与狄青、王信同列为第一等:"环

---

① 范仲淹著,李勇先、王蓉贵点校:《范文正公文集》卷一五《东染院使种君墓志铭》,四川大学出版社,2002年,第356页。
② 范仲淹著,李勇先、王蓉贵点校:《范文正公文集》卷一五《东染院使种君墓志铭》,四川大学出版社,2002年,第356页。
③ 范仲淹著,李勇先、王蓉贵点校:《范文正公文集》卷一五《东染院使种君墓志铭》,四川大学出版社,2002年,第356-357页。
④ 脱脱:《宋史》卷三三五《种世衡传》,中华书局,1977年,第10742页。

庆路权铃辖、知环州种世衡，足机略，善抚驭，得蕃汉人情。"①

由于番兵实际上以部族为单位②，故得到了属羌的效忠就相当于基本上控制了番部的武装力量。不仅可以像对待兀二族这样，利用慕恩部族的力量来招抚番部，还可以进一步组织他们对抗西夏，这一策略在种世衡知青涧城时便曾尝试过。范仲淹在其墓志中说："青涧东北一舍而远距无定河，河之北有虏寨，虏常济河为患。君屡使属羌击之，往必破走，前后取首级数百，牛羊万计，未尝劳士卒也。故功多而费寡。"③考之《续资治通鉴长编》，庆历二年（1042）三月壬戌，"茭村族三班殿侍折马山为三班奉职。马山领众，攻西贼所置新寨，斩首级甚众，特迁之"④。几日之后，种世衡又"请募蕃兵五千，左手虎口刺忠勇二字，令隶折马山族。从之"⑤，使得番部武装逐渐壮大。上引范仲淹所作种世衡墓志中所遣属羌应当就是茭村族。在环州羌属"无复敢贰"之后，种世衡将他们有效组织起来："戒诸族各置烽火，夏戎时来抄掠，则举烽相告，众必介马而待之。"⑥结果，破贼者数四，取得了不错的效果。此后不久，定川寨战败，西夏军队侵入渭州，范仲淹率领庆州番汉兵支援邠城，又命种世衡支援泾原，"羌兵从者数千人"。至此，范仲淹认为招抚属羌的努力初步达至，故称"属羌为吾用，自此始"⑦。

除了修筑青涧城之外，种世衡还与蒋偕一起修筑了细腰城。时为庆历四年（1044）十二月，目的是切断明珠、密藏、康奴三族属羌与西夏的交通之路。而细腰城位于环州与原州之间的河谷地带，于是，范仲淹命知环州种世衡与知原州蒋偕共其事。为了顺利筑城，种世衡颇动了些脑筋：一方面，"先

---

①范仲淹著，李勇先、王蓉贵点校：《范文正公政府奏议》卷下《奏边上得力材武将佐等第姓名事》，四川大学出版社，2002年，第616页。

②王曾瑜：《宋朝兵制初探》，中华书局，1983年，第80页。

③范仲淹著，李勇先、王蓉贵点校：《范文正公文集》卷一五《东染院使种君墓志铭》，四川大学出版社，2002年，第355页。

④李焘：《续资治通鉴长编》卷一三五，庆历二年三月壬午条，中华书局，2004年，第3228页。

⑤李焘：《续资治通鉴长编》卷一三五，庆历二年三月丁卯条，中华书局，2004年，第3229页。

⑥范仲淹著，李勇先、王蓉贵点校：《范文正公文集》卷一五《东染院使种君墓志铭》，四川大学出版社，2002年，第357页。

⑦范仲淹著，李勇先、王蓉贵点校：《范文正公文集》卷一五《东染院使种君墓志铭》，357页。

遣人以计款敌，敌果不争。又召三族酋长犒之，谕以官筑此城，为汝御寇"①；另一方面，"以钱募战士，昼夜版筑"②，确保尽快完工。而"三族既出不意，又无敌援，因遂服从"③。当时，种世衡已经抱病，在细腰城筑成后不久，即第二年正月七日甲子便即去世。"及卒，羌酋朝夕临者数日，青涧及环人皆画像祠之"④，种世衡在属羌中的影响力可见一斑。而种氏家族在西北边陲的世代统兵也就是建立在这个基础之上的。

种氏子孙的仕进之路，虽然多有文官经历，但成就其功名的仍是边陲的武将职位。种古，虽然"少慕从祖放为人，不事科举，父世衡欲乞荫补官，古辞以推诸弟，杜门读书，时称'小隐君'"。⑤但种古的抗志不仕，只是为了博取名誉⑥。最终并没有取得预期的效果，后期仍是通过"犹以父功"而获得朝廷补官，"录古为天兴尉，累转西京左藏库副使、泾原路都监、知原州"⑦。先后知宁州、镇戎军、鄜州、隰州，历环庆、永兴军路钤辖，并大破环州折薑会，斩首二千级，获迁西上阁门副使。

另一子种谊，虽然"少力学，举进士"⑧，但熙宁初也同样因"神宗问其家世，命谊以官"⑨，补为三班奉职。后从高遵裕复洮、岷，又平山后羌，使青唐，擒鬼章，进熙河钤辖、知兰州，迁东上合门使、保州团练使。

种世衡去世时，唯一荫补为武职的儿子是种谔，也是在边疆最为活跃的一个。虽然曾一度换为文秩，但很快便又受冯京的推荐，继任武职。后受陆诜的推荐，知青涧城，擅取绥州，城啰兀，收洮州，下通宗、讲珠、东宜诸城，迁东上阁门使、文州刺史，知泾州，徙鄜延副总管。后攻打米脂、谋取横山，

①李焘：《续资治通鉴长编》卷一五三，庆历四年十二月乙卯条，中华书局，2004年，第3728页。
②司马光撰，邓广铭、张希清点校：《涑水记闻》卷九，中华书局，1989年，第174页。
③李焘：《续资治通鉴长编》卷一五三，庆历四年十二月乙卯条，中华书局，2004年，第3728页。
④脱脱：《宋史》卷三三五《种世衡传》，中华书局，1977年，第10744页。
⑤王偁：《东都事略》卷六一《种古传》，清振鹭堂影宋刻本。
⑥曾瑞龙：《北宋种氏将门之形成》，香港：中华书局，2010年，第69页。
⑦脱脱：《宋史》卷三三五《种古传》，中华书局，1977年，第10744页。
⑧王偁：《东都事略》卷六一《种谊传》，清振鹭堂影宋刻本。
⑨脱脱：《宋史》卷三三五《种谊传》，中华书局，1977年，第10748页。

迁凤州团练使、龙神卫四厢都指挥使。

另外，种诊、种咏后来也换为武官，种诊除洛苑副使充环庆路监押，与种古一起攻破环州折薑会。在年齿已高、筋力疲曳之时，泾原路经略安抚使司仍奏乞差为本路都钤辖兼第一将。种咏也曾任庆州兵马监押。

种世衡的孙辈中，种师道为种记长子，虽然一度为文官，但最终还是回归到武将的序列，并在抗金之战中担任了重要角色。金人入寇，召为京畿、河北制置使，后任同知枢密院。其弟师中，也是"以世荫尝历秦州司户参军"[1]，即以文官入仕。绍圣四年（1097），因孙路的推荐而换授内殿承制。"历知环滨邠州、庆阳府、秦州，侍卫步军马军副都指挥使、房州观察使、丰宁军承宣使"[2]，后在与金的太原之战中死难。

如前所述，种世衡八子，其中较为知名的就是久在边任的种古、种谔、种诊、种咏和种谊五人。而种谘，虽然在世衡去世时均荫补为文官，但其后均默默无闻。种世衡的几个儿子从文官转为武职，"程序上是出于高官的推荐"[3]，但长期在西北边地任职将帅，所凭借的还有更重要的条件。

一方面与其自幼生活在西北疆疆地区，习知疆事，通晓番情有关。如种谊出使青唐时，负责迎接的鬼章"取道故为回枉，以夸险远"，但种谊"固习其地理"[4]，一眼便识破了鬼章的伎俩，使其"卒改途"。再如种师道攻打佛口城时，军中缺水，"师道指山之西麓曰：'是当有水。'命工求之，果得水满谷"[5]。在西北边地，水源是制约宋军的一大问题，而寻找水源似乎是种氏家族的技术专长，青涧城就是因种世衡掘地得泉而得名的。"永乐依山无水泉，独种谔极言不可"[6]，最终永乐城之败，很大程度上也是因为缺水。

然而，更重要的还是种世衡在西北为家族的世代延续奠定的基础。冯京

---

[1] 徐梦莘：《三朝北盟会编》卷四七，靖康元年五月九日甲戌条，上海古籍出版社，1987年，第354页。

[2] 脱脱：《宋史》卷三三五《种师中传》，中华书局，1977年，第10754页。

[3] 曾瑞龙：《北宋种氏将门之形成》，香港：中华书局，2010年，第90页。

[4] 脱脱：《宋史》卷二三五《种谊传》，中华书局，1977年，第10748页。

[5] 脱脱：《宋史》卷二三五《种师道传》，中华书局，1977年，第10750-10751页。

[6] 脱脱：《宋史》卷四八六《夏国传》，中华书局，1977年，第14011页。

推荐种诊和种谔的理由是："殿中丞种诊、国子博士种谔并是世衡亲子，倜傥有材，知虑深远。"其中"世衡亲子"应是最重要的原因，所谓"倜傥有材，知虑深远"更像是荐举中必备的套话。如郭逵就曾评价种谔："谔狂生耳，朝廷以家世用之，过矣。"①司马光更是一针见血地指出，"擢古、诊、谔皆为将帅，官至诸司使"，是因为"朝廷藉其父名"②。即"非世衡则属羌不可怀"所造就的种氏家族在西北蕃部的威望成为其家族延嗣的一种在地优势。

种氏第三代的发展也因此颇为受益，如种朴及种师道均因种谔的荫补而得官。种朴继承了积极开拓的家族传统，苏辙曾就其"妄兴边事，东侵夏国，西挑青唐，二难并起"之事，大加弹劾，并将之与种谔在边地的"轻脱诈诞，多败少成"对比，指出"今谊、朴为人，与谔无异"③。

种师道在文官与武将之间的数次换易，最终官至同知枢密使，与其父祖打下的根基也是息息相关的。种师道最初跟随伯父种谔在西北从军征战，以种谔的郊祀恩补三班奉职，后在文武之间数次更易，更是获得了徽宗的青睐。但是，并未见种师道在武职上建立过卓越的功勋。在文武之间数次更易，且获得如此殊荣，其家世背景应是主导因素。当时，"朝廷方欲图功于远"，徽宗正在为新一轮的开边活动做准备，此时重用在西北有着巨大影响的种氏子弟，无疑是策略的首选。

综观种氏家族在北宋中后期的活动，种世衡以文官换为武将，虽然并没有其他边地将门那种先天的在地优势，但却利用北宋中期以来的朝廷政策，进筑城寨，招抚番落，并不断开拓进取，逐步建立了自己家族在西北地区的深远影响。这种地方基础也对种氏家族后世的延续提供了巨大的帮助，种氏的子孙虽然在文官序列中并不成功，但作为武将，却为北宋统治者所倚重。虽然没有世袭的特权，但形式上，自仁宗中期开始，终北宋之世，种氏家族

① 范祖禹：《范太史集》卷四〇《检校司空左武卫上将军郭公墓志铭》，景印文渊阁《四库全书》本。
② 司马光撰，邓广铭、张希清点校：《涑水记闻》卷九，中华书局，1989年，第176页。
③ 苏辙著，陈宏天、高秀芳点校：《栾城集》卷四三《再论熙河边事札子》，中华书局，1990年，第764页。

呈现出世代守边的格局。

三、西北拓边与种氏的进取

北宋对西夏的政策，在太宗朝收复的尝试之后，至英宗朝，基本处于守势。随着宋神宗的即位，北宋对西夏的政策也开始出现转折，逐渐由战略防御向战略进攻转变。在内政方面，神宗起用王安石等进行变法，改革弊政、富国强兵。但熙宁新法遭到了保守派的强烈反对。对西夏的经略作为变法的重要目标之一，也面临着同样的境遇。虽然如此，神宗朝仍然展开了对西夏的大规模进攻。熙宁初年，北宋便围绕横山一线与西夏进行过一系列争夺。熙宁五年（1072），在"欲取西夏，当先复河湟"的战略下，宋廷任命王韶为管勾秦凤路经略司机宜文字，主持熙河开边，从侧后方威胁西夏。元丰四年（1081），北宋五路大军并进，攻打灵州。此后的两年之内，双方又在永乐城、兰州展开数次交锋。虽然多以北宋的失败而告终，但西夏也遭受重创，北宋西北边境也大为拓展。

边地将门作为神宗开边的先锋力量，在这一时期的军事政治活动中扮演了重要的角色。种氏、姚氏、高氏等家族势力在这一时期迅速发展壮大，对政治斗争的参与也日益深入。

种世衡在边疆进筑城寨，招抚番部以建立自己家族地方基础的策略，被其子孙继续承袭。种古在知原州任上曾"筑城镇戎之北，以据要害"[①]。种谊知兰州时，也曾"请城李诺平，以扼冲要"[②]。对待属羌，种谊也是恩威并施，"岷羌酋包顺、包诚恃功骄恣，前守务姑息。谊至，厚待之。适有小过，叱下吏，将置法，顺、诚叩头伏罪，愿效命以赎，乃使输金出之，群羌畏惕"[③]。种谔在这方面最为积极，在知青涧城时，便请接纳夏酋令㖫的内附。为图绥州，种谔又诱使绥州部落嵬名山归降："其弟夷山先降，谔使人因夷山以诱之，

---

① 脱脱：《宋史》卷三三五《种古传》，中华书局，1977 年，第 10744 页。
② 脱脱：《宋史》卷三三五《种谊传》，中华书局，1977 年，第 10749 页。
③ 脱脱：《宋史》卷三三五《种谊传》，中华书局，1977 年，第 10749 页。

赂以金盂，名山小吏李文喜受而许降，而名山未之知也。谔即以闻，诏转运使薛向及陆诜委谔招纳。谔不待报，悉起所部兵长驱而前，围其帐。名山惊，援枪欲斗，夷山呼曰：'兄已约降，何为如是？'文喜因出所受金盂示之，名山投枪哭，遂举众从谔而南。得酋领三百、户万五千、兵万人。"①

但此时的政治形势已经与其父种世衡时有所不同。当时以范仲淹的稳守政策为主导，故种世衡也基本以招抚属羌为主，并借以加强边防，抵御西夏的进攻。但英宗朝治平三年（1066）底，薛向便重提谋取横山的建议，当时身为皇子的赵顼"见而奇之"。第二年初，神宗即位，便开始部署此事，对西夏的政策由防守转为主动进攻。种氏对番部的招抚随之逐渐由属羌扩及至横山一带的西夏境内。在神宗即位半年之后，种谔就上奏："谅祚累年用兵，人心携贰，横山首领嵬名山结绥、银州人数万，共谋归顺，乞朝廷早令向化。"②这个提议显然非常符合神宗的心思，故随后不久，便有了种谔绕开延帅陆诜的节制，擅取绥州，招纳嵬名山的举动，"西方用兵，盖自此始矣"③。其后，种谔又筑城啰兀，攻取米脂，仍然是"谋据横山之志未已"④。

正是因为如此，种谔受到了广泛的批评。治平四年十一月，翰林学士郑獬即质疑："臣伏见十月二十四日，召两府大臣入议。外言窃皆传种谔已提兵入据绥州，横山豪酋挈族内附。审如是，是岂朝廷之福耶？"⑤进而指出："种谔不顾国家始末之大计，乃欲以一蝼蚁之命，以天下为儿戏，苟贪微功，以邀富贵。此正天下之奸贼，若不诛之，则无以厉其余。"⑥十二月，知杂御史刘述也以"种谔不禀朝命，擅兴兵马，城西界绥州，有违誓诏，为国生事"，

① 脱脱：《宋史》卷三三五《种谔传》，中华书局，1977年，第10745页。
② 赵汝愚编，北京大学中国中古史研究中心校点整理：《宋朝诸臣奏议》卷一三六《上神宗论纳横山非便》，上海古籍出版社，1999年，第1529页。
③ 脱脱：《宋史》卷三三六《司马光传》，中华书局，1977年，第10763页。
④ 脱脱：《宋史》卷三三五《种谔传》，中华书局，1977年，第10747页。
⑤ 郑獬：《郧溪集》卷一一《上神宗论种谔擅入西界》，景印文渊阁《四库全书》本。
⑥ 郑獬：《郧溪集》卷一一《上神宗论种谔擅入西界》，景印文渊阁《四库全书》本。

上奏"乞并同谋人枷送下狱,从朝廷差官制勘,依军法施行"①。知谏院杨绘亦上奏论列:"切闻高遵裕诈传圣旨,与种谔等纳西夏叛人首领近三十人,仍深入虏界,地名绥州,筑城以居之……彼邀功生事,高遵裕、种谔实当其名。"②二十年后,司马光在其《遗表》中还不忘抨击种谔:"谔等苟营一身之官赏,不顾百姓之死亡、国家之利病,轻虑浅谋,发于造次,深入自溃,仅同儿戏,使兵夫数十万暴骸于旷野,资仗巨亿弃捐于异域。"③《宋史》本传中总结其边事活动:"自熙宁首开绥州,后再举西征,皆其兆谋,卒致永乐之祸。议者谓谔不死,边事不已。"④

对种谔的攻击,多以其邀功生事、贪图私利为出发点。不可否认,种谔在横山的开拓活动,的确对其家族是十分有利的。根据曾瑞龙对种谔四次战役的考证⑤,其主要的拓边活动,基本是围绕延州至银州一线进行的,中间的绥德军青涧城又是种世衡起家的地方,故种谔的活动无疑可以使得其家族势力和影响在这一地区更加壮大。种谔"前死数日,陈奏尤多,未知出于何人裁处",引发了神宗的注意,经过范纯粹的彻查,发现乃是"种谔死鄜延,其属有徐勋者,盗用经略使印,调发兵马,奏举官吏,几何而不为乱也"⑥。据苏辙对此事的描述:"种朴昔因永乐覆师之后,父谔权领延安之日,与其亲戚徐勋矫为谔奏,妄自保明劳效,仍邀取诸将赂遗,并奏其功。"⑦这个徐勋不仅仅是种谔的部属,还是种氏的亲戚。而牵连其中者,种谔之子种朴也

---

①赵汝愚编,北京大学中国中古史研究中心校点整理:《宋朝诸臣奏议》卷一三七《上神宗论种谔擅入西界》,上海古籍出版社,1999年,第1532页。

②赵汝愚编,北京大学中国中古史研究中心校点整理:《宋朝诸臣奏议》卷一三七《上神宗论种谔擅入西界》,上海古籍出版社,1999年,第1533页。

③司马光:《温国文正公文集》卷五七,《四部丛刊》景宋绍兴本。

④脱脱:《宋史》卷三三五《种谔传》,中华书局,1977年,第10748页。

⑤曾瑞龙:《北宋种氏将门之形成》,附录三《种谔的四次战役》,香港:中华书局,2010年,第145-171页。

⑥李焘:《续资治通鉴长编》卷三三八,神宗元丰六年八月甲午条,中华书局,2004年,第8151页。

⑦苏辙著,陈宏天、高秀芳点校:《栾城集》卷四三《再论熙河边事札子(贴黄)》,中华书局,1990年,第765页。

在内。这一事件背后隐含着种氏家族势力的种种非法作为。因此，此事不仅引起了神宗的"早坐震怒"，还引发了他对种氏家族的防范。而在神宗给接替种谔知延州的刘昌祚的诏书中，也明确反映出种谔在鄜延路的势力延伸："鄜延小大政事，为种谔所坏，举皆玩弊，朋私蒙蔽，盗窃朝廷名器、财用者，不可胜数。卿擢自诸将，总帅一道，视事之始，其惩创前人之愆，以公灭私，痛改其俗，凡百毁誉，置之勿恤，当有殊擢，以须成功。"① 种家在鄜延路结党营私，加之屡次擅自兴兵，不受安抚使节制，不能不引发神宗的猜疑。自此之后，除种谊后来曾往援延州之外，种氏将门在延州已不见有任何重要活动②，这也说明北宋朝廷已经对种氏家族在鄜延一路的势力有意识地进行限制了。

但是，种氏家族在西北的活动，并非仅仅从其家族利益考虑，同时也是神宗朝以来主战派的共同利益选择。前述对种谔的论列，大都指责其在绥州擅自兴兵，或诈传圣旨。但多处记载均显示，其实种谔是在得到神宗密旨的情况下行动的。《宋史·高遵裕传》记载："横山豪欲向化，帝使遵裕谕种谔图之，谔遂取绥州。"③ 种谔本传中也记载："会侯可以言水利入见，神宗问其事，对曰：'种谔奉密旨取绥而获罪，后何以使人？'帝亦悔，复其官。"④ 郑獬也指出："然种谔之夺绥州，若不奉陛下之风指，安敢一日不俟上报，径驱数千卒直捣虏境乎？不然，则擅兴有罪，陛下何为而不行诛？"⑤ 可见，这次行动，并非种谔个人所擅兴，而是"薛向、杨定、张穆之、高遵裕、王中正辈，表里相结，诳惑圣聪，妄兴边事"⑥，"其所由首恶者，乃向也"⑦。

---

① 李焘：《续资治通鉴长编》卷三三四，元丰六年三月壬戌条，中华书局，2004 年，第 8049 页。
② 曾瑞龙：《北宋种氏将门之形成》，香港：中华书局，2010 年，第 97 页。
③ 脱脱：《宋史》卷四六四《高遵裕传》，中华书局，1977 年，第 13575 页。
④ 脱脱：《宋史》卷三三五《种谔传》，中华书局，1977 年，第 10746 页。
⑤ 郑獬：《郧溪集》卷一一《上神宗论种谔擅入西界》，景印文渊阁《四库全书》本。
⑥ 赵汝愚编，北京大学中国中古史研究中心校点整理：《宋朝诸臣奏议》卷一三七《上神宗论种谔擅入西界》，上海古籍出版社，1999 年，第 1532 页。
⑦ 赵汝愚编，北京大学中国中古史研究中心校点整理：《宋朝诸臣奏议》卷一三七《上神宗论种谔、薛向》，上海古籍出版社，1999 年，第 1534 页。

从种种迹象来看，所谓"诳惑圣聪"不过是为帝王开脱而已。取绥州当是由神宗皇帝密旨指挥，中央与地方监司长官共同参与的军事行动。反战派自然不便直接攻击神宗皇帝，参与其事的边将便成为他们重点讨伐的对象。

如啰兀城之战，时主战派韩绛宣抚陕西，"召谔问计策，除知青涧城兼鄜延路钤辖，专管勾蕃部事。折继世言于谔，请筑啰兀城，且曰：'横山之众，尽欲归汉。大兵出界，河南地可奄有。'谔遂与绛议，由绥德进兵取啰兀城，建六寨以通麟府，包地数百里，则鄜延、河东有辅车之势，足以制贼。上是其议，故令入见"①。在啰兀筑城的计策是种谔得自折继世，并得到了神宗认同的。而战前，韩绛还曾奏请将持反对意见的鄜延路马步军都总管、经略安抚使、判延州郭逵"诏召还朝"。最终，啰兀城之战失利，神宗所言："绥麟通路，在理可为，但种谔仓猝，故不能终其事尔。"②只是责备了种谔的仓促行事，而对这一军事行动本身并没有什么异议。

种古讼范纯仁一案，在种古本传里记载为："然世衡受知于范仲淹，因立青涧功。而古以私憾讼纯仁，士论少之。"③从史家的语气来看，范仲淹对种世衡有知遇之恩，则范、种两个家族成员应以维持两个家族的友好交往为宜。所以，种古对范纯仁的诉讼才引起了士论的不平。范纯仁也曾自咎："先人与种氏上世有契义，纯仁不肖，为其子孙所讼，宁论曲直哉。"④因此，在哲宗朝，他还荐举种古为永兴军路钤辖，后又荐他知隰州。可见，此案所反映的，并非简单的二人不合，也非种氏与范氏两个家族之间的矛盾。

案件的大致经过如下：

> 环州太守（种古）劾熟羌为盗。狱具，朝廷贷其命，流南方。罪人声冤帅府曰："我实非为盗者。"公（范纯仁）送他州辨治，果非盗。环守避罪，讼公挟私情以变狱，意欲朝廷不按治而逐公。

---

① 李焘：《续资治通鉴长编》卷二一六，神宗熙宁三年十月甲子条，中华书局，2004年，第5254页。

② 李焘：《续资治通鉴长编》卷二二一，熙宁四年三月庚寅条，中华书局，2004年，第5373页。

③ 脱脱：《宋史》卷三三五《种古传》，中华书局，1977年，第10745页。

④ 脱脱：《宋史》卷三一四《范纯仁传》，中华书局，1977年，第10287页。

神宗遣台官就宁州置狱，劾治甚峻，卒无私状可推，环守自坐诬告抵罪。①

事情的处理本应以种古冤枉熟羌开始，以诬告范纯仁抵罪而结束。但最终的结果却令人诧异，"古以诬告谪，亦加纯仁以他过，黜知信阳军"②。之所以会出现这种结局，主要是因为"是时高平公（范纯仁）坐言事去，执政有恶之者，欲中以危法久矣"③。而种古讼范纯仁的案件，正是打击范纯仁的一个机会。秦观在其《送冯梓州（如晦）序》中记载甚详：

> 此狱之起，人皆为惧。及冯侯召对，神宗曰："帅臣不法，万一有之，恐误边事。然范纯仁有时名，卿宜审治，所以遣使者，政恐有差误耳。"即赐绯衣、银鱼。冯侯拜赐出，执政谓曰："上怒庆帅甚，君其慎之。"冯侯曰："上意亦无他。"因诵所闻德音，执政不悦。及考按连逮熟羌之狱，实不可变，而古所言高平公七事皆无状，附置以闻，执政殊失望。会史籍有异词，诏遣韩晋卿覆治，执政因言："范纯仁事亦恐治未竟，愿令晋卿尽覆。"神宗曰："范纯仁事已明白，勿复治也。"狱具如冯侯章，于是籍、古皆得罪，而高平公独免，执政大不快。未几，高平公复为邻帅所奏，谪守信阳，而冯侯失用事者意，亦竟罢去。④

据李焘《续资治通鉴长编》所载："（熙宁七年十月）癸巳……工部郎中、直集贤院、新知邢州范纯仁直龙图阁、权发遣庆州。"⑤可知，范纯仁知庆州，是在熙宁七年十月。据《宋史》本传记载：

> 其所上章疏，语多激切。神宗悉不付外，纯仁尽录申中书，安石大怒，乞加重贬。……命知河中府，徙成都路转运使。以新法不

---

① 李焘：《续资治通鉴长编》卷二八四，熙宁十年八月壬午条，中华书局，2004年，第6947页。
② 脱脱：《宋史》卷三一四《范纯仁传》，中华书局，1977年，第10285页。
③ 秦观撰，徐培均笺注：《淮海集笺注》卷三九《送冯梓州序》，上海古籍出版社，1994年，第1278页。
④ 秦观撰，徐培均笺注：《淮海集笺注》卷三九《送冯梓州序》，上海古籍出版社，1994年，第1278页。
⑤ 李焘：《续资治通鉴长编》卷二七五，熙宁七年十月癸巳条，中华书局，2004年，第6281页。

便，戎州县未得遽行。安石怒纯仁沮格，因谏者遣使，欲捃摭私事，不能得。……后竟坐失察僚佐燕游，左迁知和州，徙邢州。未至，加直龙图阁、知庆州。[①]

可见，此前"坐言事去，执政有恶之者"，应是指范纯仁上书反对新法之时触怒王安石之事。如此看来，种古与范纯仁的讼案，不仅仅是二人的私憾，背后还牵扯着变法派与保守派的较量。据元丰元年狱竟后的处理结果，"纯仁坐不追捕作过熟户蕃部"，而遭"夺职，知信阳军"[②]。可知，这一案件还反映出主战派与反战派在边疆的政见分歧。

范纯仁在自邢州去庆州上任前，与神宗的对话较为鲜明地体现了他对边事的看法：

> 纯仁过阙入觐，上见之甚喜，曰："卿父在庆州甚有威名，卿今继之，可谓世职也。"纯仁顿首谢曰："臣不肖，何足以继先臣，但以陛下过听，误使承乏耳。"上问曰："卿兵法必精？"对曰："臣素儒家，未尝学兵法。"又问："卿纵不学兵法，卿久随侍在陕西，必亦详熟边事？"对曰："臣随侍时年幼，并不复记忆，兼今日事体与昔时不同。"纯仁度必有以开边之说误上者，因进言："臣不才，陛下若使修缮城垒，爱养百姓，臣策疲驽不敢有辞。若使臣开拓封疆，侵攘夷狄，非臣所长，愿别择才帅。"上谕曰："以卿之才，何所不能，但不肯为朕悉心耳。"对曰："臣子之于君父，若有可展报效处，杀身不避，岂有不尽心力耶？但陛下所责，非臣所长，不敢面谩欺罔以对。"纯仁辞益坚，上卒不许。[③]

神宗对范纯仁十分期许，先以父子在庆州世职这一荣耀加以引诱，后以精兵法、熟边事加以恭维，再以"不肯为朕悉心"进行激将，但范纯仁始终不为所动，且"辞益坚"，自己反战的政见始终没有改变。范纯仁这种坚定的反战立场，与种氏家族此时所采取的顺应时势、积极进取的策略显然是南

---

① 脱脱：《宋史》卷三一四《范纯仁传》，中华书局，1977年，第10284页。
② 李焘：《续资治通鉴长编》卷二八九，元丰元年四月戊戌条，中华书局，2004年，第7080页。
③ 李焘：《续资治通鉴长编》卷二七五，熙宁七年十月癸巳条，中华书局，2004年，第6281页。

辕北辙的，有冲突在所难免。

四、政治动荡与转向保守

元丰八年，神宗病逝，年仅十岁的哲宗赵煦即位，太皇太后高氏垂帘听政。随即便起用司马光，实行"以母改子之政"的元祐更化。王安石制定的各种新法逐渐被废除，改革派也遭到了全面的打击。在此期间，对西夏的政策也转为妥协退让。范纯仁、韩维和司马光等保守派大臣"弃地和戎"的政见成为主导，并最终决定将米脂、浮图、葭芦和安疆四寨割让给西夏。但这并未阻止西夏对北宋的不断侵扰。

元祐八年（1093），高太后去世，哲宗亲政，改元绍圣，重新起用章惇、曾布等变法派，并对元祐诸保守派大加打击。同时，恢复了神宗时的对夏政策，进筑堡寨，拓边西北，并在元符元年（1098）平夏城战斗中取得重大胜利。直至元符二年，西夏被迫求和。同时，又任命王赡和王厚继续经营河湟地区。但此二人统驭无方，引起降附的吐蕃诸部的叛乱，并导致了鄯、湟二州的危机和宋廷弃守二州的争论。

徽宗即位之初，鉴于元祐党人和绍圣党人两派的纷争，采用"无偏无党"的方针，参用元祐和绍圣大臣，企图"建中靖国"。但不到一年，徽宗就改变了初衷，改元崇宁，意在崇尚熙宁。并起用蔡京、童贯等人，对内以恢复新法为名，大力打击政敌，将其列为"元祐党人"；对外继续开边。王厚很快收复鄯、湟、廓等州，并在兰州和横山一带继续对西夏进行开拓。因辽朝的干预，宋夏之间在崇宁五年（1106）至政和三年（1113）之间保持了几年的和平局面，但政和四年（1114）开始，双方又不断发生摩擦，并引发了统安城之战这样大规模的会战。直到宣和元年（1119），西夏请和，北宋拓边活动才基本结束。

围绕着变法派与保守派的政治斗争，北宋中后期的政治形势反复无常。这一政治形势影响到了北宋对西夏的攻守与和战政策。边地将门也在这种反复的政治局势中起伏。

为徐勋盗印案所牵连，种朴仅以身免。之后又因与青唐的和战问题，复遭苏辙抨击："臣近以熙河帅臣范育与其将吏种谊、种朴等妄兴边事，东侵夏国，西挑青唐，二难并起，衅故莫测，乞行责降。"①苏辙将熙河边衅归咎于种谊、种朴狂妄觊幸功赏，并乞加贬责，种朴亦因之被改知泾原路镇戎军，种氏的活动趋于沉寂。

但绍圣年间哲宗亲政之后，种氏又开始了进取之路。绍圣四年（1097），种师中即由宣德郎换为武官内殿承制，充熙河路第一副将，开始了自己的武将生涯。种朴亦发挥自己的家族优势，为泾原帅章楶调查绘图，谋划进筑。史载：

> 泾原路经略使章楶言：勘会臣到本路条上进筑之策，朝廷幸听其计，于三月二十三日会合四路兵建筑平夏城、灵平寨，如期了当，寻将逐处军马分屯放散去讫。缘臣所陈后石门、葫江川两处形势所系，利害尤重。控扼好水、西山诸谷贼马来路，占据得要害之处，比趋九羊谷、白草原尤为快便。俯逼天都巢穴，平夏、灵平所占耕地，遂免抄掠之患，与葫芦河川东西形势相为表里。本司近指挥缘边安抚、知镇戎军种朴，量带人马，照管平夏、灵平两处官吏修缉次第，因令由打破贼堡于后石门、葫江川子细按视山川形势，道路险易，有无水泉，当如何措置修筑。今据种朴彩画到地图，签贴圆备。臣寻将前所进薰，照验得委实尤为精确。又缘夏贼点集频并，其力劳弊，四月十一日举国十余万众蓦来奔突，诸将力战，贼遂败去。度其势未能再有啸聚，若不乘此机会进筑了当，却宽岁月，其力稍全，则是资寇养患，边防之忧未艾也。今不避小有烦扰，再举师徒，全补藩篱，以成暂劳永逸之功。臣仰荷国恩，当此委寄，不敢迁延，复将重责遗与后人。②

---

① 李焘：《续资治通鉴长编》卷四四四，哲宗元祐五年六月辛酉条，中华书局，2004年，第10689页。
② 李焘：《续资治通鉴长编》卷四八七，哲宗绍圣四年五月己未条，中华书局，2004年，第11564-11565页。

据材料所记，后石门、褊江川等地山川形势均为种朴所调查筹划。其实，不仅如此，平夏城、灵平寨等城的进筑之策，亦出自种朴之手①。此后，"种朴在环州筑灰家觜，只用两万余兵，亦有成功"②。可知，种氏在哲宗朝仍旧积极参与拓边的活动。

元符二年，种朴在知河州任上为羌人所杀。史载："朴以贼锋方锐，且盛寒，姑徐之，而宗回檄日五七下，朴不得以而行。"③可知，导致种朴死难的直接因素无疑是熙河主帅胡宗回的逼迫出兵，而深层因素则是王赡进军青唐导致"河南蕃部叛"。吊诡的是，尽取青唐地的策略，则又是范育早已提出，种谊、种朴初步实施过的。这种命运的轮回似乎影响到了此后种氏对西北拓边的策略选择。

之后，种氏在拓边的活动上便不见了此前的进取，而渐趋于保守。如被徽宗称为"唯卿朕所亲擢也"的名将种师道，当徽宗向他询问边事之时，他给出的建议却是："无为可胜，来则应之，毋妄动以生事，此其大略也。"④

之所以出现如此转变，当与种氏面临的政治局势有密切的关系。据载，种师道最初跟随伯父种谔在西北从军征战，后以种谔的郊祀恩补三班奉职。因少从张载学，后来"试法，易文阶，为熙州推官、权同谷县"⑤。但在文官的任上，仕途并不顺利，徽宗时，"议役法忤蔡京旨，换庄宅使，知顺德军"⑥。根据《宋史》本传中这段记载，我们并不清楚他从文官换为武职的具体原因。

---

① 曾瑞龙：《北宋种氏将门之形成》，附录五《种朴事迹拾补》，香港：中华书局，2010 年，，第 184-185 页。

② 李焘：《续资治通鉴长编》卷四九六，哲宗元符元年三月乙丑条，中华书局，2004 年，第 11799 页。

③ 李焘：《续资治通鉴长编》卷五一七，哲宗元符二年十月己未条，中华书局，2004 年，第 12304 页。

④ 徐梦莘：《三朝北盟会编》卷六〇，靖康元年十月二十九日辛酉条《种师道行状》，上海古籍出版社，1987 年，第 446 页。

⑤ 脱脱：《宋史》卷三三五《种师道传》，中华书局，1977 年，第 10750 页。

⑥ 脱脱：《宋史》卷三三五《种师道传》，中华书局，1977 年，第 10750 页。

其行状中曾记有"言者论公诋诬先政，复换朝奉大夫放罢，隶名奸党"①之语，由此推论，种师道换官庄宅使，应是希望能以武臣的身份来躲避党锢之祸，但最终并未能够逃脱。在被划入元祐党籍，坐废十年之后，种师道始任主管华州西岳，不久便再次改为武资，换武功大夫、忠州刺史、泾原路钤辖、知怀德军兼管内安抚使。政和二年（1112），又获徽宗器重，除秦凤路提举弓箭手。后随童贯伐燕，因持反战态度，被童贯"密劾其助贼"②而遭责为右卫将军致仕。可见，种师道虽然能为徽宗所亲擢，但与当政者关系并不融洽。经历了多次政治磨难之后，对于朝廷对外拓边政策的履行已不像其父祖辈那样具有积极性了。

姚氏家族在神宗朝的发展策略并没有太多记载，但应当与种氏类似。据姚兕传记载："兕幼失父，事母孝，凡图画器用，皆刻'仇雠未报'字。"③可见其对西夏仇恨之深。姚麟在元丰西讨时，"以泾原副总管从刘昌祚出战，胜于磨移隘，转战向鸣沙，趋灵州"④，亦是对西夏作战的一支重要力量。

但从家族主要成员的传记资料来看，其家族活动的主要战场却是在面向青唐羌的熙河兰会路。也许正是这个原因，姚氏家族的政治立场在神宗朝之后较为倾向于保守。如姚麟本身对哲宗绍圣时期熙河的拓边活动并不太支持，王赡取青唐，"麟以为朝廷讨伐方息肩，奈何复生此大患。已而赡果败"⑤。姚雄虽然三次知熙州，长期在西边任职，但建中靖国初"议弃湟州，诏访雄利害"时，姚雄却同意放弃此地。因此，在随后蔡京当政的一段时间内，姚雄被列入元祐党籍。姚氏家族与蔡京、童贯等徽宗朝当权派关系并不融洽。姚古之子姚平仲亦曾遭童贯"抑其赏"。当时的形势亦无法支撑姚氏将门积极参与当时的拓边活动。

随着边地将门的发展壮大，其参与政治的机会也越来越多。从神宗熙宁

---

① 徐梦莘：《三朝北盟会编》卷六〇，靖康元年十月二十九日辛酉条《种师道行状》，上海古籍出版社，1987年，第446页。
② 脱脱：《宋史》卷三三五《种师道传》，中华书局，1977年，第10751页。
③ 脱脱：《宋史》卷三四九《姚兕传》，中华书局，1977年，第11058页。
④ 脱脱：《宋史》卷三四九《姚麟传》，中华书局，1977年，第11058页。
⑤ 脱脱：《宋史》卷三四九《姚麟传》，中华书局，1977年，第11059页。

开边到哲宗绍圣及徽宗崇宁、政和，北宋中后期的拓边过程，本应是边地将门发展的契机，但他们对于边事的立场却逐渐由积极进取转到倾向保守。与这一过程同步的是，中央朝廷党派纷争的日益激烈、政治主导势力的频繁轮换，以及对外政策的反复不定，都势必会影响到边地将门的策略选择。优先保证家族在边疆地区长期驻守，而以保守的姿态从激烈的政治斗争中抽身而出，不失为一种较为稳妥的发展策略。

五、结语

在北宋强干弱枝以及抑制武将参政等政策的影响下，长期在西北边地延续的边地将门，似乎与政治的联系应较为稀疏。但实际上，相对于文职官员与文官家族，武将及其家族受到国家军政大局的影响更为深切直接。

在北宋的集权体制下，军事决策基本来自中央朝廷。职在备战戍边的武将，是政治博弈中供驱策的棋子。麟州杨氏、金明寨李氏等边地将门的盛衰生涯即是明显例证。种氏家族中，在神宗及当时主战派的支持下，种古、种谔及种谊等成为经略西夏的急先锋，从而亦成为反战派集中讨伐的对象。其起伏既取决于自身的延嗣策略，也取决于国家的边地战略与战事。

随着政治局势的动荡，边地将门也被不同程度地卷入朝廷激烈的党派纷争之中。姚雄仅因为同意放弃湟州，就被划入元祐党籍。种师道因论役法而忤蔡京意，虽然迅速改为武资，但终究也没能躲避党祸。虽然长期远在边陲，边地将门真正想从政治的纷争中抽身而出，却也并不容易。这也促使边地将门的策略逐步趋向保守。

可见，就武将而言，无论对朝政纷争采取介入或疏离的态度，都难以从根本上摆脱政治大局的左右——这一点可以说与当时的文臣颇为类似。

论朱熹的史学观——以亡秦为例

徐日辉

朱熹是中国历史上为数不多的用自己的思想体系解释历史的大家之一，他对于历史的认识和解读，特别是对于秦王朝覆灭的观点颇为独到，很值得我们思考。本文就此提出一些看法，不妥之处敬请专家批评指正。

一、封建无助亡秦

封建无助亡秦是朱熹站在国家建设的高度得出秦朝迅速亡败的重要观点之一，在他看来秦之亡亡于己，且无可救药，即便是采取分封制也无济于事。秦王朝从公元前 221 年始皇帝统一六国，到公元前 206 年子婴被杀，前后总共不到 16 年的光景，却引起身后超过 1600 年的关注和探讨，包括朱熹在内。

不可否认，秦朝是中国有史以来第一次真正意义上的统一，完成了由封建社会向帝王专制社会的转变，称得上是开天辟地的历史性创举，并由此奠定了中国大一统国家形态和中央集权的政治制度，所以谭嗣同《仁学》称："二千年来之政，秦政也。"秦作为帝制的草革者和首次实践的失败者，而汉朝则是第一个验证的秦制王朝。

传统的观念认为汉袭秦制，虽然有一定的道理，但不全面。汉面对秦王朝的经历，十分慎重地进行了不同体制的比较，最终在选择实施秦制遗产即中央集权的同时，又采取了一定形式的封建制，表明汉王朝对于秦帝国的制度存在着怀疑，却也无计创新建制，只好采取既要中央集权又要封分建国的混合体。汉景帝三年（前 154 年）发生的七国之乱，用事实证明封建制行不通，于是秦始皇创立的中央集权制从此才真正被固定下来，直到 1911 年清王朝的覆灭，在时间上占中国夏王朝建立以来的二分之一。

历史发展的进程已经证明大一统秦制的可行性，汉王朝的成功实践，用事实提醒后人从中找出带有普遍意义和指导意义的东西，以防止因短时间的王朝更替给社会带来危害。鉴于此，有识之士们在不同的朝代、不同的社会背景下，站在不同的角度，用不同眼光和需求解读秦王朝。虽然结论各有千秋，但从中吸取经验教训与为我所用的目的却始终没有改变，其中宋朝人对秦帝国的解读，以三苏的《六国论》颇具心得，堪称代表。

苏洵《六国论》称"六国破灭，非兵不利，战不善，弊在赂秦。赂秦而力亏，破灭之道也。或曰：六国互丧，率赂秦耶？曰：不赂者以赂者丧，盖失强援，不能独完。故曰：弊在赂秦秦也"。苏洵提出的贿赂说，很是抢眼，针对当时的强秦而言，就形势而论指向非常明确。

苏辙《六国论》认为"窃怪天下之诸侯，以五倍之地，十倍之众，发愤西向，以攻山西千里之秦，而不免于死亡。常为之深思远虑，以为必有可以自安之计，盖未尝不可尝咎当时之士虑患之疏，而见利之浅，且不知天下之势也"。苏辙的天下大势说，旨在批判那些只顾眼前利益、个人利益和小利益而看不到全局的狭隘做法。

苏轼《六国论》则提出"国之有奸，犹鸟兽之有蛰猛，昆虫之有毒螫也。区处条别，使各安其处，则有之矣；锄而尽去之，则无是道也。吾考之世变，知六国之所以久存，而秦之所以速亡者，盖出于此，不可不察也"。苏轼所论，看起来比较宽容，实质上是不得已而为之的说法，在承认现实的前提下，不做彻底的根除而是因势利导为我所用，应该讲仍不失为一种解决问题的方法。至于原因是不是在此，则另当别论。

三苏的观点各有侧重，难分伯仲。不过，略晚于三苏的大思想家朱熹并不赞同他们的观点，他结合当时的国家态势，从自己的认识论出发，并就封建制问题提出：

《始皇纪》论封建之不可复，其说虽详，而大要直谓无故国之可因而已。尝试考之，商周之初，大赉所富，已皆善人；而其土地

广狭随时合度，无尾大外疆之患；王者世世修德以临之，又皆长久

安宁而无仓促倾摇之变，是以诸侯之封皆得传世长久而不可动，非

以有故国之助而然也①。

朱熹之所以提出"封建不可复"，在于商周之际周武王通过暴力建立周朝之后，用比较温和的礼制与专制相结合的治理方法。再加上时间的遥远与后人的修饰，故留下了美好的记忆。

夏商周三代是分散共主国家，并非秦以后的大统一。夏王、商王、周王是最大的王。所谓普天之下，莫非王土；率土之滨，莫非王臣。周初至少有百余个国家，每个国家有着自己的历史、文化和传统。西周以家族和血缘为标准建立起统治系统，采取天子—方伯—诸侯的分封制，用同姓封分诸侯王来保证周王权力的延续。分封制作为西周的政治制度虽然有过辉煌，但并非尽善尽美，同样是问题多多，最明显的就是地方诸侯的国家化。例如，本来用以监视诸侯的方伯却独自称大，逐渐发展成尾大不掉之势，如同国君，裂土为王。最终还是周王室的自家人破坏了自己创建的分封制，为异姓人的崛起创造了条件，为秦人的统一做了前期铺垫。

所以，在朱熹看来所谓封建是不可以重复的历史，秦朝同样不可以重复周朝的封建制度，原因何在呢？

首先，从最关键的人来讲，朱熹认为在商周之际"已皆善人"，基本上是淳朴善良的民众，是能够克制自身循规蹈矩的民众，无论何种制度对他们而言都是一样的，因此，封建制度适用当时的社会生态。

其次，当时的疆域面积小，土地资源虽然寡却与人口少的状况相吻合，便于管理。

再次，商周之际统治阶层的内部是统一的，既没有形成王权以外的政治中心，也没有尾大不掉的权臣，更没有来自外部的危险因素，内外和谐同心同德上下一心。在各种有利因素的综合之下，封建制度才取得了成功。

事实上朱熹是针对宋朝当时的政治生态有感而发的，有意识地突出内忧

---

① 郭齐、尹波点校：《朱熹集》，四川教育出版社1996年版，第3803页。

外患对国家政治制度的影响。朱熹生活在南宋时期，他出生的那一年正赶上金人进攻杭州宋高宗赵构逃亡温州的动荡岁月。后来在岳飞等宋军的抗击下，局势才有所缓解。遗憾的是在秦桧等投降派的把持下，终于丧失了收复中原的大好时机，成为真正的偏安政权。对于秦桧等人的卖国行径，朱熹的父亲朱松也因为上书反对议和，而被贬职外放。这一年朱熹刚刚十二岁，国家的耻辱、家庭的变故，给幼年朱熹的心灵蒙上了一层厚厚的阴影，同时也激发他对国家大事的关注。

正因为如此，朱熹认为商周之际封建制度的核心是王，作为最高统治者，他们通过"世世修德以临之"，在他看来制度的好与坏关键在于王的领导，可谓画龙点睛切中要害。

仔细琢磨，我们发现朱熹此话不是随口而说的，且具有一定的针对性。例如，西汉初年天下大定，需要恢复礼仪制度，由马上得天下到"文武并用，长久之术也"[1]。于是刘邦就让秦朝的博士叔孙通权负责制定礼仪之事。叔孙通受命之后就到各地招募人才，当他到山东时竟然有两位儒生不愿意随他前往长安获取功名，并且说出一番道理："今天下初定，死者未葬，伤者未起，又欲起礼乐。礼乐所由起，积德百年而后可兴。吾不忍为公所为。公所为不合古，吾不行。"[2] 显而易见，此处的"积德百年而后可兴"与朱熹所说的"世世修德以临之"是同一层意思。

至于"又皆长久安宁而无仓促倾摇之变"的表述，其意再明显不过。德与和是封建成功的关键，而这两点秦王朝都没有做到，封建又有何意义呢？表面上看朱熹说的是商周之际，实质上却是暗指当时的朝廷，寓意十分深刻。

对于封建问题，在秦王朝建立之初确实进行过探讨，根据《史记》的记载，当时的丞相王绾、齐人淳于越等人就曾提出过分封子弟，以确保国家的长治久安。秦始皇二十六年（前221年）天下统一，王绾便向秦始皇建议：

> 诸侯初破，燕、齐、荆地远，不为置王，毋以填之。请立诸子，

---

① 司马迁：《史记·郦生陆贾列传》，中华书局2013年版，第3252页。
② 司马迁：《史记·刘敬叔孙通列传》，中华书局2013年版，第3279页。

唯上幸许。①

王绾的建议得到了不少大臣的赞许，但受到了李斯的反对，他提出："周文武所封子弟同姓甚众，然后属疏远，相攻击如仇雠，诸侯更相诛伐，周天子弗能禁止。今海内赖陛下神灵一统，皆为郡县，诸子功臣以公赋税重赏赐之，甚足易制。天下无异意，则安宁之术也。置诸侯不便。"②秦始皇赞同李斯的说法，认为"天下共苦战斗不休，以有侯王。赖宗庙，天下初定，又复立国，是树兵也，而求其宁息，岂不难哉！廷尉议是"③。否决了王绾的建议。

时间又过了八年，到了秦始皇三十四年（前213年），秦始皇在咸阳宫置酒设宴，在博士仆射周青臣等人的一片颂扬声中，齐人淳于越向秦始皇谏言：

> 臣闻之，殷周之王千余岁，封子弟功臣自为支辅。今陛下有海内，而子弟为匹夫。卒有田常、六卿之患，臣无辅弼，何以相救哉？事不师古而能长久者，非所闻也。今青臣等又面谀以重陛下过，非忠臣也。④

淳于越的建议又被李斯否决，秦始皇再次支持了李斯的做法。考察秦王朝统一六国的历史轨迹，在大定之初王绾建议实行分封制显然是出于燕、齐之地反抗情绪的考虑，并且有意识地避讳了最危险的复仇对手"楚"，而提了"荆"，但在当时的形势下，统一是大趋势。毫无疑问，李斯与秦始皇的决定是正确的。

但是，八年之后的秦王朝与八年之前完全不能同日而语，天下形势发生了巨大的变化，潜在的危机已经暴露在桌面上，反抗秦政的暴风骤雨即将来临，正所谓山雨欲来风满楼。在这关键时刻淳于越看得非常清楚，应该讲他的建议具有一定的积极意义。因为淳于越所得到的信息要比秦始皇得到的信息真实得多，从当时的天下大势出发，考虑分封制不失为一种应急的补救措施。

---

① 司马迁：《史记·秦始皇本纪》，中华书局2013年版，第203页。
② 司马迁：《史记·秦始皇本纪》，中华书局2013年版，第203页。
③ 司马迁：《史记·秦始皇本纪》，中华书局2013年版，第203页。
④ 司马迁：《史记·李斯列传》，中华书局2013年版，第3075页。

遗憾的是秦始皇错过了一次有可能挽救国家命运的机会，六年之后秦王朝便土崩瓦解夭折而亡。

二、秦至无道，决无久存之理

秦朝是中国历史上最短命的王朝，却像一颗巨大的流星定格在历史的长河之中，成为人们抬头即见和难以抹去的记忆，其吊诡之处就在于时不时便引发争议，宋朝就是其中之一。朱熹曾针对秦王朝是否采取分封制就可以缓解速亡命运的问题，提出：

> 但秦至无道，封建固不能待其久，而相安，而为郡县亦不旋踵而亡败。盖其利害得失之算初不系乎此耳。①

在朱熹看来正是由于"秦至无道"，所以说无论是分封制还是郡县制都摆脱不了其覆灭的命运。这是历史给暴秦的宣判，是无法改变的事实。他说：

> 正使采公卿之议，用淳于越之说，并建子弟以自藩屏，不过为陈、吴、刘、项鱼肉之资。虽有故国之助，亦岂能以自安哉？②

朱熹认为淳于越的建议尽管有一定的道理，但是秦王朝残暴的事实无法改变，秦始皇的本性也不可能改变，那么历史也就不会改变。所以朱熹说即便是秦始皇听取了淳于越的意见，采取了分封制，其结果也只能是陈胜、吴广、刘邦、项羽等起义军餐桌上的美味佳肴而已。

"秦至无道，决无久存之理。"③作为理学家的朱熹对于秦二世而亡的内在原因看得很透，他认为核心就在于"至无道"三个字，正因为太过"无道"，所以才会得出"决无久存之理"的结论。

什么是道？古往今来没有标准答案，道是真理，道是追求，道是希望，道更是天人之间的基本规律。《易·系辞上》说："一阴一阳之谓道。"道同时又是事理、法则。《礼记·中庸》称："道也者，不可须臾离也。"朱

---

① 郭齐、尹波点校：《朱熹集》，四川教育出版社1996年版，第3804—3805页。
② 郭齐、尹波点校：《朱熹集》，四川教育出版社1996年版，第3803页。
③ 郭齐、尹波点校：《朱熹集》，四川教育出版社1996年版，第3803页。

熹注曰："道者，日用事物当行之理。"并且认为："一阴一阳，此是天地之理。"[1]朱熹所说的"天理"，就是"道"，就是社会发展应该遵循的基本规律[2]。朱熹认为凡事得有个度，切不可违背规律，超出"道"的范围去为所欲为。

秦王朝毫无顾忌地劳民，目无人性地残民，必然会激化社会矛盾，引发社会的动荡和不安，秦既失道，何来之理。

"秦至无道"还在于其本身的残暴，秦素以强暴著称于世，秦在统一六国时杀人无数，仅白起一人就坑杀一百四十余万人。"秦至无道"更在于反人类的卑劣行径，以人殉为例，殉人就是用活人为死者陪葬，是人类社会最野蛮的制度之一。春秋时期人殉制度衰落，东方诸国如齐桓公、宋文公、晋景公、楚灵王等死后虽有殉人，但数量不多，对一般士大夫阶层来讲殉人则越来越少。唯有秦，在殉人方面较东方诸国最为野蛮残酷，而且十分顽固。

当东方诸侯国基本上不用殉人时，秦襄公（前777—前766年）却大张旗鼓地开始灭绝人性的人殉制度。考古发现甘肃礼县大堡山编号为M2、M3的秦公大墓及车马坑与中型贵族墓中都有殉人。报告称：

M2：墓室内设二层台。其中，东、北南三面二屋台上殉葬7人，均为直肢葬，都有葬具。西墓道长38.2、宽4.5～5.5米，总体亦呈斜坡状，但有8个沟槽状的台阶。在深1.25米的层面填土中埋葬12个殉人，均为屈肢葬，头向有的朝东，有的朝西。分为生殉和杀殉两种，前者作痛苦挣扎状，后者有的头部有洞，姿势规整。多为青少年。

M3：亦为中字形大墓。东西向，全长115米。墓道结构与M2相同。……北侧二层台上现存殉人1名，东、南铡的二台已被盗挠。……西墓道呈台阶状，长41.5、宽8.2米。填土中埋殉人7名。[3]

---

① 朱熹：《朱子语类·卷七十四》，岳麓书社1994年版，第1073页。
② 徐日辉：《论朱熹的礼治与理治》，《武夷文化研究——武夷文化学术研讨会论文集》，2009年，第23页。
③ 戴春阳：《礼县大堡子山秦公墓地及有关问题》，《文物》2000年第5期，第75页。

据参加发掘的礼县博物馆同志对我讲，墓中亦有站立的殉人，并且旁边还有殉狗陪葬。礼县大堡子山秦襄公墓地殉人的发现，推翻了《史记》关于秦武公"二十年（前678年），武公卒，葬平阳。初以人从死，从死者六十六人"的说法①，其殉人年代之早，修正了司马迁时期人们的认识，弥补了《史记》记载的不足。

另外，在同一时期的礼县圆顶山春秋早期的秦墓中也发现了1至7个数量不等的殉人，并且还有殉葬的御手②。还有，在陕西雍城秦景公一号大墓西墓道里也发现166名殉人③。延续到秦穆公去世时殉人竟然多达177人，包括当时的三良——奄息、仲行、鍼虎，秦人哀三良之悲，痛恨秦穆公之暴，特作《黄鸟》以示纪念。到秦景公竟然用188人殉葬，将这种野蛮制度的做法推向了极点，其数量之大、手段之残忍，在春秋之际当数第一，毋庸置疑秦人的残暴已经被永远地钉在历史的耻辱柱上。

今天，当人们称赞秦国的强大时，有多少人知道强大的背后却是举世无双的残忍。考察秦国的发展轨迹，从襄公到穆公其残暴之恶习是伴随着秦国的发展而逐渐升级的，至秦始皇达到了顶点。所以荀子说秦之盛"强于汤武，广大于舜禹，然而忧忧不可胜较也，諰諰然常恐天下之一合而轧已也，此所谓力术也"④。在"轻罪重刑"的立法思想指导下，秦的刑律特别残酷，往往以小过而重刑，甚至连正常的言论自由也受到严格的限制，如"以古论今者族"⑤，使天下人"重足而立，拑口而不言"⑥。其施刑之酷，据林剑鸣先生的考证，大抵有耐、劓、宫、车、裂、黥、弃市、腰斩、戮、枭首、剖腹、烹、囊朴、绞、鬼薪、三族、九族等21种之多⑦，真是骇人听闻。

---

① 司马迁：《史记·秦本纪》，中华书局2013年版本，第233页。
② 甘肃文物考古研究所、礼县博物馆：《礼县圆顶山春秋秦墓》，《文物》2002年第2期，第29页。
③ 王学理、尚志儒、呼林贵等编：《秦物质文化史》，三秦出版社1994年版，第271页。
④ 梁启雄：《荀子简释·强国》，中华书局1983年版，第216页。
⑤ 司马迁：《史记·秦始皇本纪》，中华书局2013年版，第322页。
⑥ 司马迁：《史记·秦始皇本纪》，中华书局2013年版，第347页。
⑦ 林剑鸣：《秦史稿》，上海人民出版社1981年版，第229—230页。

《汉书·刑法志》记载"秦用商鞅，连相坐之法，造参夷之诛；增加肉刑、大辟，有凿颠、抽胁、镬亨之刑"等几十种酷刑。对此，裴骃注引刘向《新序》称"今卫（商）鞅内刻刀锯之刑，外深斧钺之诛，步过六尺者有罚，弃灰于道者被刑。一日临渭而论囚七百余人，渭水尽赤，号哭之声动于天地，畜怨积仇比于丘山，所逃莫之隐，所归莫之客，身死车裂，来族无姓，其去霸王之佐亦远矣"①。在商鞅的眼里，"法令者，民之命也，为治之本也，所以备民也"②，这与儒家德主刑辅的观点截然相反，把广大民众推向法网密织而惶惶不可终日的深渊。

商鞅嗜法如命，酷刑为本，强调"重刑少赏，上爱民，民死赏"③。并且有意识地将"刑"与"德"的概念混淆起来，称刑是德的根本，公然宣称"此吾以杀刑反之以德，而意合于暴也"④。认为杀戮、刑罚能够归于道德，进而推导出"刑生力，力生强，强生威，威生德，德生于刑"的荒谬理论⑤。对此，刘向总结说"及孝公死，国人怨商君，至于车裂之；其祸流渐至始皇，赤衣塞路，群盗满山，卒以乱亡，削刻无恩之所至也"⑥。法先于德，以刑制刑，以暴治暴，专权、野蛮、残忍、杀戮是秦治国的主要思路，用专政手段压制，凭借暴力强服，说穿了就是"人治"的极端表现。但随着历史的前进、时间的推移，因其缺乏牢固的基础，最终结果是适得其反咎由自取，难免落得来去匆匆亡国灭种殃及祖宗的可悲下场。

贾谊在《过秦论》中指出："废王道，立私权，焚文而酷刑法，先诈力而后仁义，以暴虐为天下始。赏罚不当，赋敛无度。……繁刑严诛，吏治深刻，刑戮相望于道，而天下之苦之。"贾谊的议论以合理的成分居多，文章更是醍畅淋漓，不过多少有些黑秦扬汉的嫌疑，包括司马迁在内。例如，关于秦二世胡亥继位的问题，出土文献《北大简》的记载，使我们看见了与传统不

---

① 司马迁：《史记·商君列传》，中华书局 2013 年版，第 2705 页。
② 高亨注译：《商君书注译·定分篇》，中华书局 1974 年版，第 190 页。
③ 高亨注译：《商君书注译·靳令篇》，中华书局 1974 年版，第 108 页。
④ 高亨注译：《商君书注译·开塞篇》，中华书局 1974 年版，第 79 页。
⑤ 高亨注译：《商君书·说民篇》，中华书局 1974 年版，第 57 页。
⑥ 刘向：《新序全译·善谋上》，贵州人民出版社 1994 年版，第 306 页。

同的说法。其《赵正书》曰:

> 赵正流涕而谓斯曰:"吾非疑子也。子,吾忠臣也,其议所立。"丞相臣斯、御史臣去疾昧死顿首言曰:"今道远而诏期群臣,恐大臣之有谋,请立子胡亥为代后。"王曰:"可。"王死而胡亥立,即杀其兄扶苏、中尉(蒙)恬。大赦罪人,而免隶臣高以为郎中令①。

赵正,即秦始皇嬴政。嬴为姓,赵是氏,同根一家。但《史记》在记载此事时与《赵正书》完全不同。其《秦始皇本纪》曰:

> 高乃与公子胡亥、丞相斯阴谋破去始皇所封书赐公子扶苏者,而更诈为丞相斯受始皇遗诏沙丘,立胡亥为太子。更为书赐扶苏、蒙恬,数以罪,其赐死。……行从直道至咸阳,发丧。立太子胡亥袭位,为二世皇帝。

《赵正书》记载胡亥是名正言顺地继位,而司马迁的记载却是篡位。虽然有学者对《赵正书》有不同的看法,但是作为资料,司马迁有可能见过,因为有不少相同的记载。尽管如此,以王道作为最基本的统治底线,则是不可逾越的鸿沟。正如董仲舒所说:

> 王者承天意以从事,故任德教而不任刑。刑者不可任以治世,犹阴之不可任以成岁也。为政而任刑,不顺于天,故先王莫之肯为也②。

董仲舒强调以德治国,提倡刑德相养,厚德简刑,正是王道的观点。从中国历史发展看,虽有秦鉴为镜,但是法家的思想仍然被历代王朝所采用,所谓的秘学、内学,与儒家互为表里,只不过没有亡秦那么招摇而已。作为治国治民的法宝,其贱民、愚民、疲民、劳民等手段,仅仅表现在宽严松紧上有所不同罢了。

秦统一六国的几十年间,天下大乱杀人如麻,黎民饱受战乱之苦,统一

---

① 北京大学出土文献研究所编:《北京大学藏西汉竹简(三)》,上海古籍出版社2015年版,第190页。

② 班固:《汉书·董仲舒传》,中华书局1982年版,第2502页。

之后，好像久病之人，理应休养生息，以便稳定秩序恢复生产。但是秦始皇在胜利面前忘乎所以，自以为功高三皇业比五帝，非但没有改变战时政策，反而私欲膨胀，"刚毅戾深，事皆决于法，削刻毋仁恩和义，然后合五德之数。于是急法，久者不赦"[1]。在严刑峻法和无休止的劳役下，人民重新陷入水深火热之中。对此，朱熹说："若使秦能宽刑薄赋，与民休息而以郡县治之，虽与三代比隆也。"[2]朱熹既不赞同分封制也不大赞同郡县制，但是他认为秦王朝在当时如果能够轻徭薄赋休养生息，德主刑辅以德教化，维持国家安宁和人民幸福，有可能与三代相媲美。因为这才是真正的大道和王道。不过这只是大儒朱熹的美好愿望，是所有善良人的希望，而非历史。

孟子说得好："得道者多助，失道者寡助。"[3]只有得到了"道"，才能得到社会的认同，才能聚拢更多的朋友；反之，将没有朋友，更没有人会帮助你。只有遵守"道"，遵守人类共识的道德规范、生存规范、社会规范，才是真正意义上实施了"道"。历史发展的轨迹表明，不管你愿意与否，认同与否，道不同不相为谋，是永恒不变的道理，秦王朝失道有目共睹，岂有不败之理。

---

① 司马迁：《史记·秦始皇本纪》，中华书局 2013 年版，第 302 页。
② 郭齐、尹波点校：《朱熹集》，四川教育出版社 1996 年版，第 3803 页。
③ 金良年撰：《孟子译注·公孙丑下》，上海古籍出版社 1987 年版，第 78 页。

《地纬》的成书、刊刻和流传

马　琼

明清之际，利玛窦等西方传教士来华，他们不仅带来了天主教，也带来了西方先进的地理学知识。利玛窦等传教士在中国绘制和刊印世界地图、撰写地理学专著等活动，促进了西方地理学知识在中国的传播。这些新奇的西方地理学知识给中国士人传统的天下观念带来比较强烈的冲击。在这样一种大背景之下，熊人霖撰写了《地纬》一书。《地纬》的成书背景如何？其刊刻、流传及影响如何？学界对此尚无系统的研究，本文将着力探讨这两个问题。

一、《地纬》的成书及刊刻

熊人霖字伯甘，号南荣子，别字鹤台，江西进贤人，生于万历三十二年（甲辰，1604 年）秋[1]，病逝于清康熙五年（丙午，1666 年）[2]。崇祯十年（丁丑，1637 年）进士。[3]曾担任义乌知县（兼摄浦江事）[4]、南京工部都水司主事[5]等官职。甲申之变后，熊人霖与其父"避地入闽，寓崇泰里熊屯，五载回籍，尽节死。人霖终隐不仕"[6]。熊人霖一生有《操缦草》《地纬》《寻云草》等

---

① 熊人霖：《鹤台先生熊山文选》，清顺治 16 年刊本，卷一二，台北中央图书馆藏。
② 聂当世等修，章兆瑞纂：《（康熙）进贤县志》，清康熙 12 年刊本，卷一五，人物·良臣，台北成文出版社 1989 年影印。
③ 谢旻等监修：《江西通志》，文渊阁《四库全书》本，卷五五，台北商务印书馆影印版。
④ 李卫：《浙江通志》，卷二四，上海商务印书馆 1934 年版。
⑤ 熊人霖：《南荣诗文选》，崇祯 16 年进贤熊氏两钱山房序刊本，文卷一二，第 39、40 页，日本东京内阁文库藏，台北中央研究院历史语言研究所傅斯年图书馆藏影印本。
⑥ 赵模、王宝仁等：《民国建阳县志》，卷一二，三六条，收入《中国地方志集成·福建府县志辑》，江苏古籍、上海书店、巴蜀书社 2000 年版。

近二十部著作。[①]

　　熊人霖从小对地理就很感兴趣，这与他父亲熊明遇的影响不无关系。据史料所载，熊明遇十分喜欢出游。而熊人霖"幼从大人宦学"，自然能够耳濡目染。因此，熊人霖不仅读了一些书籍，还常常外出游历，饱览全国名山大川。"赐金半购甲经。持节曾邻西穴。周游赤县。请教黄发。趋庭而问格致。谋野以在土风。"[②]

　　在跟随其父为官的过程中，熊人霖还接触到了西方传教士带来的当时先进的地理学知识。明天启三年（1623），意大利籍耶稣会士艾儒略（1582—1649）刊印了《职方外纪》[③]一书，不久以后，熊人霖读到了《职方外纪》，认为"异哉所闻"，然而又"考之不谬"，很是欣赏。次年，熊人霖"甲子之岁，归自南都，玄冬多暇，闭关竹里"，并"稽之典册，参以传闻"，终于在明天启四年（1624）著成《地纬》一书。[④]

　　《地纬》是第一部由中国人自己撰写并出版的介绍世界的地理学著作。在这部书中，作者不仅比较详细地介绍了当时世界的亚洲、欧洲、非洲、美洲等大洲的划分及其中诸国的地理位置和风土人情等情况，而且还介绍了当时世界海洋的状况及中国到国外的航线。此外，书中还附有一幅世界地图，这幅地图不同于利玛窦在中国刻印和传播的世界地图。

　　《地纬》成书之后，并没有立即刊刻，而是将之"久尘笥中"。它之所以最终得以刊刻出版，与两个人有很大关系，一个是陈子龙，另一个是钱仲驭。

　　陈子龙，字人中，一字卧子，华亭人，崇祯进士[⑤]，曾任绍兴府推官、吏部主事等职，后又担任了兵科给事中、兵部侍郎兼翰林院侍读学士等职。他

① 洪健荣根据熊人霖著作，并参阅冯锦荣《明末熊明遇父子与西学》一文，整理出熊人霖写作或刻印的著作十八部，列成一表，并附有这些书籍的馆藏地。笔者曾对洪先生的列表进行了补充，包括对熊人霖著作及其馆藏地的增补，并列有一表；冯锦荣：《明末熊明遇父子与西学》，《明末清初华南地区历史人物研讨会论文集》，香港中文大学历史系 1993 年版。
② 熊人霖：《地纬》，清顺治 5 年熊志学《函宇通》本，自序，页一至二，中国国家图书馆藏。
③ 艾儒略原著，谢方校释：《职方外纪校释》，中华书局 1996 年版。
④ 熊人霖：《地纬》，清顺治 5 年熊志学《函宇通》本，自序，页一至页二，中国国家图书馆藏。
⑤ 嵇璜等：《钦定续文献通考》，卷一四九，文渊阁《四库全书》本，台北商务印书馆影印版。

为官期间，多次上书言事，为解决现实的问题出谋划策。后来，陈子龙在太湖集结兵士，响应浙闽的抗清斗争，不料兵未起而事情败露被捕，后寻机投水而死，以身殉国。死后谥为忠裕。①

陈子龙对地理学亦有兴趣，认为地理学对用兵施政有所辅助，他很注意实地观察，并曾想要绘制地图。夏允彝曾提道：

> 余（允彝）少恫愚，每行道路辄迷往来。长偕陈卧子出入，见其留意博询，凡水泉之曲折，径之分岐必明晰而后已。……是学欲作地理图仿朱思本意，为之益增其所未备，兼为之说而于用兵险要、水利屯田、城池赋税尤加详焉。其说阔远，非数年不能竣。②

崇祯七年（甲戌，1634年），熊人霖上公车，陈子龙与熊人霖相遇并读了其所编撰《地纬》一书，对其有所推崇，这在一定程度上鼓舞了熊人霖出版《地纬》。

除了陈子龙，对《地纬》的刊刻起到更大推动作用的当推钱钟驭。

钱仲驭，即钱柄，嘉善人，崇祯十年进士③，崇祯十六年任广东佥事④，后来曾提任嘉善吏部郎⑤。钱柄本人对于物理学较有研究。方以智所作《物理小识》一书中，就有关于钱柄制作芝泥独特方法的记载。⑥

熊人霖自己说："甲戌上公车。卧子陈君。一见谬加青黄。戊寅之夏。仲驭钱君。复为怂勇。辄以授梓。用备采刍。"⑦就这样，在陈子龙和钱柄的鼓励之下，熊人霖于明崇祯十一年（戊寅，1638年）刊刻了《地纬》一书。

明崇祯十一年（戊寅）初刻本的《地纬》现已佚失。我们现在所看到的《地纬》，是熊志学于清顺治五年所刊刻的收录《函宇通》中的《地纬》刻本。

① 佚名：《钦定胜朝殉节诸臣录》，卷一，文渊阁《四库全书》本，台北商务印书馆影印版。
② 佚名：《经籍考》，卷九四，文渊阁《四库全书》本，台北商务印书馆影印版。
③ 李卫等：《浙江通志》，卷一三三，上海商务印书馆1934年版。
④ 郝玉麟监修：《广东通志》，卷二七，文渊阁《四库全书》本，台北商务印书馆影印版。
⑤ 沈彤：《果堂集》，卷十，文渊阁《四库全书》本，台北商务印书馆影印版。
⑥ 方以智：《物理小识》，卷八，万有文库本，王云五主编，商务印书馆1937年版。
⑦ 熊人霖：《地纬》，自序，清顺治5年熊志学《函宇通》本，中国国家图书馆藏。

熊志学，福建建阳人，曾任福建光泽县教谕。^①清顺治五年，熊志学将熊明遇的《格致草》与熊人霖的《地纬》合刻为一书，名曰《函宇通》。刻书的书坊名为"书林友于堂"。友于堂究竟是哪一家书坊，现在已无史料可考。但熊志学在《函宇通》序言末尾曾经写道："顺治五年夏五闽潭阳书林 熊志学鲁子氏顿首序。"潭阳是建阳的另外一种称法，书林即书坊的意思。明清时期，建阳是全国印书业的佼佼者，全县书坊林立。据史料记载，明正德至万历年间（1506—1620 年），建阳有名号可考的堂铺（书坊）多达 202 家。万历以后，建阳的印书业继续发展，出现了更多的书坊。友于堂是建阳书坊之一。

史料中没有关于熊志学与熊人霖父子交往的记载。从熊志学为"函宇通"所写的序言中，熊志学仅提到"吾宗坛石大司马伯甘小宰，桥梓隐居吾考亭之里也"^②。如果熊志学与熊明遇父子有交往的话，他不会不在序中提出。

如果熊志学与熊明遇父子并无交往，那么他又为什么要刊刻两父子的著作呢？从熊志学刻"函宇通"中序言的内容来看，大体可以总结出这样几个原因：

（1）为儒者提供参知天地的材料。

熊志学认为儒者应当通晓天与地的奥秘，然后才能推知其他。"夫儒者通天地而参于其中，则必知天之所以天，地之所以地，推本乾元，顺承生生之意，而后于三才无忝也。"而熊人霖父子的《格致草》和《地纬》就是进一步揭示天地奥秘的书籍。"而大司马格致草之言天也，赅崇祯历书而约之，更有富于历书所未备者；小宰地纬之言地也，赅职方而传之，更有精于外纪所未核者。"因此，他刊刻了"函宇通"。

（2）保留史籍。

有人曾向熊志学推荐《地纬》一书，而熊志学有感于《地纬》原版多佚，故将其与《格致草》一并刊刻。"地纬刻于浙中，柱史兰陵梁公入告于荐刻矣，

①郝玉麟监修：《福建通志》，卷二七，文渊阁《四库全书》本，台北商务印书馆影印版。
②在探讨熊志学刊刻《函宇通》这个问题时，笔者所使用的史料均为熊志学所撰《函宇通序》一文，文中不再重复加注。（清）熊志学：《序》，《函宇通》，清顺治 5 年熊志学《函宇通》本，中国国家图书馆藏。

今颇删削，取慎余阙文之意，且原版多佚，台小子志学，是以合而重刻之。"

（3）将同宗的荣耀发扬光大。

熊志学认为他与熊明遇父子为同宗，他曾在"函宇通"的序言中称熊明遇父子为"吾宗坛石大司马、伯甘小宰"，在文末亦提到"夫重黎世司南北，正天明地，察我熊有初焉"。

正是熊志学在清顺治五年重刊了"函宇通"版《地纬》，才使《地纬》一书免于佚失的命运。

二、《地纬》的流传

顺治四年（1647年），函可《变纪》案，拉开了清代文字狱的序幕。自此时直到光绪年间，清代的统治者利用自己手中的权力，制造了一个又一个文字狱的案件。据《清代文字狱档》记载，仅从乾隆六年到五十三年，就发生了五十三起文字狱。

与文字狱相配合，从顺治到乾隆长达一百五十年的时间里，在全国范围内，掀起了一次又一次的禁书狂潮。[①]规模较大的当数乾隆年间，为修四库全书而进行的全国范围内的禁书运动。从乾隆三十七年正月初四下诏征书[②]，到乾隆五十七年陆锡熊再往奉天重校文溯阁四库全书，二十一年的四库编修和查校过程中[③]，乾隆皇帝曾借征书禁书，比如，乾隆三十九年，进呈图书已达万余种，这些书中却没有违碍内容上报。于是，乾隆皇帝便下令，要求对这些书籍进行严格审查，找出违碍内容，并进行处理。

乃各省进到书籍不下万余种，并不见奏及稍有忌讳之书，岂有裒集如许遗书，竟无一违碍字迹之理？况明季末造，野史甚多，其间毁誉任意，传闻

---

① 王彬：《禁书》，中国工人出版社1992年版，第83页。
② 纪昀：《钦定四库全书总目》，卷首，文渊阁《四库全书》本，台北商务印书影印版。
③ 对于四库全书完成的时间，学界有不同的看法，一些学者认为当定在四库全书复校结束，并续抄四库全书分别藏于文扬州长文汇阁、镇江文宗阁和杭州文澜阁。但笔者倾向于任松如先生的分法，将其完成时间定在陆赐熊再校奉天文溯阁四库全书。参见任松如著，《四库全书问答》1933年版。

异辞,必有抵触本朝之语。正当及此一番查办,尽行销毁,杜遏邪言,以正人心而厚风俗,断不宜置之不办!此等笔墨妄议之事,大率江、浙两省居多;其江西、闽越、湖广亦或不免。岂可不细加查核?……至各省已经进到之书,现交四库全书处检查,如有关碍者,即行撤出销毁。①

这种所谓的销毁包括两种。一种是"抽毁",所谓"抽毁",就是把书中(包括复本)有问题的部分去掉,但书仍然可以流通,这一般是针对仅在个别地方有小问题的书籍;另外一种是"全毁",即把整部书(包括复本)全部毁掉,使其不再流通。据现在可见的相关资料统计,《四库全书》编撰期间,收录《四库全书》的书籍有三千四百七十种,被全毁的图书有二千四百五十三种,被抽毁的有四百零二种。② ③

乾隆五十三年,安徽巡抚陈用敷奏称又查缴了一百零七本书籍,乾隆皇帝由此认为历年的禁书并没有达到他想要的结果,于是他下令再用一年的时间,再次查缴应禁书籍。正是在这一年,军机处下发的全毁书目中,《地纬》一书名列其中。④

陈正宏先生认为清代禁书有很多的原则,书籍全毁的标准有四:

①凡是对清朝统治有所不满(包括客观记述其暴行的)或对满族有所鄙夷、敌视的,都必须销毁;

②能引起人们对于明朝的好感或怀念的书,应全毁;

③凡是跟程、朱理学相抵触和不符合传统道德观念的书,亦应全毁;

④作者有问题的,或者在书中多处引用有问题人的著作的书。

《地纬》被禁当归于第一类。在《清代禁毁书目(补遗)》中,附有《地纬》被禁的理由:

查《地纬》,明熊人霖撰,每一国为一志。内朝鲜志中有指斥之语,又

---

① 佚名:《清高宗实录》,卷九六四,文渊阁《四库全书》本,台北商务印书馆影印版。
② 陈正宏、谈蓓芳:《中国禁书简史》,学林出版社 2004 年版,第 230 页。
③ 陈乃乾:《索引式的禁书总录》,富晋书社 1932 年版。
④ 姚觐元:《清代禁书总目》(附补遗),商务印书馆 1957 年版,第 162 页。

有女真志一篇。有录无书。当（由）亦有妄悖之词。是以撤出。应请销毁。^①

在《函宇通》本《地纬》中没有女真志篇，甚至连篇名也没有，而在朝鲜志里我们也看不到熊人霖对女真的"指斥之语"。这说明了两个问题：其一，《地纬》初刻本的内容与《函宇通》版的《地纬》的内容有所不同；其二，军机处奏毁的《地纬》的版本，不是《函宇通》版的《地纬》，更不是《地纬》的初刻本，而是其他版本。

清顺治四年，已经发生了函可《变纪》案。清朝统治者已施行文字狱。刻书者很可能因怕受牵连而删掉朝鲜志中的指斥之语及女真志。那么，《函宇通》版的《地纬》中的这些内容是被谁删掉的呢？笔者认为，存在两种可能：其一，熊志学在重刻《地纬》时，他所依据的《地纬》一书已经删掉了朝鲜志中的指斥之语及女真志，因为熊志学曾提到，他拿到的《地纬》原本，"今颇删削"；^②其二，熊志学重刻《地纬》时所参的《地纬》版本有以上内容，但他自己删掉了相关内容。

《地纬》最终被奏准全毁，即连同复本一起全部销毁，使其不能再流通。此外，由于《地纬》成为禁书，那么，提到《地纬》的其他著作也很有可能会被删改或销毁。所以《地纬》被禁毁以后，提及或引用《地纬》内容的书籍可能就会较难找到。在查找史料的过程中，笔者发现，只有很少史籍中提到《地纬》一书。

从笔者目前所查得的史料来看，至少有这样七个人读过《地纬》一书。其中两人是熊人霖在《地纬》自序里面提到的陈子龙和钱柄。另有两人是刻《地纬》的熊志学，以及向熊志学推荐《地纬》一书的兰陵梁公。此外，还有三个人在自己的著作中提到《地纬》，一个是徐世溥，另一个是陈元龙，还有一个是李调元。

陈子龙和钱柄两个人曾为《地纬》的刊刻提出过重要的意见，此处无须多言。但笔者并未发现两人的其他著作中提到《地纬》一书。而重新刊刻《地

① 姚觐元：《清代禁书总目》（附补遗），商务印书馆1957年版，第208页。
② 熊志学：《序》，《函宇通》，清顺治5年熊志学辑刻《函宇通》本，中国国家图书馆藏。

纬》的熊志学以及他在《函宇通》中提到的兰陵梁公，两人的生平著作等资料很难找到，也无法做更进一步的论述。

除了上述四人以外，笔者在三部作品中查到了三条提到《地纬》的史料。其一是徐世溥为熊人霖所作《操缦草》的序中；其二是在陈元龙的著作中；其三是在李调元的著作中。

（1）徐世溥和《操缦草》序。

熊人霖曾写作《操缦草》一书，《操缦草》是一部诗集，其中收录了作者熊人霖与他的友人的往来诗歌，于崇祯年间刊刻。在这部书中，熊人霖自序之后的第一个序就是徐世溥所作的。在序的末尾，徐世溥以社弟相称，这当是因为两人都加入豫章社的缘故。

徐世溥在《操缦草》序言中提道："（熊人霖）所著若地纬，载异域风土方物似山海经。"①《地纬》所载内容多为当时传教士带来的西方地理学知识。对于认为中国是世界中心的士人来说，这部著作的内容真的有点像《山海经》。徐世溥与熊人霖多有诗文往来，熊人霖应当会将自己所写的这部介绍奇异地理的书拿给徐世溥看。不过，在现存的徐世溥的其他著作中，作者并没有提及或引用《地纬》。

（2）陈元龙和《格致镜原》。

除徐世溥外，清代陈元龙在其所著《格致镜原》一书中也曾提到《地纬》并引用了《地纬》中的相关内容。

陈元龙，字广陵②，又字乾斋，浙江海宁人③。康熙二十四年乙丑科④进士，得中第二名。后授编修，入直南书房。⑤任经筵日讲官，起居注詹事府詹事兼翰林院侍读学士加三级。⑥

---

① 熊人霖：《操缦草》，操缦草序，明崇祯刻本，中国国家图书馆藏。
② 蒋廷锡等纂：《大清一统志》，卷二一九，文渊阁《四库全书》本，台北商务印书馆影印版。
③ 金鉷：《广西通志》，卷五七，文渊阁《四库全书》本，台北商务印书馆影印版。
④ 鄂尔泰、张廷玉等纂：《词林典故》，卷八，文渊阁《四库全书》本，台北商务印书馆影印版。
⑤ 蒋廷锡等纂：《大清一统志》，卷二一九，文渊阁《四库全书》本，台北商务印书馆影印版。
⑥ 康熙钦定：《御定佩文斋咏物诗选》，职名，文渊阁《四库全书》本，台北商务印书馆影印版。

康熙五十一年，陈元龙担任广西巡抚。①后来，他还担任过工礼两部尚书。雍正元年，陈元龙被授予文渊阁大学士。雍正十一年致仕加太子太傅。乾隆元年特赐在家食俸。卒时八十有五。死后谥文简。②

《格致镜原》于"康熙戊子丁亥间，元龙归养时所作。后官广西巡抚，乃刊行之于粤中"。这部书"皆采辑事物原委以资考订"，全书内容分成乾象、坤舆、身体、冠服、宫室、饮食等三十类。因涉及知识广博，故名为格致。又因所载每物必溯其本始略如事物纪原，故名镜原。③

《格致镜原》引用《地纬》中关于"八角草"的内容："粤中有仁草，一曰八角草，一曰金丝烟。治验亦多。其性辛散，食已气令人醉。故一曰烟酒。其种得之大西洋。"④经过比对，笔者发现，此段内容来自《地纬》中"回回"部分。引用文字与原文相比，仅在"粤中有仁草"一句前多了一个"近"字。⑤

《格致镜原》成书于康熙戊子丁亥间，也就是康熙四十六（1707 年）至四十七年（1708 年）间。而其刊刻于担任广西巡抚，即康熙五十一年（1712 年）以后。其成书和刊刻于《地纬》被禁之前。并且，是书所引用的《地纬》的内容较为具体，而不像徐世溥那样，仅用一句话带过。

（3）李调元和《南越笔记》。

李调元，字羹堂，号雨村，罗江人（今四川德阳）。乾隆二十八年（癸未，1763 年）进士。曾任吏部考功司主事等职。平生喜好搜书、藏书、刻书。⑥

李调元曾写作《南越笔记》一书，书中提道："熊人林⑦《地纬》云，粤中有仁草名金丝醺，可辟瘴气。多吸之，能令人醉，亦曰烟酒。"⑧

---

① 金鉷：《广西通志》，卷五七，文渊阁《四库全书》本，台北商务印书馆影印版。
② 蒋廷锡等纂：《大清一统志》，卷二一九，文渊阁《四库全书》本，台北商务印书馆影印版。
③ 纪昀：《钦定四库全书总目》，卷一三六，文渊阁《四库全书》本，台北商务印书影印版。
④ 陈元龙：《格致镜原》，卷二一，文渊阁《四库全书》本，台北商务印书馆影印版。
⑤ 熊人霖：《地纬》，回回，清顺治 5 年熊志学《函宇通》本，中国国家图书馆藏版。
⑥ 马传业修，刘正慧等纂：《（同治）续修罗江县志》，卷二四，艺文，收入《中国地方志集成·四川府县志辑》，江苏古籍、上海书店、巴蜀书社 1992 年版。
⑦ 此处的"林"字显然是"霖"字之误写。
⑧ 李调元：《南越笔记》，卷五，鼻烟条，中华书局 1985 年版。

《南越笔记》成书于乾隆四十二年（丁酉，1777年），在《地纬》被禁以前。李调元爱好搜求各种书籍，他很有可能看过《地纬》一书。不过，他与陈元龙都引用了《地纬》中关于烟草的内容。但他的引文与熊人霖原文有所出入。这可能是因为他对《地纬》的原文进行了改写，但也有可能是他没有读过《地纬》一书，而仅从陈元龙或其他人的著作中转引了《地纬》的相关内容。

无论徐世溥、陈元龙还是李调元，都仅提到或引用过《地纬》的极少部分内容；现在可见的同一时期的其他相关著作，也并没有提到或引用过《地纬》中的内容。因此，我们可以说，《地纬》一书虽然内容新颖，涉及较多的世界地理知识，但它并没有在当时引起太大的影响。造成这一结果的原因，主要有这样两个：

其一，《地纬》一书是关于世界地理的书籍，与科举和治国救世无关，再加上当时很多士人仍抱持中国为天朝上国、世界中心的观念，故是书少有士人问津，或者有的士人可能仅仅读过莞尔一笑，当作茶余饭后的谈资罢了。

其二，《地纬》一书在清代乾隆年间被军机处奏准全毁，连当时中央及地方的权力机构一意访求过的复本亦被销毁，其流传不广亦情有可原了。

慈禧太后时代清宫御膳的特点与意义

郑　南

清代宫廷饮食，是既往文字、文物记载中国四千年封建国家宫廷饮食文化发展的典型代表。清代宫廷饮食的食事规模、礼仪建制、管理模式、文化积累等，均超越了在其之前的任何皇朝。与既往封建国家宫廷饮食文化相比，清代宫廷饮食文化的一个重要特点，是保存了约近二亿字的膳事实录——《御茶膳房》档案。这是一份研究清代宫廷典章制度、经济生活，以及清代社会文化等不可或缺的实录资料库。本文根据慈禧太后时代清宫《御茶膳房》的档案做一探讨。

一、《御茶膳房》档案记录的清宫御膳

清统治者对宫廷生活的制度性管理始于雍正中期，清宫膳事档案文录亦始于此时。清宫档案建设步入正轨则以乾隆七年（1742）清高宗弘历谕令编纂《国朝宫史》为标志。乾隆七年十一月二十二日，高宗阅《明朝宫史》，感其"所记皆宫庭（廷）事实，使后有所考"，故令大学士鄂尔泰、张廷玉等编纂《国朝宫史》[①]。因此，雍正以前的清宫膳食档案，除了康熙六十年"千叟宴"的几页残片外阙如。清代《御茶膳房》档案自雍正时期始创以后，应是日月相连，年年不断，但资料散断不继的现象亦较严重。《御茶膳房》档案现存档目 5347 件，整理为 85 册。

---

① 鄂尔泰、张廷玉等编纂：《国朝宫史》，北京古籍出版社 1987 年版，第 1 页。

（一）清代《御茶膳房》档案与清宫膳食制度

清代《御茶膳房》档案的主要部分，是记录皇帝每日膳食及相关事务的《膳单》和记录皇太后以下宫中诸位膳食用度、皇帝赏赐筵席及各类膳事用料等的《行文底档》。《膳单》是主膳即御膳房"总管"所拟皇帝每日行膳的依据，用后留存即《膳底档》。所谓"依据"指"手折"（御膳总管录成进呈御览以供皇帝审定的请膳手本）的底文；"手折"经御览钦定后，《膳单》即为以备治膳的行厨依据；与行厨后的备查档文。《膳底档》的行文规矩，是于初拟时留有宽大天头；天头部分记录皇帝阅"手折"后可能提出的膳品要求和行膳实录。《膳底档》每日一页，用毛边草纸毛笔书写，长40厘米，宽23厘米。《膳底档》每月装订一册，于左端边沿穿两纸捻而成；封面亦用相同规格毛边草纸，于左侧工书朝年月份。《膳底档》的内容形制，集中反映了清宫御膳的典制和具体详备的膳事。《膳单》是皇帝每日膳食品目的准确记录。清代宫廷膳档的史料价值，主要有以下方面：

①《膳单》表明皇帝每日的食制，由两次正餐和早晨的点心、晚上的便饭四餐构成；

②所用膳具明确记录；

③皇帝每日四餐的品目结构；

④皇帝每餐所进品种均有记录，并且为严格循例；

⑤清宫历朝《膳单》在食料选用上的特点，是肉食原料比重甚大；肉食原料以猪、鸡、鸭、羊为主；在肉食原料中，野生动物原料为御膳所喜爱，尽管入关以后野生动物原料呈不断下降趋势，但这一特点却一直保留；菜肴原料极为广泛，凡民间习食的物料大多入馔；主食原料也几乎是五谷杂粮无所不有；

⑥治膳者姓名有时标出，常例之外的膳品均须标明来源与责任者；

⑦皇帝饮食，尤其是中晚两次正膳，具有程仪庄严、气度恢弘的特点。有"天之子""臣之父"特别身份的皇帝的饮食活动，便具有他人不可僭越的礼仪特征；

⑧《膳单》有参证史事，订正叙事之误的重要价值。

不难看出，《膳单》清楚地反映了宫廷膳事严格的等级名分与规章礼仪，政治色彩十分鲜明。

（二）清宫御膳的演变阶段

1. 汉人习尚、游牧遗风——努尔哈赤、皇太极时代的宫廷食礼

努尔哈赤与皇太极时代，是指满族入主中原前典章礼制建设具有阶段性意义的一段时间，即 1616 年努尔哈赤宣布后"金"国成立至清 1644 年清军大举入关的 29 年间。作为国家初创阶段的礼制建设，努尔哈赤与皇太极时代的宫廷食礼具有独特的意义，其特征可用"汉人习尚、游牧遗风"八个字来概括。明显的变化是从入关之后开始的，"顺治八年，定元旦、冬至、万寿圣节为三大节。康熙八年，定正朝会乐章，三大节并设"[1]。而在此之前则是："元日宴，崇德初，定制，设宴崇政殿，王、贝勒、贝子、公等各进筵食牲酒，外藩王、贝勒亦如之。"[2] 入关前的清宫食礼，可以概括出以下特点：

典型的民族特征。入主中原前的满族清宫食礼，具有鲜明的民族特征。从汗国的命名、族名的议定，到满汉利益分配的主导思想、满汉矛盾处理的原则，甚至涉及政治和社会生活的不少领域，均显示出以努尔哈赤和皇太极为代表的满族贵族集团有强烈的民族意识。宫廷食礼的民族特征也因之得到充分体现。如以匕割食大块胾煮肉肴的习俗，就被作为宫廷礼食场合的传统，一直维系到清帝国的最后岁月[3]。

典型的区域文化特征。在满族入主中原前的清宫食礼中便有体现。由于东北地区多雪寒冷，故宫中宴会所陈膳品，基本是高热量的动物性原料所制的。而满族习俗的烧煮之法，也最适于东北地区干冷的气候条件。当然，宫中宴会所用膳品的原料同样具有典型区域性。作为肉料来源的猪、羊、牛、马、鸡、鸭、鹅等饲养畜禽，以及鹿、狍、獐、麋、野猪、雁、凫、雉等野生兽禽，都是东北大地所产的。与肉食原料的高比重相对的，是菜蔬原料的几近于无，也同样是东北地区无霜期短、菜蔬品种少且短期集中的食物原料供给特点所决定的。

---

[1]《清史稿》，中华书局 1977 年版，第 2621 页。
[2]《清史稿》，中华书局 1977 年版，第 2627 页。
[3] 昭梿：《啸亭续录》，中华书局 1980 年版，第 377 页。

生产力发展阶段性的特征。入主中原前的满洲社会经济，具有农业（主要由汉人承担）、畜牧、采集渔猎和军事掠夺诸成分复合的性质，宴享与平居饮食多为依据原料自然状态的直接烹饪，论深加工的食物的品种、数量与技术，均明显落后于明帝国宫廷及关内地区。

八旗制度的文化特征。满族入关前的宫廷宴享礼仪，与宴人等均按所在旗籍出席就座。"各进宴食"，是满族入关前宫廷宴享礼仪最突出的文化特征。

发展变化中的特征。努尔哈赤、皇太极时代的满族社会，处在向中原文化紧密靠拢和迅速封建化的发展阶段。这一时期的宫廷食礼，逐渐实现制度化、礼仪化与封建等级化。

2. "应改满席为汉席"——玄烨至弘历的清宫食制改革

康熙的宫廷食礼改制。入关以后清宫饮食文化的发展，以康熙二十三年（1684）的宴制改革事件为标志。这一年朝廷礼食始"改燔炙为肴羹，去银器，王以下进肴羹筵席有差"[①]。这种朝廷"大宴仪"的改革，表明以皇室为代表的满族贵族的食习明显改变，同时也是满汉饮食文化相互渗透的成功交融。可以说，是满族传统粗放古朴"燔炙"烹饪方法与食习的革命，是满族劲实粗朴饮食传统在温文尔雅、优渥华瀚的汉族上层社会饮食文化氛围中的软化。事实上，满族社会，尤其是其上层社会对汉族和中原的烹调风格、饮食文明始终怀着倾慕之心，入关前"饮食服用，皆如华人"的记录便是明证[②]。入关之后，在中国传统文化中心北京，满族最高权力中心迅速沉浸于"吃"的温馨之中。因此，康熙的这次宫廷食制改革，不仅是一种价值取向的潜在转变，亦是典章礼制的变更，以及一种制度方面的认同。事实上，改革在此十年之前就曾试行过一次，不过失败了：康熙十三年罢燔炙牲酒，"越数岁复故"[③]。二十二年十月十八日，"上因礼臣奏筵宴事谊，谕议政王大臣等，元旦赐宴，布设满洲筵席，甚为繁琐，每以一时宴会多杀牲畜，朕心不忍。后元旦赐宴，

---

① 《清史稿》，中华书局 1977 年版，第 2627 页。
② 毕恭等修，金毓绂主编：《辽东志》《辽海丛书》（一），辽沈书社 1985 年版，第 456 页。
③ 《清史稿》，中华书局 1977 年版，第 2627 页。

应改满席为汉席。寻命礼部详议，酌定肴核酒醴之品，悉有常制"。于是在二十三年变革再次实行并获得成功。①然而约四十年后，当这种情况已经累积变化而无法修饰时，康熙皇帝的继承人便直称："我满洲人等，因居汉地，不得已与本习日以相远，惟赖乌拉（今吉林市北）、宁古塔（今黑龙江宁安县）处兵丁不改易满洲旧习。"②

乾隆朝的御膳风格。满族入主中原后的清宫御膳，经历了初期、中期、晚期三个不同的演变阶段。乾隆朝即处于中期阶段，是清宫御膳制度较完备的时期。乾隆朝御膳制度的基本特征，可以概括为以下几个方面：

御膳档案建制完备。乾隆朝御膳档内容详备，功用机制齐全，既补康、雍时之所无，又立其后历朝之范则。前述清宫御膳档案之诸款功用特点，皆已齐备于乾隆朝。保存至今的清宫御膳档案，乾隆朝的档文占三分之一以上，乾隆朝档文则保留至"乾隆六十四年"③，高宗弘历掌握朝政实际长达 64 年，其后六主合计 112 年。

御膳风格实现"中华化"。满族入关之初的御膳风格，与明宫御膳所代表的中华风格存在不小的差异。康熙二十三年后，满族社会的中原化过程明显加速，并在乾隆时期基本完成。至乾隆时期，宫廷饮食原料已基本以内地为主，鹿、狍、兔、雉等类狩猎的兽禽仅是象征性入馔。至慈禧太后时期的光绪年间，几乎是鹿肉绝迹、野鸡罕见。与此相反则是"南鲜"、燕窝、鱼翅、鱼虾蟹等江海产品及时鲜蔬菜明显增加。其次是烹调技法的中原化，以炒、蒸为主，兼及炖、煨、烤、烀、汆、拌、炸、爆、熏、熘、焖、酿、煮、火锅等多种烹调方法。迄今为止我们使用的各种传统烹调方法，清中叶的宫廷饮膳几乎都使用过。

---

① 《清圣祖仁皇帝实录》，中华书局 1985 年版，第 171 页。
② 《世宗宪皇帝上谕八旗》，上海古籍出版社四库全书影印本 1987 年版，第 25 页。
③ 弘历内禅时定宫中仍行"乾隆"年号，故膳档有乾隆六十一、六十二、六十三、六十四诸年文。

二、慈禧太后时代的饮食生活特征

1. 晚清上层社会的食尚风气

　　"满化意识"，是 1644 年以后爱新觉罗氏既定并一直维系到退位的基本政策。而这一政策的思想来源，则始于清军入关前满汉文化冲突尖锐化的皇太极时期。史载皇太极"曾命儒臣翻译《三国志》及辽、金、元史，性理诸书，以教国人。尝读《金世宗本纪》，见其申女真人学汉人衣冠之禁，心伟其语。曾御翔凤楼传谕诸王大臣，不许褒衣博带以染汉人习气，凡祭享明堂，必须手自割俎以昭其敬。谆谆数千言，详载圣训。故纯皇帝钦依祖训，凡八旗较射处，皆立卧碑以示警焉"[①]。尽管自努尔哈赤始的历代爱新觉罗氏皇帝对以儒学为核心的中华文化倾心吸纳，但亦都无一例外持有文化自卫心态，对满人与汉人的文化往来屡屡厉禁[②]。可以把满族权力上层的这种政策称为"满化意识"的体现。尽管满族无法违背"野蛮的征服者总是被那些他们所征服的民族的较高文明所征服"的历史规律[③]，但在中华民族文明发展史上，在民族文化自卫、自立方面用力最巨、效果也最显著的是满族。在入关后身处汉文化的包围之中，满族统治上层便以甚于入关前的严厉态度推行这一政策。饮食文化也是如此，康熙二十三年的宫廷宴事"改燔炙为肴羹"的改革为其典型标志。"改燔炙"即改变"满洲筵席，每以一时宴会多杀牲畜"的宴事模式。"改满席为汉席"，宫廷大宴时满族习惯的"杀牲""燔炙"取消了，但"满席"的名义仍然保留，以"满席"之名纳"汉席"之实，就是这次宫廷宴事改革的实质。由"礼部详议"，按照"汉席"的规制内容"酌定"了对应满族王公大臣名分等级的"肴核酒醴之品"，"悉为常制"，并且越二百年直至清国末日的制度条文上未做任何改变，自康熙以下的历朝《大清会典》《大清会典则例》即如此记录。这种对应汉官等级品秩"汉席"不同规格的"满

---

① 昭梿：《啸亭续录》，中华书局 1980 年版，第 1—2 页。
② 萧一山：《清代通史》，中华书局 1986 年版，第 21—28 页。
③ 马克思，恩格斯：《马克思恩格斯全集》，人民出版社 1961 年版，第 247 页。

席"，又被律令明文确定以尊贵于"汉席"。朝廷规定：元旦、万寿圣节与冬至，及皇帝大婚、固伦公主下嫁行初定礼、和硕公主下嫁行初定礼和凯旋宴，俱用四等满席；除夕、赐外藩王公馈宴，俱用五等满席；经筵礼成赐宴、衍圣公来京赐宴，俱用六等满席。①

2. 慈禧太后时代的宫廷饮食

有清一代满族上层统治者一直厉行"严满汉之大防"的政策。但满、汉两个民族的文化接近、吸纳大势无法阻止。在饮食生活领域，满族统治者最终还是无可选择地走上了外满内汉的文化认同之路。

据清宫御膳档文，乾隆时期的御膳肴馔，无论是用料还是风味、技法，均已是"南北兼及，以北为主；满汉融通，中华传统"。而至慈禧太后时代，则将清宫御膳推进到了更隆重尊贵、更严格规范的水准，这一时期出现的"添安筵式"可谓典型代表。如慈禧太后膳单：

添安早膳一桌：火锅二品：金银奶猪、口蘑烂鸭子。大碗菜四品：燕窝"庆"字八宝鸭子、燕窝"贺"字什锦鸡丝、燕窝"新"字口蘑烂鸭子、燕窝"年"字三鲜肥鸡。怀碗菜四品：燕窝鸭条、溜鸭腰、荸荠蜜制火腿、什锦鱼辷（翅）。碟菜六品：燕窝炒锅烧鸭丝、肉片焖玉兰片、肉丁果子酱、榆蘑炒鸡片、盖韭炒肉、炸八件。片盘二品：挂炉鸭子、挂炉猪。饽饽四品：白糖油糕、苜蓿糕、蘋（当是"苹"字，下同）果馒首、如意食卷（卷，以下改过）；燕窝三鲜汤。

午正，上进果桌一桌二十三品，添安早晚膳果桌四下分赏。进圣母皇太后早膳一桌，照此添安早膳一样，多中碗菜四品、碟菜两品、克食两桌、蒸食四盘、炉食四盘、猪肉四盘、羊肉四盘。

养心殿进晚膳，用填漆花膳桌，摆：口蘑肥鸡、三鲜鸭子、肥鸡丝木耳、肘子、炖吊子、肉片炖白菜，后送大炒肉、鸡汤白菜、味羊肉氽黄瓜、豆秧氽银鱼、鲜虾丸子、肉片炖萝卜白菜、排骨、酱包（当是"爆"字，下同）肉、馕（同"馅"）冬瓜、熏鸡丝、

---

① 《钦定大清会典·光禄寺》，光绪己亥本，第一历史档案馆藏。

溜脊髓、里脊丁黄瓜酱、肉片焖云蒳豆、冬笋丝炒肉、包三样、炒首蓿肉、炸汁、小葱炒肉、口蘑罗汉面筋、烹掐菜、苏造五香肉、猪肉丝汤、脂油方脯白蜂糕、豆腐汤、老米膳、溪膳、早稻粳米粥、甜浆粥、煸米粥、小米粥，上进两碗老米膳、一碗粳米粥。

添安晚膳一桌，火锅两品：野意锅子、蘋果炖羊肉。大碗菜四品：燕窝"江"字海参烂鸭子、燕窝"山"字口蘑肥鸡、燕窝"万"字锅烧鸭子、燕窝"代"字什锦鸡丝。怀碗菜四品：燕窝金银鸭子、山鸡如意卷、大炒肉炖榆蘑、荸荠蜜制火腿。碟菜六品：燕窝炒炉鸭丝、炸八件、煎鲜虾饼、青韮（韭，以下改过）炒肉、青笋晾肉胚、熏肘子。片盘二品：挂炉鸭子、挂炉猪。饽饽四品：白糖油糕、苜蓿糕、蘋果馒首、如意卷；燕窝八鲜汤。

晚用：羊肉片汆冬瓜、口蘑火肉、煨老菜、肉片炖萝卜白菜、肉片焖云蒳豆、炸汁、熏肘子、香肠、老米膳、煸米粥、小米粥。[①]

这份御膳单已经完全"汉化"，饮食文化领域中的"满化意识"，可说是无影无踪了，在"满席"的名称掩饰之下，实际上完全是"汉席"。

三、"添安膳"筵式与慈禧太后时代的官场酬酢风尚

"添安膳"筵式最早见于咸丰时期，前后历咸丰、同治、光绪、宣统四朝，至民国初期还流行于上层社会的高端宴会场合。"添安"筵式的出现及其制度化，是慈禧太后时代清帝国宫廷御膳的最高格局。由于朝廷"满席—汉席"食礼制度的制定和施行，为我们提供了一扇认识清朝维系再造"满化意识"文化政策的窗口。

20世纪中叶以来，日本、韩国与中国港台地区，以及欧美等国相继发表一些关于清代宫廷饮食、清宫御膳和清代官场宴事的论著，20世纪80年代以

---

① 清宫膳档《光绪二十一年正月糙卷单》，第一历史档案馆藏。

后，中国大陆此类题目的论著亦不断迭出。除个别研究者外 ①，几乎所有的研究都未曾利用或未曾正确识读清代宫廷膳档，不少论著的叙述还有揣测夸大之嫌。

朝廷之外的官府，尤其是远离朝廷的外省官府，往来酬酢的官式宴席与宫廷宴式有很大不同，主要是不受朝廷食礼规定的约束。嘉庆四年正月太上皇弘历驾崩，颙琰皇帝随即对乾隆朝政治开始由和珅入手的清算。在讨论到地方吏治严重腐败的原因时，有人指出主要原因是官场酬酢的奢侈之风太甚 ②。而奢侈之风之所以长期厉行，根源还在于清朝宫廷膳事的无限豪侈铺张的表率作用。

官场酬酢筵式与朝廷礼食筵式的另一个不同，是朝廷的"满席—汉席"作为"祖宗成法"，自康熙二十三年至清末未做任何改变，而官场酬酢筵式则不然。官场酬酢筵式"满席—汉席"进入道光年间后，逐渐演变为"满汉席"的合一筵式，"满席—汉席"的并列筵式逐渐被淘汰；而至光绪时期，"满汉席"又被规格更大的"满汉全席"所取代。

通过对慈禧太后时代"添安膳"档文的研究，不难发现该种筵式作为清宫历史上最高级、最奢华席面的基本结构，与流行于光绪至民初的以"燕翅加烧烤"为特点的"满汉全席"，从主体结构至具体膳品均极其相似，由此表明两者之间的紧密关系。"添安膳"及"燕窝字菜"，证实"满汉全席"与清宫御膳间的关系。从中不难认识到以下几点：

清末"满汉全席"称谓的出现，表明作为清代饮食史上特有的文化现象——满、汉饮食文化交流，在二百多年的时间里走过了"满席—汉席"——满、汉两族民族观念的文化并存；"满汉席"——满、汉两族文化的进一步渗透与结合；"满汉全席"或"满汉大席"——满、汉两族文化交融合一的历史过程。这一过程事实上反映了北方草原民族与中原汉族饮食文化的交流融合，是在民族文化全面交流融合的过程中逐步实现的。

①赵荣光：《满汉全席源流考述》，昆仑出版社 2003 年版；赵荣光：《〈衍圣公府档案〉食事研究》，山东画报出版社 2007 年版。
②《清仁宗睿皇帝实录》，中华书局 1986 年版，第 405—431 页。

有清一代，自"满席""汉席"的民间分立直到"满汉全席"的出现，在膳品原料、数量和筵式规格上都已超过清宫御膳。清宫御膳都有"节次照常"和"节庆常例"的规章或成例，有严格的"礼"的限制。但无论这种远离庙堂、不受宫禁制约的"满汉全席"如何铺张，都不可能在专一膳具、膳品特殊名目及食礼上仿效御膳，更不要说超过其之上了。

清季的"满汉席"和"满汉全席"膳品，有相当数目与清宫御膳相同或相似。如一向被视为满族习尚的"挂炉猪"（即烧猪）、"挂炉鸭"（即烧鸭）、"乌叉""哈尔巴""汤羊肉""烧鹿尾"等，与汉族上层社会的传统大菜燕窝、鱼翅、海参等主体菜肴，基本上一致。这表明"满汉全席"对"清宫御膳"确有仿制承袭的关系。当然，"清宫御膳"也不是无源之水，它的存在、变化，也必然会受到来自庙堂之外的影响。

民国初期，"满汉全席"更趋张大，名目越搞越多，膳品越变越丰富。由于封建等级礼法的突破，过去皇权制度下宫廷和皇帝特别的食礼，受到民国时代的市肆与权贵竞相效仿。流传到现在的一些"满汉全席"菜单，基本上产生于民国初期。另一方面，膳品名目、数量及格局、礼仪上出现种种差异，于是形成"满汉全席"不同的地方风格。可以说，民国时代的"满汉全席"，在规模和数量上都明显超过了"清宫御膳"。眼下我国诸多礼宾性质的"满汉全席"，也已超过民国时代的铺张，其无一不是随心所欲地杜撰，并无历史文化承续的意义。

综观清代庙堂礼食、权贵饮食、官场食事与社会食尚的互动关系，我们注意到官场食事具有重要的中介作用。但"中介"的特点是"上行下效"而非平行对流。

如同上述，清代官场筵式由"满席""汉席"的分立发展至"满汉全席"的出现，反映了清代多元饮食文化融汇的过程。而其背后，则是广阔得多、深厚得多的民族文化的全面融合。其次，朝廷礼食的"满席—汉席"制度影响了官场食事，并通过后者影响了更广泛的社会，影响了城市餐饮文化的发展以及社会的饮食生活习尚。因"满汉席"或"满汉全席"是清代最尊贵的筵式席面，故官场以外的富贵人群也频频造用。光绪、宣统间相继出版的《海上花列传》①《官场现形记》②《九尾狐》③等文学作品，都有此类生活的真实记录。出版于民国六年的《清稗类钞》一书更有详备的记述④，它们既反映清代社会食生活受"满化意识"文化影响之重，亦表明"满化意识"物化形态的逐渐消融于无形，充其量不过是"满人所爱汉人食品而已"。

① 韩邦庆：《海上花列传》，上海古籍出版社 1990 年版，第 252 页。
② 李宝嘉：《官场现形记》，人民文学出版社 1957 年版，第 482 页。
③ 梦花馆主：《九尾狐》，上海古籍出版社 1997 年版，第 141 页。
④ 徐珂：《清稗类钞》，中华书局 1984 年版，第 6265—6267 页。

非典型之教案：清末台州印山学堂毁学案

杨齐福

台州位于浙江东南，三面环山，东濒大海。同治初年基督教传入台州，发展迅速，光绪二十五年（1899）台州知府高英称台州"教民几有数万之众"。^①这些教民"平日藉教肆横，颠倒是非""教士不知，反为庇护，乡民横遭荼毒"^②。"浙省教民以台属为最多，亦惟台属教士为最横"^③，而地方官"一味曲意将顺，明知其无理亦不敢与较，民固怨教而不易和，教又迫民而使不和"^④。晚清台州爆发教案十多起，影响较大的有海门教案、宁海教案、太平教案、黄岩教案。^⑤浙江巡抚聂缉椝曾在奏折中指出，浙省教案"以浙中为最，浙中又当首推台属"^⑥。清末台州印山学堂毁学案便在这样的背景下爆发。^⑦

---

① 《高英致抚台幕僚朱晓岚、伍兰荪函》，浙江省图书馆藏《应万德教案》（十三），光绪二十五年七月二日。

② 台州市地方志编纂委员会办公室编：《〈台州地区志〉志余辑要》，浙江人民出版社1996年版，第140页。

③ 中国第一历史档案馆等编：《清末教案》（第二册），中华书局1998年版，第833页。

④ 中国第一历史档案馆等编：《清末教案》（第三册），中华书局1998年版，第871页。

⑤ 中国第一历史档案馆等编：《清末教案》（第三册），中华书局1998年版，第12—13页。刘家兴在《晚清浙江教案研究》（杭州师范大学硕士论文2013年）中统计为18起。

⑥ 中国第一历史档案馆等编：《清末教案》（第三册），中华书局1998年版，第789页。

⑦ 与此案相关的学术研究主要有周东华的《辛亥革命前后浙江省的反基督教研究》和《晚清浙江教案的初步量化分析》、张凯的《官绅分合与清末"教案内政化"：以浙江为中心的考察》、邵晓芙的《辛亥革命前十年间浙江民变问题研究》、刘家兴的《晚清浙江教案研究》等，但皆缺少深入研究。

一、清末台州印山学堂毁学案之概况

台州海门印山上原有尼姑庵，后改为印山书院。清末新政，地方争相兴办学堂。光绪二十八年（1902）海门士绅王梦兰和法国传教士李思聪借印山书院旧址创办毓才学堂，光绪三十一年（1905）海门天主、耶稣两教教民"因筑墙争界，遂致大起冲突"①，李思聪无心办学，交由当地士人娄震曜等接办，改名为育才学堂。然而，学堂仍为教会所把持，"学堂教员，教民居其大半，教授法文，闻系天主教士"②。这种"不华不法、非中非外"的办学方式遭到了浙江省视学的批评。③台州知府告知学堂董事"李教士既已交卸，并宣言不再预闻，前日所聘教员应即会商辞退"。④

光绪三十三年（1907）台州知府许邓起枢以毓才学堂与育才学堂读音混同，且办学又不得法，下令改回印山旧名，以杜绝与教会纠纷；又因海门商业日盛，宜办商业学堂，乃派黄崇威⑤为董事，聘屈映光⑥为校长，称为印山初等商业学堂。但李思聪仍暗中阻扰，坚持要求聘用法文教习，遭拒后乃唆使教徒制造事端。光绪三十四年正月初四（1908年2月5日）李思聪趁春节放假之机，"率众捣毁该学堂，仍改毓才字样，斥逐办事诸人，另开后门直通教堂"⑦。李思聪霸占学堂一事在当时引发轩然大波。

（一）交涉

校长屈映光闻讯后立即赶回学校，因被阻无法入内，立即上书台州知府许邓起枢请求查办；并向省里要员控诉"法教士李思聪借同痞棍多人来堂，

①《各省教务汇志》，《东方杂志》第二年第二期，1905年。
②《批饬杜绝教士干预学务》，《申报》1907年8月1日第11版。
③《海门学堂最近之交涉》，《申报》1908年3月1日第3版。
④《批饬杜绝教士干预学务》，《申报》1907年8月1日第11版。
⑤黄崇威（1873—1931），号楚卿，椒江葭沚人。黄崇威祖上是贩运私盐起家，19岁时继承父业扩展盐业。
⑥屈映光（1883—1973），字文六，临海东塍人。早年加入光复会，创办临海耀梓学堂，后任台州印山初等商业学堂监督、浙江民政长、浙江巡按使、浙江都督、山东省省长等职。
⑦《台州府禀省宪电》，《申报》1908年2月14日第5版。

捣毁校舍，抢劫校具，涂抹校名，斥逐校员，大肆凶横，形同劫盗"，疾呼"事关大局，务乞主持"①。临海教育分会会长周继藻致电省上官员，称"法教士率领多人，蹂躏新改官立印山学堂即旧名毓才，连日聚积凶徒，几同盗劫，谣言四起，学界恐甚，乞赐主持"②。台州士绅杨晨等人请求上峰"速催法领事饬李教士即将学堂交出，以便开学"③。天台县秀才陈钟祺则呈函浙江巡抚，"印山案非省札委干员不办"，请速派专人前往查办。④

台州知府许邓起枢在案发后向浙江巡抚等禀报，斥责"此举动野蛮已极"，指出"学堂既被霸占开学无期，学界震动深恐激成巨变"，希望省里大员早日出面协商，督促李思聪等人"将学堂让出，免致学界冲突"⑤；还派人捉拿参与捣毁学堂之教民方映川和阮老岳。浙省提学使支恒荣接获台州教育分会来电后，回电台州知府"谓此案抚宪已饬洋务局磋商赵主教转饬李教士，将学堂让出自有办法，望传谕教育分会及该校长静候毋躁，免生暴动"。⑥

法国驻沪总领事喇霰在案发后电告浙江巡抚冯皓，诬称"海门学堂被地方官夺管"，导致"民心不平，易滋事端"，请派人查明办理。⑦因台州知府擒获教民方映川和阮老岳，"该处教民纷纷逃避，家内物件均被抢去"⑧，法国驻沪领事馆又电函浙江巡抚冯皓请其保护教民。浙江天主教副主教田法福致函宁绍台道张鸿顺，诬蔑士绅黄崇威、陶祝华等霸占学堂，"其居心凶狠甚于盗匪"，叫嚷李思聪"将该劣绅等所派之数十名凶理（手）令退出"为正当之举；并极力替李思聪之所为辩护，首先"竭力捐助，又借与英洋六百元正"，其次"创建学堂乏地，由众绅议定将旧有之印山义塾立据出助与李教士，立有签字文据"，再者"盖造洋座，购置图籍仪器，聘请中西教习，

①《台州教士毁学案续志》，《申报》1908 年 2 月 15 日第 6 版。
②《台州教士毁学案续志》，《申报》1908 年 2 月 15 日第 6 版。
③《台绅电催教士交还学堂》，《申报》1908 年 2 月 28 日第 4 版。
④《台州教士毁学案五志》，《申报》1908 年 2 月 26 日第 4 版。
⑤《台州府禀省宪电》，《申报》1908 年 2 月 14 日第 5 版。
⑥《台州教士毁学案三志》，《申报》1908 年 2 月 17 日第 4 版。
⑦《台州教士毁学案四志》，《申报》1908 年 2 月 23 日第 4 版。
⑧《台州教士毁学案五志》，《申报》1908 年 2 月 26 日第 4 版。

一切开办与常年经费，均由自资，分文不求于地方绅士"，最后"此学堂专为裨益贫寒子弟造就人才，所以凡入学者但取膳金不收学费，历三四年相安无异"；要求台州府县切实保护李思聪及其所办学堂，"严提该劣绅黄崇威、陶祝华到案，儆刁横而照约章"。此函将矛头指向以黄崇威、陶祝华为首的海门地方士绅，称其"横行强夺"甚于盗匪，并指出印山学堂由李思聪租地创办，立有字据，与地方官绅无关，借此宣示对印山学堂拥有主权。①

浙江巡抚冯皓告知法国驻沪总领事，"海门绅士前请李教士代办学堂，地系公产，费系公款，嗣由李教士不知担任，宣告推归地方自办，经王梦兰等函禀请款接办"，强调"此次李教士忽尔翻异，学界难免忿激"，希望"和衷商议，以裨学务而昭公道"②，且"台州地方官系拿平日滋事之人，与安分教民无涉"③。他还在公文中明确表示"印山书院（即印山义塾）原系官地官产，地方绅士无权私相授受，拟改学堂必须禀官立案批准为据"，光绪二十八年（1902）王梦兰等与法国教士李思聪联合办学，改为毓才学堂，"无论有无字据，未经官为批准，均属私人交涉不足为凭"，即使"王梦兰挽法教士相助，权自我操，主客亦自分明"；光绪三十一年（1905）李思聪退出办学，由娄震曜等接办，"所有王梦兰挽同李教士襄助字据不能再生效力"，后来"屈映光接办学堂，改为印山商业，所有校具等项由王梦兰点交与喻从九"，更与李思聪无关；李思聪"忽图翻异，率众占住校舍，驱逐校员，难保无喜事华民从中播唆，以致轻举妄动"，且"自愿交出在前，万不能重行占住，致伤绅学两界"；李思聪虽然出钱盖了"洋房二座，购置图籍仪器等"，但"当时海门绅商亦经捐募一千四百余元"，追问"其所造洋房究竟建筑工料若干？教堂曾出若干？绅商曾捐若干？"④面对复杂的案情，浙江巡抚冯皓饬令宁绍台道派员主办该案。

因传教士李思聪在自辩中称其强占学堂系奉浙江天主教主教赵保禄之令。

①《海门学堂最近之交涉》，《申报》1908年3月1日第11版。
②《台州教士毁学案四志》，《申报》1908年2月23日第4版。
③《台州教士毁学案五志》，《申报》1908年2月26日第4版。
④《浙抚为台州教案札提学司宁关道又》，《申报》1908年3月9日第4版。

为此，浙江洋务局①致函主教赵保禄强调"印山学堂主权在我，理由既甚完足，证据又极确凿"。其一是"印山书院，原系公地公产，地方官有完全主权，绅士不禀明地方官，无权私授与人；教堂不禀准地方官税契盖印，亦无权承受公产，其理甚明"。光绪二十八年（1902）王梦兰等与教士商量改印山义塾为毓才学堂，"无论有无字样，未经地方官承认，均属私人交涉，不能损及公产所有之权"。其二是因"学务处禀定学堂章程，非官办学堂无由出身"，光绪三十二年（1906）李思聪自愿将学堂交出，由娄震曜接管自办，并将毓才学堂改名育才学堂，所有从前捐助已无效力。光绪三十三年（1907）育才学堂又改为印山初等商业学堂，派校长屈映光接收，此次学堂接收"系接自娄震曜，非接自李教士"，李思聪"竟越权干涉，占据学堂，岂非大错特错？"至于六百洋元捐款，"系教堂捐助地方公益之事"，与学堂毫不相干。②

（二）结案

正当各界交涉之际，李思聪竟在印山学堂擅自开学，一时群情激愤，"全台士民愤激，恐成暴动"③。台州士绅致电浙江巡抚等要员，指出李思聪"纠党开学，教焰大张，士民愤激"，坦言"难保无民人从中滋事，事关大局"④。值此危急之际，临海县令潘崇桂、宁海县令江文光和候补县令李陶朱被派往海门查办此案。他们先是前往印山初等商业学堂查看，发现大门紧闭，"门首有印山初等商业学堂字样，已被李教士用石灰涂抹，改作毓才字样"，但"所有门户一切尚无捣毁痕迹"；尔后赶往教堂会晤李思聪，"初时竟置之不理"。他们质问李思聪："贵教士去年已将育才学堂退归海门绅士自办，现复收管是何意见？"李思聪狡辩道："学堂房屋是伊所造，虽退归绅士，凡事须与伊商量，现在不与伊说即改印山，后伊将法教习荐与印山学堂又未承允，所以函致赵主教，初三晓主教来电令伊将学堂收回自管。"他们反驳道：

---

① 光绪二十一年（1895）浙省在杭州武林门外拱宸桥地方开设商埠、设立租界后，"自是各国官商往来如织，交涉事件日益烦（繁）多，遂奏设通商洋务局"。（中国第一历史档案馆等编：《清末教案》（第三册），中华书局1998年版，第464页。）
② 《浙江洋务局为印山学堂事复赵主教函》，《申报》1908年4月10日第11版。
③ 《公电（台州）》，《申报》1908年3月16日第4版。
④ 《电四（杭州）》，《申报》1908年3月19日第3版。

"印山基址，本系地方公产，亦系由地方殷富捐集经费"，李思聪"系属外人，何能擅造房屋？即使亦有经费助人，应于退还时说明何人，当时并不议及，即须划清亦尽可照数算还，何得仍然占据"，至于"改作印山学堂，未曾通知，则中国自办学堂自有主权，所荐法文教习，因小学堂无兼课法文章程，无须聘用"，与李思聪"再三磋商，坚执不允"，实属强蛮无理。[①]

随着地方局势的变化与中外交涉的深入，洋务局总办王丰镐[②]与主教赵保禄经过多次磋商，双方达成协议。光绪三十四年（1908）六月双方订立《天主教堂归还印山学堂条款》。其主要内容如下：其一，台州府海门印山学堂归地方总理；其二，学堂房舍墙垣（前系教堂建造）并器具什物用费议价洋银七千四百元，由地方官督同绅士筹款归还天主教堂；其三，学堂与教堂之间建筑界墙，彼此界墙中均不开门；其四，准许教民入学；其五，释放在押教民方映川和阮老岳。[③]地方士绅虽然收回学堂，夺回主权，但仍赔付一大笔钱，释放被拘教民，准许教民子女入学。

随后，地方士绅将补偿款交给赵保禄，临海县令潘崇桂与传教士李思聪交割学堂。这样，印山学堂毁学案正式了结。

（三）反响

台州印山学堂毁学案了结后，社会舆论仍对此喋喋不休。《浙江日报》刊发评论指出，"方事之初，教士籍口于校由彼筑，种种要求，不可理喻。官争于上，绅争于下，相持半年，立约五条，而印山学堂仍为我有，不可谓非交涉之进步也"，强调此案之焦点在于争夺学堂主权，"教士所争者，该校主权也；官绅所争者，亦该校主权也"。文章还对条款中各项内容进行了评点。针对第一条"台州府海门印山学堂今议归地方总理"，文章指出此条表明学校主权"固在我"，"然不曰从此归地方而曰今议归地方，所谓议者果议决否也。且不曰归地方管理，而曰归地方总理。有总理必有副理、协理，总理归地方，副理、协理又归何人也。若能添教堂不得干预或不涉教堂之事

---

①《查复印山学堂交涉情形》，《申报》1908年4月3日第3版。

②王丰镐，江苏上海县人，壬寅科（1902）举人，光绪三十二年（1906）报捐道员，指分浙江。

③《订立天主堂归还印山学堂条款》，《申报》1908年7月7日第10版。

六字则尽善矣"。针对第二条"学堂房舍墙垣系教堂建造，并其器具什物用费，筹还价洋七千四百元，永清缪辐"，文章指出"夫曰教堂建造，则似教堂产业矣；然观该款标题为归还印山学堂，则又非似教堂产业，而但借款建造者也。要之，系教堂产业则予以价洋，彼即应契卖；系借款建造则必有借券，我亦应收回。今款中不一言及，安保日后不生纠葛也"。况且"台绅迭次公电公呈，似建造时固有地方公款在内，而非尽教堂之款"。针对第三条"于教堂界墙外别筑一学堂界，并约定彼此界墙内均不得开门，杜争执而免侵约"，文章指出此"法至善""惟所谓中间余地照现时地状南北二丈七尺、东西十三丈二尺订立界石作为官地者，果官地耶？民地耶？民地也，则何夺之为官地？官地也，则何必曰作为官地。且既作为官地矣，则官立之学堂与夫地方官为地方公益之事固皆可用。而今乃欲禁教堂之用，而并学堂、地方官一切禁之，有所有权而无使用权，夫也大可怜矣。且不但不能用也，并不能践，以我之人不能践我之地，毋乃失权太甚乎？"针对第四条"教民亦准入学，自是不分民教，一视同仁"，文章指出"近来教民入学，每因不肯谒圣致启风潮。何不于款中声明须与平民一律遵守学规，以省日后无穷之口舌"。针对第五条，文章指出"教民方某、阮某及其余各教民，昔因关于此案在押而指拿，今因此案议结而开释而吊销，固当然之办法也。然所谓关于此案者果如何之关系耶？风闻教士占学堂、肆要挟皆该教民等为虎作伥，故地方官押之拿之；果尔，则押者应办不应释，拿者应追不应销也。奈何因案结而遂宽纵乎？"此外，文章还指出"既费七千余元之巨款以收回此校矣，则办学诸绅当念议结之如何困难？筹款之如何不易？痛定思痛，精益求精，锐意改良，热心任事，庶可无罪于地方。如其不然，则是牺牲多数人之公款以制造少数人之私产"①。此文对条款中各项针砭可谓鞭辟入里。

尔后，《浙江日报》又发文，针对浙江洋务局要求地方官出告示以保护教堂教士，指出印山一案"固未闹教也，教堂无恙，教士无恙，但闻教士占学堂、逐学生，不闻平民毁教堂、伤教士，其保护之周至明矣"。主政者仍"千言万语，

---

①《书海门印山学堂条款后》，《浙江日报》1908 年 7 月 9 日第一张第一版。

三令五申"，是否多此一举？因"教民入学不愿谒圣人"，文章直言"吾国学堂实孔教学堂，不尊孔即不应入学，既入学不能不尊孔"，认为教民入学不拜谒圣人自是浙省洋务局在交涉中的过失。文章指出"在押教民不应轻释"，强调"此案要点在先问教民有罪无罪，有罪则追究，抢索为一事，治罪为一事，不能因此而宽彼也。无罪则既彼抢索，复遭管押，地方官妄押，失主咎无可辞，又非仅仅追究所能赎愆而补过也"。尽管学堂"添设法文随意科一事"没有在条款中列入，上海某报以此"谓吾官吏能保主权"，但文章"以吾之教科而必委屈迁就，以副彼之美意，恐主权之存者亦仅矣"。①

二、清末台州印山学堂毁学案之社会关系

在印山学堂毁学案中，官府、绅士与教会之间存在着错综复杂的关系，既互相利用又相互指责，既有主权的纷争也有财产的争夺。

（一）教会与教士

印山学堂毁学案实质上是清末教案的延续，也是教会与教士介入地方政治空间的表现。

明末清初传教士来华后，迫于形势采取"文化适应"策略，先是"援儒入耶"，幻想"以耶代儒"；而晚清传教士以坚船利炮为后盾，来华后实行"文化改造"政策，试图以西方宗教取代儒家伦理进而殖民中国，其所作所为与西方军事侵略、政治殖民如出一辙。在不平等条约和侵略势力的庇护下，近代在华传教士之行为日益背离了宗教的原旨而显得十分野蛮。他们凭借侵略特权，介入地方事务，冲击社会秩序，影响权力运作。如浙江天主教主教赵保禄"狡诡奸猾而又深悉内地隐情，平日依教横行，纵容包庇，官场久已畏之如虎"。他在宁波大办寿宴时，"门外彩蓬搭至数里，事毕谢步，已革提标中军参将周有胜乘马前驱，气焰可知"②。光绪二十五年（1899）总理衙门与法国主教

①《书洋务局致赵主教函后》，《浙江日报》1908 年 7 月 16 日第一张第一版。
②中国第一历史档案馆等编：《清末教案》（第三册），中华书局 1998 年版，第 790 页。

樊国梁商定章程，"总主教或主教其品位既与督抚相同，应准其见督抚。大司铎亦准其请见司道，其余司铎准其请见府厅州县，督抚司道府厅州县各官亦按照品秩相答"，因此"教士等竟有用僭地方官仪仗情事"。[①]如台州"海门天主神甫楚门乘坐四人抬的大轿，轿夫的头上戴着清朝官员的红缨帽，路人为之侧目"[②]。这自然冒犯了官府的权威，必然引起官府的强烈反弹。

官府在地方权力结构中居于核心，其权威地位不容挑战。传教士介入地方事务打破了原有的权力结构，挑战了官府的权威地位。戊戌时期康有为曾指出："顷闻山东知县赴任，须先谒教士，州县见教民畏之如虎。"[③]晚清以来教案频发，官员在处理教案时秉承清廷制订的"持平办理、民教相安"原则。光绪二十五年（1899）总理衙门在拟订《地方官接待教士事宜五条》中云："如民教涉讼，地方官务须持平审办，教士亦不得干预袒护，以期民教相安。"[④]光绪二十七年（1901）慈禧太后发布懿旨："（地方官）遇有民教争讼，听断持平，无偏无激。"[⑤]因此，浙江巡抚冯皓在处理印山学堂毁学案时再三强调"以办学始，以争校终，两边均不好看。本部院于调和民教，整顿学务，必期两得其平"，希望宁绍道与主教赵保禄"和衷语结，是为至要"[⑥]。

但教会在交涉过程中态度强硬，咄咄逼人。浙江天主教主教赵保禄在致法国驻沪领事函中指责浙省洋务局故意让教士李思聪停课，并威胁"海门学堂迟恐有乱事"。法国驻沪领事函电浙江巡抚诘问道："浙江官宪如果欲保治安，所有权力足以遏乱。海门有统领、管带，若有乱事定惟各官自任，而台州知府为最因其不以礼待教士，因此百姓咸以教士为非。如欲李教士停课，知府不应如此。"还要挟"将无辜被押之方映川、阮老岳二教民先行释放，并将牌票吊销，即可请赵主教令李教士停课，以俟此案办结"[⑦]。

---

① 中国第一历史档案馆等编：《清末教案》（第三册），中华书局 1998 年版，第 992 页。

② 《黄岩文史资料》（第 8 期），1986 年，第 91 页。

③ 清华大学历史系编：《戊戌变法文献资料系日》，上海书店出版社 1998 年版，第 717 页。

④ 王彦威等编：《清季外交史料》（第 6 册），国家图书馆出版社 2015 年版，第 2653 页。

⑤ 戴逸、李文海编：《清通鉴》（19），山西人民出版社 2000 年版，第 8674 页。

⑥ 《浙抚为台州教案札提学司宁关道又》，《申报》1908 年 3 月 9 日第 4 版。

⑦ 《法领事诘问海门学案》，《申报》1908 年 3 月 24 日第 3 版。

义和团运动后，清政府加强对教会的保护并加重对护教不力官员的惩处，遭受反洋教斗争沉重打击的教会也被迫调整传教政策，在一定程度上限制并约束教士和教徒的行为。这样，地方官府与教会之间权力博弈中有了一定的回旋空间。在印山学堂毁学案中，地方官府宣称"印山书院，原系公地公产，地方官有完全主权，绅士不禀明地方官，无权私授与人；教堂不禀准地方官税契盖印，亦无权承受公产"①，借此声明维护自身权威。浙江洋务局在与主教赵保禄交涉过程中直言"此事阅时已久，不宜再延，既承贵主教雅意和商，若筹确实之办法，亦不外学堂交还地方，请贵主教三思而行。若欲谋地方教会之永远相安，舍此别无办法；倘日久相持不下，众愤难平，窃为贵主教所不取"②，试图以民愤为借口给教会施压。台州知府也直言："海门教焰素横，此次竟敢伙同教士捣毁学堂，尤与寻常不同，影响及于全国学务甚钜。若不从严惩办，何以安地方而保主权。"③

"小民不能堪命，而惟入教者可以恃神甫、主教之力，以与官相抵制，于是入教者遂多。"④这使得晚清教会信徒泥沙俱下。如在印山学堂毁学案中，参与破坏学堂的教民方映川"曾于数年前私将印山地基卖与天主堂"，阮老岳"曾吞没印山学款"。⑤地方官在处理此案时采取软硬兼施策略：一方面积极抓捕参与毁学的教民方映川和阮老岳，拘押在狱，以示惩戒，这在一定程度上打击了教会的气焰；另一方面发布声明大力保护教堂，强调此案"系李教士个人交涉，与教堂无关，所拿之方映川等二犯，均案中要犯，并非安分教民"⑥。

（二）地方士绅

士绅作为四民之首在地方社会中占据重要地位，充当官员与民众的中介，

①《浙江洋务局为印山学堂事复赵主教函》，《申报》1908年4月10日第11版。

②《浙江洋务局为印山学堂事复赵主教函》，《申报》1908年4月10日第11版。

③《补录台州知府禀浙抚文》，《新闻报》1908年4月12日第3版。

④《论教案之由来》，《东方杂志》第一年第十期。

⑤《禀报印山学堂现办情形》，《申报》1908年4月10日第11版。

⑥《禀报印山学堂现办情形》，《申报》1908年4月10日第11版。

"就地方事务为官员们出谋划策，同时在官吏面前又代表了地方利益"①。

众所周知，士绅维系着传统乡村社会秩序，掌握着地方社会各种资源。晚清教民和平民发生冲突时，教民不再诉诸士绅而是吁请教会干涉，动摇了士绅的权威与地位。教案的巨额赔款和教会强占、盗卖房产田地又侵夺了原本由士绅掌控的地方资源。这样，士绅与教士之间的矛盾日益激化。印山学堂毁学案爆发后，台州士绅义愤填膺，痛斥李思聪之举，"举动野蛮""行同劫盗"。林丙修等士绅上书当道指出"海门旧有印山书院，经董王梦兰擅向教堂募捐，使教士从中干预，遂有不华不法、非中非小之恶劣学堂"，痛斥教士李思聪"在台以来迭酿巨祸，大背教规"，请"法领事及法主教迅将教士李思聪他调，或严加训饬，勒令赔偿"②。但在开学日期迫近和教会置之不理情况下，台州士绅杨晨、周继溁等人以"该教毒焰稍杀，闻李教士亦略有悔心"为由主动妥协，希望"李教士即将学堂交出，以便开学，捣毁案另行再议"③。

其实，在印山学堂毁学案中，士绅与官府之间的关系也相当紧张。在学堂创办时，王梦兰"吞没东山垫款"，遭到官府追缴，遂"将印山书院献于教堂，得以归并各款，消灭波痕"④。后来娄震曜接办育才学堂，浙江提学使对其高度不信任，询问台州知府："娄震曜虽热心学务，才具是否胜任？该处公正绅士尚有何人可举？"⑤当娄震曜以"经费无着，赔垫已多"为由请款时，浙江布政使喻方伯批驳道："海门育才学堂既有网轮各捐，又有涂地租息，经费已自不少？何致尚须筹垫？"且直言"绅董胥吏，串通吞没，旧款无着"，还指令"台州府即按所陈各节调查明确，会同新任吴丞实力整顿，并将原有学堂各款饬县分别查追以充公用"⑥。士绅王梦兰、娄震曜从李思聪手中接管毓才学堂后，"仍听教士暗中干涉"，毁学案发生后他们"反甚快意"⑦。这

①张仲礼：《中国绅士》，上海社会科学院出版社1991年，第67页。
②《海门最近学堂之交涉》，《申报》1908年3月1日第3版。
③《台绅电催教师交还学堂》，《申报》1908年2月28日第4版。
④《海门最近学堂之交涉》，《申报》1908年3月1日第3版。
⑤《批饬杜绝教士干预学务》，《申报》1907年8月1日第11版。
⑥《批饬维持海门学务》，《申报》1907年11月23日第4版。
⑦《台州教士毁学案续志》，《申报》1908年2月15日第6版。

凸显了绅士与官府在办学过程中的利益冲突。因绅士王梦兰与教士李思聪"理论无效"，临海知县潘崇桂欲赴宁波与教士孙树望进行磋商，但学界以潘崇桂"所说不甚可靠且恐别生枝节"为由予以中止。①印学堂毁学案将要议结时，台州学界以"此案曲折甚多，须由学界公举代表帮同议结，方免偏枯故"为由，推已举许耀、杨镇毅二人为代表，"以便会同王道与法主教妥议了结"②。因主教赵保禄在交涉过程中"词颇强倔"，浙江洋务局总办王丰镐托人转告台州士绅不妨"来电力争""预备将来不至大受亏损"。台州知府许邓起枢则告知地方士绅"清算还款固为正本"，即使将"法文列入随意科"并延聘法文教习也是权自我操，还揶揄士绅"深悉此中之理由""决不敢妄有抗违"③。虽然地方士绅被迫接受由洋务局总办王丰镐与主教赵保禄议定的条款，但台州学界仍愤愤不平，开会誓不承认，"印山建筑费原系取之地方，教堂早经推还，此时何用清算？法文列入随意科，违背部章，已非丧失国权甚多"，恳请迅转洋务局取消不公平条款。④

当然，士绅与官府在印山学堂毁学案中也曾有选择地进行合作。士绅利用民众非理性的情绪和官府对恐生民变的担心进而向官府施加压力。海门士绅先以"学界震动深恐激成剧变"要求台州知府和浙江巡抚与主教赵保禄和法驻沪领事交涉，督促教士李思聪归还学堂。⑤当李思聪强占学堂后，他们又以"全台士民愤激恐成暴动"⑥，"难保无民人从中滋事，事关大局，用敢声明"相挟⑦，迫使当局与赵保禄进行交涉。为了偿还教堂七千四百元，台州士绅挪用平粜局经费并请求台州知府从纂修临海县志存款、工艺局捐款、军装局军火售款中拨付归还。与此同时，印山学堂重新开办，"添造课堂、开拓墙垣及修改房屋、添置仪器图画"，所需甚巨。因经费短缺，士绅请求官府将"台

①《台州府禀商印山教案》，《申报》1908年6月18日第4版。
②《台州学界公举代表议结印山案》，《申报》1908年6月2日第4版。
③《台州府禀商印山教案》，《申报》1908年6月18日第4版。
④《印山毁学案又起波澜》，《申报》1908年4月26日第5版。
⑤《台州府禀省宪电》，《申报》1908年2月14日第5版。
⑥《公电（台州）》，《申报》1908年3月16日第4版。
⑦《印山堂最近交涉》，《申报》1908年3月21日第4版。

属渔团局款，每年除开支外约余二千余元，似可尽数拨入印山学堂，作开办及常年经费"。①

三、清末台州印山学堂毁学案之实质

清末台州印山学堂毁学案是一起非典型教案，其中夹杂着主权的争夺、财产的纷争和学务的处置。时人指出"中国之教案不当谓之教案，而可谓之律案。盖其事之起无一由于宗教者，其起事之由，恒由于锥刀之末，民之与教所争者皆细微耳"②。

教育权是近代国家主权之一。鸦片战争后，传教士凭借特权纷纷在华创办学堂，"以学辅教"，借此减轻传教过程中阻力。于是，教会学校林立。清末"新政"兴学堂成为社会各界的共识，也成了救亡图存的手段。由是，学堂数量猛增。这样，教会学校和新式学堂之间龃龉不断，部分冲突演化成为教案。在印山学堂毁学案中，各界围绕"学堂"展开激烈争夺，一些士绅依附教会创办学堂，部分士绅联合官府改办学堂，教士李思聪则利用特权抢占学堂。他们围绕办学堂之地、造房子之钱、购图书仪器之费等争论不休。教方强词夺理，声称学堂"由李教士自资创造"并由驻沪法总领事、驻京法公使备案在册，诬蔑士绅"横行强夺""居心凶狠甚于盗匪"；官方则据理力争，强调"印山书院原系官地官产，地方绅士无权私相授受"，辩驳在办学过程中"当时海门绅商亦经捐募一千四百余元"，"教堂曾出若干？绅商曾捐若干？尽可查明商办"③。因此，学者认为清末浙江教案"更多的涉及'细事''争产与干讼'，教务教案'内政化'趋势加速"④。

因清末学堂章程规定"非官办学堂无由出身"，教士李思聪力不从心，

---

①《禀陈筹拨学堂经费情形》，《申报》1908年10月1日第11版。
②《论保教适所以仇教》，《外交报》第四卷第十六期，1904年。
③《浙抚为台州教案札提学司宁关道又》，《申报》1908年3月9日第4版。
④张凯：《官绅分合与清末"教案内政化"：以浙江为中心的考察》，《世界宗教研究》2014年第2期。

遂退出办学。^①但他又不甘心失去对学堂的掌控，提出聘用法文教习等无理要求，遭拒绝后便捣毁学堂，阻扰办学。这表明印山学堂毁学案触及了学务处置问题。其实，当时官员非常重视兴学过程中教民与学堂之关系。山西巡抚岑春煊提议在文庙祭祀时让"习教生员"助祭，"使不习教之士人可泯排斥之见，习教之士人亦以有事为荣"^②。浙江洋务局道员世增提出教会学堂"难禁其设立""须遵部颁中小学堂格式，教自为教，学自为学，不得强学徒必须奉教。如能恪遵部章"，应"奏请一体给予出身，以期笼络学徒，使为国家之用"^③。他们期望借此消解教会与学堂之张力、教士与民众之冲突。

　　总之，清末台州印山学堂毁学案是在特定历史背景下爆发的一起非典型教案。案发后，官府、士绅和教会围绕着主权的争夺、财产的纷争和学务的处置展开了激烈交锋，他们之间既有冲突又有合作还有利用，经过多方磋商，最后了结该案。台州印山学堂毁学案从微观层面凸显了晚清教案的复杂性，进而反映了清末社会变迁的多样性。

---

① 《浙江洋务局为印山学堂事复赵主教函》，《申报》1908年4月10日第11版。
② 中国第一历史档案馆等编：《清末教案》（第三册），中华书局1998年，第236页。
③ 中国第一历史档案馆等编：《清末教案》（第三册），中华书局1998年，第874页。

中国双筷制助食法百年倡行史迹钩沉评述

赵荣光 [①]

人手一筷聚餐共食，是华人族群维系了近千年的进食方式。近现代以来这一中国人习以为常、毫不为怪的进食方式一直被异文化质疑和诟病。1910年11月—1911年4月的东北鼠疫引发中国知识界的普遍反省，以伍连德（1879—1960）博士倡导"卫生餐法"开始[②]，饮食卫生、文明进餐成了中国持续至今的讨论题目。讨论与实践的持续深入，催生了以"双筷制"进食法为主的改革方式。但是，"双筷制"进食方法自20世纪40年代以后衰微乃至于停息半个多世纪，直至2002年12月—2003年7月的SARS事件被唤起记忆重新实行，2020年初肆虐的新冠肺炎疫情更加深了人们的警觉与思考。新冠疫起，笔者立即促进"世烹联"（世界中餐业联合会）、"中饭协"（中国饭店协会）、"中烹协"（中国烹饪协会）积极动作，并撰文、演讲、组织论坛借势推动餐桌文明理念与主张。一段时间以来参议者一致否定"人手一筷一戳到底"进食方式，并纷纷发表改革意见。但是，有过深入研究的笔者清楚一个严酷事实：几乎所有热心的讨论者都是上一餐的"一戳到底"进食者，只是大家心照不宣。因而，讨论言不由衷，讨论者将严肃的学术与社会问题讨论视同官场与社交语境，这未免虚伪，令人难以表示足够的尊重。因为，他们将持严肃科学态度的研讨者置于两难境地：对他们不以为意，有

---

① 作者简介：赵荣光（1948— ），亚洲食学论坛主席，浙江工商大学中国饮食文化研究所所长，研究领域为历史学、食学。

② 伍连德，广东台山籍马来西亚华裔，医学家、公共卫生学家，中国检疫与防疫事业的先驱，亲自指挥扑灭了1910年东北鼠疫，1935年获诺贝尔医学奖提名。伍连德：《卫生餐法》，《中华医学杂志》1915年第1卷第1期（创刊号），第30—31页。

失修养与礼貌；认真对待，则陷于自我愚弄。作为一名食事行为与餐桌文化的长期深入研究者，笔者基于文献梳理，对中国双筷制助食法百年倡行史做一回顾总结，以期智识担当者共鸣同襄，前事不忘，当有现实意义。

一、"卫生餐法"讨论的缘起

19 世纪末，由于俄国、欧美以及中国东北地区对貂皮、旱獭皮的市场需求，很多中俄商人纷纷招募华工捕杀旱獭，盛时满洲里草原上捕猎旱獭者达 1 万多人，旱獭肉通常也被猎獭者烤了吃。1910 年 10 月初俄国境内一处华人工棚出现异常死亡事件，俄国遂将棚内华工一律逐出，并全部烧毁了棚屋里的衣服行李。恰恰是被驱逐回国的两个华工引发了蔓延东三省、肆虐 6 个月的大瘟疫。东北鼠疫过后，人们痛定思痛，中国社会开始了对预防传染病的深刻思考，讨论范围涉及公共卫生的所有方面，其中饮食卫生是大众尤为关注的话题。正如伍连德总结说："1910—1911 年，满洲暴发肺鼠疫大流行，一共夺去近 6 万人生命，经济损失超过 1 亿元（1000 万英镑）。它受到中华民国政府和举国上下高度关注，无论士大夫还是平民百姓都已经认识到全国甚至全世界的医疗组织形式都迫切需要根本改变。""即便是那陈腐的民国政府，一旦警觉到为拯救无数生命"[1]，也不得不顺势而为了。以被视为鼠疫斗士、民命救主伍连德博士的"卫生餐法"倡导为启动与标志，相关讨论与实践的持续深入，历时约 30 年。"卫生之道，为吾人一日所不可无，而我国各种习惯，均不注意卫生。以致疾病传染，靡有底止，对于人生康健，为害匪浅"，最重者就是"饭菜公共之弊"[2]。在传统中餐"共食"已成国民众矢之的，弊病必须改革的一致共识下，但如何改革，则各种意见纷陈，如：公勺法、公用箸法、公用箸匙法、卫生筷法、西餐法、中菜西吃法、一箸首足颠倒两用法、

---

[1] 伍连德著，程光胜等译：《鼠疫斗士——伍连德自述》第 12 章《在动乱时局中推动医学发展》"与来华西医的密切交往"、第 5 章《童年和学生时代》"荣获英女皇奖学金""远赴英伦"，湖南教育出版社 2012 年版，第 424、196、200 页。

[2] 王钟纬：《琐习之不合卫生》，《申报·卫生》，1922 年 9 月 9 日。

分食法、双筷制法等等。纵览约 30 年间的各种意见与实行趋势，双筷制助食法是最被看重、可行性最强的选择。以下，笔者就钩沉搜览做一缕述，既为史存证，亦供研究者参阅。

追溯"卫生餐法"讨论的缘起，伍连德先生的教育经历与其个人的进食行为方式选择与习惯不容忽略。1879 年伍连德出生于南洋槟榔屿（今马来西亚一个州）的一个华侨家庭。彼时的"南洋"是亚洲西化最深的地区，他的家庭与亲族都具有深受西化沐浴浸淫的文化背景[①]。他 7 岁考入由当地英国人设立的槟榔屿公学接受 10 年制教育，此后他的受教经历基本是英式的，1896 年 17 岁的伍连德获女王奖学金赴英国剑桥大学伊曼纽学院学医，8 年留学主攻流行病传染病，1904 年底他在槟榔屿从事流行病医治与研究。这位祖籍广东新宁（今广东台山）的青年选中医学人生道路或许与"现代医学，同革命运动一样是在广州开始的"时代风气有关，但是他认定了自己是在"从事一项高尚的职业"，并且在赴英的航海途中剪去了"那累赘的辫子"[②]。1907 年伍连德应直隶总督袁世凯邀聘回国供职，此后直到 1937 年日本发动全面侵华战争，他的上海寓所被毁，才被迫携家眷返回马来西亚避难。1910 年 12 月受清政府委派为全权总医官赴东北调查组织防疫。1911 年 7 月伍连德率领中俄联合考察队赴满洲里和西伯利亚的博尔贾一带调查鼠疫状况，其结论形成的《旱獭（蒙古旱獭）与鼠疫关系之调查》论文，于同年 8 月在伦敦召开的"国际医学大会"上宣读[③]。在中国的 20 年，伍连德先生在防疫医疗、医学医院、公共卫生诸多领域建树颇多，也同时成就了个人事业的历史辉煌。如 1910 年伍连德在报端发出成立医学会倡议，1915 年 2 月上海"博医会"期间与同仁宣告"中华医学会"成立，他被推为书记。同年 11 月，伍连德任总编辑的中

---

① 伍连德著，程光胜等译：《鼠疫斗士——伍连德自述》第 5 章《童年和学生时代》，湖南教育出版社 2012 年版，第 168—200 页。

② 伍连德著，程光胜等译：《鼠疫斗士——伍连德自述》第 12 章《在动乱时局中推动医学发展》，湖南教育出版社 2012 年版，第 422 页。

③《旱獭（蒙古旱獭）与鼠疫关系之调查》发表于 1913 年的《柳叶刀》（Lancet），伍连德著，程光胜等译：《鼠疫斗士——伍连德自述》附录《伍连德年表》，湖南教育出版社 2012 年版，第 789 页。

英文并列《中华医学杂志》创刊，学会宣布"普及医学卫生"是重要宗旨①。1919 年哈尔滨霍乱流行，伍连德领导下的东北三省防疫事务总处集中全力防治。1920 年 10 月东三省第二次肺鼠疫在东北北部和西伯利亚暴发，又是他预料在先，成功防治。1930 年 7 月，伍连德任全国海港检疫管理处处长并兼任上海海港检疫所所长。我们关注的是，基于教育、专业、事业的经历所决定的伍连德个人饮食卫生观念的形成、进食方式的选择、社交饮食的限定，这一切坚定了他改革华人人手一筷一戳到底"共食"方式以及倡导"卫生餐法"的决心。其中，他本人餐桌的绅士风度自觉与西餐进食方式习惯毋庸置疑②。

正是 1915 年 2 月在上海召开的在华传教士医生学术团体"博医会"年会期间，对中国公共卫生与疫情预防的讨论让中国人传统的人手一筷共食法成为焦点，伍连德说："有一美国医士着令研究一法可以改良吾国家常餐食以重卫生。"这意味着，中国人传统的进食陋习已经成为国际性的诟病话柄，伍连德博士的心情应当不难猜想。如何改变中国人的餐桌陋习，伍连德博士深被苦恼甚至颇感无奈，因为"对于食法尤缺卫生，吾国相沿习惯，或匙或箸均直接往返由（游）于公众食物盘碗之中，最为恶习。家常便饭尚属无碍，若与宾朋生客聚宴，何能详悉座中之有无疾病？苟患痨病、花柳、疔毒、喉症、口疮、烂牙、颧骨流脓等恙，立可传染，言之实堪畏葸，毋怪西人从幼即讲求卫生，不敢随波趋俗同此共食也"。他是具有中华传统文化教养又沐浴西方文化的医科学家，所以会有"不筹更改之法，即此亦足显吾国怪象著者"的感慨。彼时伍连德博士的衣食起居消费可以说是贵族阶层风格的，他"极喜用国货，举凡杯盘匕箸，多择中土物产，极觉雅观"。但是，他的社交需要却让他不能不另作考虑："奈数年以来，餐法不能不效西俗，燕客固亦时用吾国肴品，而食具必各人分认随时随换，西人颇为适意。苟得郇厨妙手，更足邀其赞嗜矣。况择可口者数品，不必且多，既不縻隔时间，且不使人厌

---

① 傅维康：《傅维康医学史生涯记略》，上海文化出版社 2018 年版，第 666 页。
② 伍连德著作、程光胜等译文：《鼠疫斗士——伍连德自述》第 6 章《剑桥与圣玛丽医院岁月》"清苦的第一学年"第 214 页；第 10 章《岁月年华》"酬酢之道"，湖南教育出版社 2012 年版，第 352—357 页。

倦而伤胃口。"也就是说，他的宴会酬酢，尤其是不乏英、美等客人侧坐的宴会场合，就必须变通人手一筷、众人围戳到底的中餐传统的进食方式。他的变通方式是怎样的呢？"食具必各人分认随时随换"，即每盘菜上桌之后，每位进食者用自己餐位的筷子夹取足够用的份额后随意食用，第二道菜上桌时又用新配置的筷子重复如此。他说这样做，"西人颇为适意"。不难想象，伍连德博士的这种进食方法是应对为数不多特殊客人宴会场合的举措。他的这一举措，始于何时，不甚明确，至少应在 1907—1915 年底之前的相当长一段时间内，因为 1915 年他开始明确地推荐"南洋公勺"法。

为了筷+公勺法的便于实行，他有了"转盘餐桌"的设想，并绘制成图，制作成功，试行之后得到认可。这种"可以旋转"的餐桌上"每人各备一套食具，各件盘菜另置一匙，随意拉转，将各匙引入座前个人食具"[①]。这种转盘餐桌是当代中国人司空见惯了的，可以称之为"伍氏转盘餐桌"。1915 年伍连德博士倡导的是每菜一匙轮流共用，而各人筷子不再进入菜盘的进食方式。此法，应比其先每食一道菜更换一次筷子的方法又便捷一些。但用匙分菜的方式并不能完全适应每一道中国菜，而且共用匙的轮流使用，其柄部的接替摩挲也难免有感染之嫌。

二、"双筷制"助食法的施行

1920 年《申报》的一篇短文说道："中国式的菜，未见得不好吃，也未见得不养生。那么何以不见重于世界呢？我看就是共食的缘故。因为共食是很不卫生，很不洁净的。譬如八人一桌，各人用的筷子，吃饭也是他，箝菜也是他，你想那筷头上的口津，不是都传到菜里去了么？倘使这桌上有一个生病的人，那七个人不是都要被他传染了么？所以最好是莫过于分食了。但是分食在习惯上是很难实行的。折中的办法，我看惟有每人用两双筷子，一双箝菜（把菜箝到饭碗里来），一双吃饭。那么庶几可以没有危险了。此法

[①] 伍连德：《卫生餐法》，《中华医学杂志》1915 年第 1 卷第 1 期（创刊号），第 30—31 页。

简而易行，望大家注意，望各团体注意。（听说前清时候，南京暨南用过这法子的，现在我家里就用这法）现在我还介绍一个方法，听说道是南洋华侨所通用的，他们每样菜里都放一勺子。吃的时候，就拿这勺子把菜锹到饭盘（因为他们盛饭是用盘子的）里来，然后再吃。我看这法比上头的还要好一点呢，诸位以为如何？"[1]这篇连作者本名都不为人知的看似不经意的 314 个字的短文，具有十分重要的价值与意义。

第一，这是笔者迄今所见近现代史上最早的中餐"双筷制"助食法的文字依据。

第二，作者明确说：1911 年以前的南京、暨南就用过双筷制助食法，这就意味着，双筷制助食法在中国已经有一个世纪之久的历史了。

第三，"现在我家里就用这法"。说明 1920 年中国大都市中就有家庭实行双筷制助食的行为，体会是"简而易行"，且不说其概率有多少，作者当是家境中产或小康的知识阶层中人。

第四，作者同时向大众社会推荐南洋式的"公勺制分食法"，并倾向认为其更为便捷可行。这种所谓"南洋式"的进食法也一直在中餐共食场合中存在着，伍连德先生最初倡行的"卫生餐法"可以说就是其在当时中国社会的延伸与演变。

第五，作者明确认为，本来很好的中国菜，之所以"不见重于世界"，就是因为"共食是很不卫生，很不洁净的"。认识到这一点，对于中华烹饪文化与中华民族餐桌文明的时代进步无疑很有启示意义。

次年 5 月《申报》刊出了一篇近乎重复署名的文章："中餐大都共食，殊不知甚碍于卫生。盖八人一菜，各人之所用之筷，既箝菜且划饭，筷上涎水均入菜内矣。是以疾病每易传染。然而分食之法，我人颇不习惯。最妙人各两副（筷），以长者箝菜，短者划饭，庶菜中之汤可以清洁也。兹尚有一法，虽亦共食，然每样菜中均置一勺，食时用勺将菜锹入碗中，然后再食，使各人涎水不得入汤内。则有病亦不能传染矣。"[2]文章认为双筷制是"最妙"的

---

[1] 矢二：《改革中式餐的我见》，《申报》，1920 年 6 月 28 日。
[2] 姚昆元：《不合卫生之习俗》，《申报·卫生》，1921 年 5 月 26 日。

进食方法选择。1921 年有文章认同许多人呼应的"谓吾国人聚食时，同桌者纷纷以匕箸下公用之器皿中，不啻以口涎中之微生物互相交换，莫若人各备匕箸两副，一可入口，一则祇许入公共食器中，名言良法，至可钦佩"。但又说，虽然"名言良法，至可钦佩"，仍觉得两双筷子进食"旋举旋搁，手续较繁"，总不如一双筷子方便。于是倡行同人聚食会采用人手一箸，取食、进食两端颠倒使用方式者："以箸之甲端入公共食器中取菜后，以箸之乙端送入口中。其入公共食器中之甲端，不准入口。"据说此种方法"同人各皆赞成，实行两年，尚无不便。"[①] 这让笔者想起 20 年前在东北一所大学做双筷制演讲时，一位教授当即表达的"左右开弓式"建议，认为可以左右手各持一筷，分别取食、进食之用。笔者谦恭地回以："好建议，我想听听您试行一周后的感觉。"[②] 1923 年 1 月《申报》文："会餐之制，庶几有利无弊，于经济、习惯、卫生均能兼顾，换言之，虽与病者共食，亦可无虑其传染，其制维何？即多人所用之碗、碟、箸、匙各有二具，每具颜色不同、大小各别。先以黑色之箸取菜于公共之碗而置之另一碟，而以红色之箸，再由碟内举其所取之菜，而入之于口。如先以白瓷之匙取汤于公共之碗，而注之另一匙，匙或别之以金属质，复由此另一匙饮之于口。则饮食虽共，而所用之器具不使口与食物有直接关系，无论有无疾病，自无从得其传染，不第清洁已也。此法极佳，我国家庭间及公共场所苟能仿而行之（并不费事，亦不费钱），其于康健上必增多大之效力。余服膺其法，用以告世之卫生者。"[③] 建议者感慨双筷制"此法极佳"，由衷认可，并热情呼吁全社会认同跟进。

1923 年 4 月 30 日，上海家庭日新会第四届年会邀请双十医院院长汪千仞先生演讲"吃饭问题"："我国数千年来，对于饮食之事保持旧习，从未改革。如吃饭之方法，恒聚众人共食，置菜肴于桌上，各以箸匙纷纷向公共器皿中取食，以为此种制度非常适用，对于身体并无妨碍，偶或疾病发生，

---

① 耿光：《会食时用匕箸之方法》，《申报·卫生》，1923 年 6 月 12 日。

② 赵荣光：《关于"左右开弓"进食方式意见的答复函》，《饮食文化研究》2004 年第 2 期，第 97—99 页。

③ 天梦：《余之卫生经验谈》（续），《申报·卫生》，1923 年 1 月 11 日。

危及生命，亦不明致病之由。可叹也已。盖国人以共食而致疾者，每年不知凡几。今再详述共食之弊如下：吾人吃饭，普通八人一桌，每人每次以箸匙取菜与汤，约以三十次计，则吾人口涎与菜羹之接触，每人亦三十次。即每次吃饭与人交换口涎中之微生物二百四十次也。国人习焉不察，岂非莫大之危险？如与患肺痨病者同食，更易传染。又国人宴客时，有敬菜之习惯，以曾入己口之匙箸送于客前。在主人之心以为恭敬，其实不啻以微生物赠客也。此种恶习，尤宜革除。……如能仿西餐式最佳。但人各一簋，所费必多，中人以下之家，恐不易办。今以余家实行分食方法述之，每人各备一碟，又备箸匙各二副（颜色不同，以免误用），一以取自公共器皿中而置诸碟，一以入口。手续固较繁复，但习惯而成自然，自不较其烦也。余家自实行此法后，疾病减少。其尤著成效者，即伤风咳嗽，不致发生，不受传染。且余颇思契友能起仿行，然实行者竟无一人，非不赞成此举，实有他种原因。大凡一家之家政，常操主妇之手，其子若女虽有良好之意见提议，如不得主妇之允许，终难实现。余今敬告妇女们，决心打破旧习惯，速改共食制为分食制，要知人人须转移社会，不宜为社会转移也。"①汪千仞与伍连德同时，亦在英国学医，伍为马来西亚华侨，汪又曾视学南洋，其与伍连德自是相识且通声气。也就是说，汪千仞的倡导"双筷制"是呼应了伍连德的"卫生餐法"的，或者也可以理解为是其延续发展。但是，这位医院院长身份的社会名流也甚为感慨：他力图唤起"契友"——应当是知识与社会地位相近，或者如时下所谓"圈子""群里""实行者竟无一人"！由此可见其推行的艰难。于是他借助妇女社会组织的平台，呼吁认同，希望家庭中自觉实行。汪的演讲引来"颇韪其说"众，有人随即撰文呼应，并称：中国传统的聚餐方式是开病菌"传染大会"，"每天平均开三次大会，苟大会中无意间加入一病夫，则其传染之成绩即见"②。

---

① 怡如记：《吃饭问题——汪千仞先生在家庭日新会演讲》，《申报·卫生》，1923 年 6 月 7 日。汪千仞，名凤翔，桂林人，康有为弟子。赴英学医归国于杭州西湖南屏山下建双十医院，曾发明"午时茶精""神曲茶精"。

② 朗：《饮食器具不宜公共的理由》，《申报·卫生》，1923 年 6 月 19 日。作者名不完整——当时是笔名发表的，原文就是如此，下同。

饮食卫生、餐桌文明,汪、伍二人声气呼应固是史实,而医家共识亦在情理之中。时论:"卫生家谓:我国人之吃饭不啻交换微生物,甚为危险。盖以聚食之时,或汤或菜均盛于公共器皿中,同桌者纷纷下匕下箸,循环不已,带入口涎不计其数。至口涎中之微生物交换者,亦不计其数矣,真令人思之欲呕也。……欲免此弊,固以仿西餐式为最良。然人各一簋,其费较通行之聚食法,或加数倍,又未免不经济矣。余尝创为一法,人各备匕箸二副,一可入口,一则只许入公共器皿中,其匕箸之颜色大小须有分别,以免误用,虽手续稍繁,而费可不增。然默察同食者,能完全养成此习惯者,殊不多得。"[1]文中的所谓"卫生家",自是泛指业医者与医药界,在当时主要指代西学医士,伍、汪自是代表人物。

但是,一个人进食方式的选择与坚持,必以认知与自觉行动为前提;内心认同、见贤思齐,才可能成群从相应,久而成习。因此,学校等社会空间是易于推行的,至迟在1920年前,一些学校就已经在推行双筷制,如南京一中校长陆步青曾推行"每人备箸匙各两副,一作公用,一作私用。食时以公者取,然后以私者纳入口中"。但经历者后来感慨地说:"惜学生因手续太繁,不数日即摒弃之。至今思之,实觉不当。盖此法不过手续较繁,时间方面稍不经济,而法则至善至美也。"[2]"吾国各学校,如东南大学、商科大学等,已有实行单食制者,食时人各一器,对于经济卫生自由等项,皆胜于合食制。惟菜蔬限于二三种,食者往往易于厌倦。为免除此种缺憾起见,鄙意不如用二匙二箸,使涎沫无与菜碟接触之机会。或于每人身旁多置一匙一叉,以便盛取羹肴。如此则自无上述涎沫沾染之弊,而有细嚼缓咽之益。"[3]"国人尝有提倡分食者,其意美矣,未易合乎习惯也。有倡用两副箸匙者,仅许其一副入口,其另一副备供搬运菜羹自盛贮之器入其个人用之碗盏中。手续累赘,法属妥善,亦未宜言普及也。"[4]人们肯定双筷制方法是好的,"法属妥善",

---

[1] 渐:《交换微生物》,《申报·常谈》,1923年4月20日。
[2] 诚:《改良吾国合食之法》,《申报·卫生》,1923年5月19日。
[3] 张大中:《改良合食制之商榷》,《申报·卫生》,1923年10月4日。
[4] 曾立群:《宴客须知》,《申报·卫生》,1927年2月15日。

但是因为人们总觉得"手续累赘",所以忧虑"未宜普及"。一方面是人们"未宜普及"的忧虑,另一方面则是力行者的坚持推广。

1920年《申报》"卫生丛谈"栏目载文反映了双筷制在东吴大学的实行:"病从口入,这是中国人的老古话。什么流行病啦,时疫啦,皆由饮食之故。所以口的卫生,是很紧要的。近来留意口的卫生的很多,不过食具的卫生,不曾有人说过。中国所用的食具,是入口箸菜的箸匙等,不分两种,故有一人生病,就传染全家。这岂不大半是由箸匙不分之故吗?……近来学校如东吴大学和嘉兴秀州中学,会食的时候,必分食具。虽然不能称为完善,然而于卫生与经济方面(较用它法改良食具的费用)却是有许多的益处。深望各处学校,公共会食场及宴会等,请采用之。"东吴大学的"分箸匙会食法"是:聚餐宴会时,"将箸匙备置两种,如箸之长者,为入口箸;箸之短者,为箸菜箸,不可误用。小匙为兜汤之用,大匙为入口之用,以小匙之汤倾于大匙中,如此方可入口。食毕,必以沸水涤濯之。初办时颇觉不便,久之自无误用及不便之虞。……饭碗亦为传染疾病之媒介,故食后亦宜置于沸水中,洗浣清洁"①。1921年《申报》"卫生"专栏的讨论与结论:"家有喜庆,必设宴会,宾客众多,共桌而食,事固然也。……尤可厌者,以窄小之碗碟,而匙箸竟投,争先恐后,是以他人之唾沫输入自己口中,此不可不亟为改良者也。改良之法奈何?曰:'共桌而不共器。'"②所谓"不共器"指的就是在共食器皿中取食具是不入口的,入口者为另一具,意即双筷双匙制。当年,"在家庭之间,办公之所,或学校工场之内,凡有供给饭食之处,宜行分食之制或每人两副箸匙,一副运肴于碗,一副纳食于口际,不使紊乱"的"双筷制"卫生进食几成知识者共识③。卫生之外,还应注重养生:"饮食时宜用两副箸匙,宜审量维他命(即生活素)之存在。"④其间,文学作品中亦有双筷制信息,若1914年至1923年间发行的《礼拜六》杂志曾有权贵阶级宴会用金镶牙箸

① 涟:《食具卫生的商榷》,《申报·卫生丛话》,1920年8月6日。
② 伯贤:《宴会者注意》,《申报·卫生》,1921年2月3日。
③ 凤宾:《痨瘵之传染与共食问题》(下),《申报·卫生》,1921年6月8日。
④ 凤宾:《一日间之卫生》,《申报·卫生》,1922年8月5日。

十双、金镶紫檀箸十双的文字描述①。

1922年长沙版《大公报》"卫生谈"文对"双筷制"进食法热情赞美："中国人的饭，最难吃啊！一席七八个人，七八双筷，在菜碗里搅了，送到口里，拿起出来又搅到菜碗里，如此往复不已，此时你想一想，菜碗里有些什么物质？不尽是各人的唾液……我们中国同胞，保守性太深，对于固有习惯，总不敢变更一点，畏艰苟安的心，也是同等发达，每每行一新制，革一旧弊，不知费却多少的力量，这是关于重要的事，至于次要一点的，又是从事敷衍，以为何必费神，随便过去罢了。若是要他，对于吃饭改良，仿效外国的吃菜，也用刀叉等，他断不会赞成的，这一点，我也以为中国的菜，不见得如何坏，何不可保存，外国的番菜，不见得甚么好，何必一定学他。用刀叉等，是适合于吃番菜，我们既不吃番菜，又何必学用刀叉等。从前我理想一种吃中国菜的方法，于每样菜出锅之时，平均分成几碗，一碗放一点子，样样菜如此的分，差不多成了几碗混合的菜，于是每人用一碗下饭，各人的筷箸，在各人的菜碗里打转身，就可免唾液混合之弊，这方法，可名为分食制，未免稍嫌复杂一点，并且炒菜与汤菜混合的时候，大失其味，他们也会反对的。于今竟有人发明每人用两双筷箸，把一双不入口的干净筷箸，专门夹菜，摆放在自己的饭面上，然后用那一双筷箸吃，菜吃完，又用干净筷箸去夹，如此循环不已，不要使两双筷箸混乱，至于吃汤，就用调羹去舀，倾得饭碗里，不可用口对着调羹喝，如此则公共的筷碗里到底没有一点儿唾液混入了，照这样做，既不像吃番菜的器具，那样繁杂，又不像分食的菜品无味；所应添的器具，一双筷箸而已，何等简便，稍为用惯几天，也未觉得不便之处，这真是唯一的好方法呵！"②作者深深感慨双筷制的所谓麻烦也就是多出了"一双筷箸而已"，并且指出"稍为用惯几天，也未觉得不便之处"，非常赞赏是"何等简便"的"唯一的好方法呵！"这一年，访问日本的爱因斯坦往返经停上海，夫妇二人受到了热情接待，但面对满桌的"奢侈铺张的精致食物"，"用小

---

① 俞天愤述：《钱半城》1921年第133期，第27页。
② 是因：《用双筷箸吃饭》，《大公报·卫生谈》（长沙版），1922年5月12日，编号2161。

木棍像钓鱼一样在数不尽的菜碗里戳来捣去"的进食方式却无法愉快接受[1]。

其时，沪、津、穗、京、鄂等诸多中心城市的报刊都在讨论饮食卫生，倡导双筷进食，这是 20 世纪 20—40 年代前后持续了约 30 年之久的社会文化情态。其间，以杨昌济的家庭实践坚持、陶行知的校规制定与推行最具影响力。杨昌济（1871—1924）先生东西洋留学十年于 1913 年回国出任湖南高等师范学校教授，1918 年 6 月应蔡元培先生之聘任北京大学伦理学教授。他倡导实行双筷制，在当时具有积极的社会感召力，且具有特殊的历史意义。杨昌济家庭进食方式的双筷制坚持时段，当在 1915 年左右至 1924 年间。在长沙时，萧瑜、蔡和森、毛泽东等精英青年时常在其家中就餐有所体验，尤其是毛泽东，更是从长沙至北京数年间的杨家特殊身份食客。也就是说，青年毛泽东曾很习惯双筷制进食法[2]。

为了普及饮食卫生知识，推助文明进餐，1932 年国民政府卫生署还用"我用我的筷，我用我的碗，自己手巾随身带，一切疾病不传染"的歌谣推动人们注重和自觉养成良好的"卫生习惯"[3]。于是讨论与坚持一直在持续进行中。检索 20 世纪初至 40 年代大约 30 多年间不可胜计的报刊资讯，令人感慨不已，如湖南省立衡阳中学校刊明文规定学生取食筷、进食筷并用的双筷进食制度，其校规的"实行双箸双匙"条："本校为注重卫生起见，于九月八日布告学生会食时一律实行双箸双匙。箸分红黑两种，乌木筷用以入口，红漆筷用以取菜，以资识别。至教职员方面，已早日实行矣。"[4]证明该校已有此校风，因为"教职员方面早已经实行"。因为人们长久以来习惯了一箸到底的进食方式，推行双筷进食制度无疑是有困难的，为了保证双筷进食制度的施行，除了教员示范率导，为学生配备双筷，同时也要厨事工作者和全体员工认真

[1]Einstein, Albert. The Travel Diaries of Albert Einstein: The Far East, Palestine, and Spain,1922–1923. Princeton：Princeton University Press, p.56；《恩斯坦博士二次过沪记》，《民国日报》，1922 年 1 月 3 日。

[2]《"一秒钟、两双筷"重构中华餐桌仪礼——饮食文化专家赵荣光教授访谈》，《中国食品报》2019 年 1 月 29 日。

[3]《良友》，1932 年，第 67 期。

[4]《简讯·实行双箸双匙》，《湖南省立衡阳中学校刊》1935 年第 61 期，第 3 页。

配合，故该校校规规定："事务部于九月十七日召集校丁厨丁第一次训话，关于服务卫生种种，训导至为详尽云。"①在卫生脏乱差环境中长久生活的中国人有随意倾倒生活垃圾的不良习惯，为此，该校校规还严格规定："九月十三日事务部布告指定倾灰地点云：'凡大小厨房煤灰及学校各处垃圾均须一律倾入校前塘内，不得胡乱堆积，以重卫生。以后如有阳奉阴违或奉行不力者，一经查明。严惩不贷，仰校丁厨丁一体知悉为要。此部。'并新制垃圾桶分置各处，以为藏运垃圾之用云。"②报端直到1935年，还在做双筷制的普及工作："所谓双筷双匙制，就是在吃饭的时候，用一双筷子专门自菜碗中夹菜到饭碗里，另外一双筷子扒饭并把已经放在饭碗内的菜夹到口里去。用一个匙（即调羹）把菜汤从菜碗中取出倒入另一个匙，然后把这个匙的汤送到口里去。这种办法起初看起来似乎是很麻烦，但是只要留心去做，一二天就弄惯了。不过就令它是一件难做的事，我们也应当做。"③倡议者认识明确，双筷制"初看起来似乎是很麻烦，但是只要留心去做，一二天就弄惯了"；态度坚决，"就令它是一件难做的事，我们也应当做"。当然，在学校等社会单位推行就会容易许多，如1934年的期刊上就有学校中学生进餐双筷、双匙并用的照片，并有标题文字："这是预防传染的一个方法，吃饭是采用两筷两勺制，每人用一双红色的筷子检夹公共碗盆里东西，另一双黑色的则用来送饭菜入口，汤勺也是这样分别。"④因为有阻力和困难，有人在对双筷制表示异议的同时又在谋求新的方法："……每人用两双筷子，一以取菜，一以吃饭，可是一个记不清，吃饭的筷子会伸入菜碗，取菜的筷子可送入口内，仍然是无济于事的。……现在且把鄙人家庭中数年来所实行的法子介绍给大众。这方法很简单，除饭碗外，每人一匙一箸，箸是专管取菜的，匙是专管吃饭的。另外再置公匙二三只，专为各人取汤之用。凡要吃汤时，先用公匙

---

①《简讯·训导校丁厨丁》，《湖南省立衡阳中学校刊》1935年第61期，第3页。
②《简讯·指定倾灰地点》，《湖南省立衡阳中学校刊》1935年第61期，第3页。
③单传烈：《双筷双匙制》，《防痨杂志》1935年第1卷第9期，第509页。
④《文华》1934年第50期。

放入私匙（吃饭的匙），然后送入口内，吃饭时也是用箸夹菜，置于匙中。"① 无论这位倡议者的家中之法行得究竟如何，其于大众推广难处更甚于双筷制应当是毋庸置疑的。

饮食卫生观念的确立和文明进餐方式的普及，一直在艰难的实践过程中坚持推行不止。中国人一双筷子吃饭的传统太久、积习太重、因循势力太强，因此乍用双筷很不适应。一百年后的今天推行，许多人还会感慨"太麻烦"，可以想见当时的障碍阻力会多么顽固强大。这也就是伍连德先生倡导推行几年时间之后感慨的：方法虽好，推行不易，因为中国人积习太重。但是，中餐传统进食方法之弊已经环球诟病、世人共知，无论阻力多大，改变都是必须的："共食之制，中国到处有之，南方尤甚。方丈一案，围坐七八人，看馔杂陈，杯箸交错，家人父子，和气团聚，宾朋主客，醉饱俱至，非不煦煦然亲？而周至也。然而疾病传染之鸩媒，即在乎此。其冒犯危险，与蹈白刃赴汤火，无以异也。"② "……以前张默君氏长南京一女师校时，曾一度行分食制，未久仍行合食，郭鸿声氏长南京高等师范时，行分食制颇久，即每餐每人一菜一汤或一荤一素，以特制之锡具中有一格者盛之，虽习之已久，仍多苦之者，然其时膳由校给，勉以卫生，亦各安之，然自东大成立后，学生多自理膳食，此制即渐废，于此可知分食实行之难……愚意有一可行办法，能得中西（即分合）之长，而无其弊，即每人备两双箸，两匙，一碟或小盏，以备检菜取汤时分用，其他全仍其旧，此举其行君意见相同，本埠红十字会总医院医师饭厅，即行此制，实无一毫难行之处，各种会社机关家庭，均可仿之实行。"③ 中华民国时代的许多学校都曾实行旨在革除传统中餐进食方式弊病的分餐制，南京一女师校、南京高等师范都是例子。作者还明确认可双筷制是"实无一毫难行之处"的最可行的选择。

1934—1936 年间南京、上海、北平等市隆重举办了每年一度的"儿童健

---

① 宋国宾：《改良的吃饭方式》，《申报》，1937 年 3 月 23 日。注：宋国宾（1893—1956），民国名医，中国医学伦理学的先驱者，曾任震旦大学医学院细菌学教授、上海医师公会主席，他编写的《医业伦理学》是我国第一部医学伦理学著作。
② 余云岫：《肺痨病家庭之大危险——共食制与肺痨》，《申报》，1931 年 10 月 18 日。
③ 傅：《改良社会讨论会：关于吃饭问题之商榷》，《申报·本埠增刊》，1932 年 9 月 9 日。

康夏令营"活动。1935年《上海市第二届夏令营儿童健康营营务旬刊》上刊载了营务的十二大项目细节，其中《食制》记载道："最合乎卫生的吃饭制度，是分食，每个人有一两个菜及一碗汤——但这个方法的缺点，需要多量的碗碟，也需要多量的菜蔬，故不十分适宜于现代中国的一般家庭中。孩子们，即使在我们这里习练得十分妥善了，回家去，立即会放弃这个方法的。所以我们宁愿采用双筷双匙制，用一双筷及一只匙从公众的菜碗里取出菜来，用另一双匙（当是筷）再送到自己的嘴里，这个方法是比较低麻烦，但训练成为习惯后，可以在任何处所适用。仿佛在某一篇报纸上发表的文章里，我们曾声明过，本营的最大希望，并不是孩子们的体重增加了五磅或十磅回去，也是学会了很多的卫生习惯（会）去。体重增加，许会再过若干时的随便生活，会跌到原位的，后者，则他们随时随地可以应用，而保持身体的健康到永久——吃饭的所以采用双筷双匙制，就是为此。"[1]上海市儿童夏令营系由市卫生局、中国防痨协会主办，由市局各机关合作，并得到商务印书馆、三友实业社援助。夏令营儿童180人，年龄在7—12岁间，历时1个月。旬刊同时刊发多幅照片，进餐儿童均是双筷助食。其时，许多大都会应当都有"儿童健康夏令营"的活动，上海第一届夏令营应在前年度。1936年第三届举行，儿童200余人，"每餐是六菜一汤，每桌孩子七人护士一人，概用双副碗筷"[2]。此类活动之所以由卫生局、防痨协会主办，盖其主旨仍在强化公共卫生理念、推广双筷制进餐方式。1939年时艰危难情态下的国民政府教育部颁发了旨在"改进学生饮食起居生活"的十九条36款明确、细密规定，既以今日见识而论，亦可谓科学、人性。其第一款即是："学校膳食应由学校卫生教育指导员……每周应定有菜单，其取材应参照教育部颁发之《中国民众最低限度之营养》，加以适当之配合，学生得轮流监督厨房，但学校亦应予以指导，务使达到下列各种目的：子、使食物适合学生需要，为健康树一基础。丑、培养学生良好之食物习惯，研究烹饪、实验营养、选购食物、清洁储放，并谋改善家庭食物。寅、

---

[1] 沈善培：《营务杂谈》九《食制》，《上海市第二届夏令营儿童健康营营务旬刊》1935年第2期，第17页。
[2] 《儿童夏令健康营》，《现象月刊》（上海）1936年第15期。

设法预备饮食，以便通学生之购买。卯、每次膳食以分食或以用卫生筷碗为原则……"①饮食卫生自然涉及对各种相应食器、餐具的要求与需求，助食具筷子的卫生品质与标准因而成为社会的关注。讨论中，研究者细化明确了进餐前、进餐时、进餐后的 15 则卫生要求，其进餐前四款中的第二款为"杯箸之属需各自认定，勿与他人混乱，以免传染疾病"②。"各自认定，勿与他人混乱"的筷子自然也是双筷。

历时约 30 年，始于东北鼠疫灾难后痛定思痛，以预防肺结核传染性疾病为重点的卫生知识普及、传统进食方式改革的时潮，在 20 世纪 30—40 年代之交因外患内忧的艰难国情而停止。其间，关于饮食卫生的讨论和双筷制进食的倡议、呼吁，一直在艰难中蹒跚继续，进入 40 年代，人们还在为大众社会进食方法的依旧"不寒而栗"③，足见时艰事难。直至 1935 年，伍连德还在传统的"共食制"为健康文明寇仇，在比较了分食、双筷、公用箸匙三种改革选项推行 20 年之后表达了忡忡忧心的意见："故共食制度实有亟须改革之必要，最善之法，莫若分食。"但是，他很清楚这是无法完全做到的："但以社会之习惯，及中菜烹调之法分食制似不甚适宜。"也就是说，他清楚地认识到：由于中华烹饪与中华餐桌仪礼文化的独特性，完全采取西餐分食制的进食方式并不适应"中国国情"。应当说，这是伍连德对既往 20 年"分食制"讨论与实践的一个总结性意见。随后他论述"双筷制"："今有行双副箸匙法者，一副用以取食，他副用以入口，然按国人习惯之食法，亦不甚便。"也就是说，审视双筷制推行的过程，他看到"国人习惯之食法"太顽固，推行不力，普及不遍。于是就又回到他 20 年前的创意："鄙人所发明之卫生餐台，构造既简，运用尤便。法以厚木板一块，其底面之中央嵌入一空圆铁柱，尖端向上，将此板置于转轴之上，则毫不费力，板可随意转动。板上置大圆盘，羹肴陈列其中，每菜旁置公用箸匙一份，用以取菜至私用碗碟，然后入口。

①《教部改进学生饮食起居生活发布办法十九条》，《申报》，1939 年 12 月 29 日。
②钱寿嵩：《进食须注意之事》，《申报·卫生》，1923 年 8 月 20 日。
③咏仁：《提倡中菜西吃法》，《申报》，1941 年 7 月 14 日。

此法简而合宜，甚为适用。"① 这里，值得注意的是，在"双筷制"与"公用箸匙法"二者之间的选择，伍连德先生的考虑只在"便"与"不便"的比较，他更注重的实际效果与可能，与第一选项"分食制"的否定不同，这里没有是与非的价值判断。我们同样不能忽略的是，这一意见是伍连德85年前的表达，而正如我们所知，20世纪30—40年代的中国几乎完全不存在在大众生活中温和秩序推进进餐方式改革的可能性。正因为如此，他才基于可能性的思考，退而求其次地建议实行源自"南洋式公勺分食法"的"公用箸匙法"。

三、中餐文明进食的"华山一条路"

与105年前和85年前伍连德先后两次倡导"南洋公勺法""公用箸匙法"的历史条件不同，今天的中国社会具有了与时俱进餐桌文明改革的充分条件，至少具备了这种改革的一切必要条件的潜在性。以伍连德"卫生餐法"倡导为标志的，热议、艰行20世纪前半叶30余年的公共卫生、文明助食时潮，作为曾经的社会文化现象成了被今天人们遗忘了的历史。今日，在危害中国、殃及世界的新冠肺炎疫情灾难中重温这段历史，回忆东北鼠疫的起因与创痛，思考百年以来中国人对公共卫生与餐桌文明曾经的思考与努力，无疑是有特殊重要意义的。无论是1910年的东北鼠疫、17年前的SARS，还是2020年的新冠肺炎疫情，都有"病从口入"的教训，中国社会一次比一次加深认识了公共卫生与餐桌文明的重要性与必要性。20世纪中叶以前的中国社会没有推广落实的基本条件，今天我们则没有任何理由再因循苟且、迟疑犹豫，中国社会已经拥有足够的力量建设与保障大众饮食安全、餐桌文明。和谐食生产生态，卫生文明饮食生活，既是大众根本利益、基本需求，也是执政者严肃、重大的历史责任。餐饮业拒绝经营、厨师拒绝烹饪、消费者拒绝食用野生动物的"三拒"主张在2001的《泰山宣言》中曾响亮地向中国社会和国际学界传布②，

---

① 伍连德：《结核病》第十章（丁）国人亟宜改良之习惯（一）共食制，《中华医学杂志》1935年第20卷第1期，第31页。
② 郑仁：《"三拒"理念应当普及》，《光明日报》，2003年11月3日。

这是中国食学者的觉悟与担当，也正在成为越来越广泛的社会共识。

归纳百余年来的助餐方式讨论，可供选择的大致是公筷法、分餐法、双筷制等三种基本进食方式。传统一筷制作为陋习，已经人所共知、绝无异词，但是劣根未除、积习难改，虽人人喊打，仍然堂皇畅行其道。公筷法被认可与实行："每桌有公共箸，专用以取菜不得随便入口，以重卫生。"[①]1922年《申报》常识增刊"卫生"栏目："卫生之事，千经万纬，而最重要者，尤在饮食中之卫生。……惟中餐之合食已成牢不可破之习惯，且传染病。……惟汤类之液体用匙勺者断宜分食，其他种食品可采用公匙公箸。"[②]问题是实行既不普遍，坚持亦不连贯。盖因"公筷制"的七大弊病决定其最终不可能成为主流方式[③]。至于分餐法，在中国古已有之，从未间断，是至今尤为重要的进食方式，如鸡尾酒会、各种自助餐、个人便当、外卖消费等等。在中国历史上最具代表性的"分餐制"大概要以寺庙里的斋食为代表了：1922年《申报》"卫生"栏目："我国旧习，家庭之间饮食不注意卫生，以致疾病传染，靡有底止，危害康健，殊非浅鲜。……会食。吾国家庭会食，每馔共贮一簋，彼此举箸，皆在这一簋之内，遇有疾病之人，其痰涎霉菌，由筷箸而达于肴馔，共食之人，每受其传染。尝见西人会食，每人一簋，我国大寺庙僧人会食亦然，果能仿而行之，于卫生大有裨益，且肴馔平均，可无多食少食之虑。"[④]"和尚吃斋饭，一个人一份，食钵预先阖在桌上，食时静寂无声，连喝粥都不许发簌簌的声音。阖碗可略避尘、蝇的沾染。他们的菜，是合煮在一块的素斋，吃不到什么动物性蛋白质。在民族的繁荣上说来，固然营养殊嫌不够。"因而被称为"倒是分食的好榜样！"[⑤]"我以为，年来我国人事事欧化，那么，这个吃饭的事情，也何不改良欧化呢？或者每人备具两副箸匙，一以取菜，一以取食，不过如此容易误错，而且麻烦，不如菜肴每人每份来得简便，而

①《学校调查·南开中学（章志）》，《少年世界》第1卷第2期。
②吴审度：《中餐方式之研究》，《申报·常识增刊·卫生》，1922年1月31日。
③《"一秒钟、两双筷"重构中华餐桌仪礼——饮食文化专家赵荣光教授访谈》，《中国食品报》2019年1月29日。
④沈刚甫：《家庭饮食积习之宜改良》，《申报·卫生》，1922年5月10日。
⑤黄贻清：《一个和尚一份斋》，《申报·医药专刊》，1936年7月21日。

且经济。因为'共食主义'的菜肴往往十几样，一桌摆满，如果真能实行'分食主义'，每人每份至多也不过一汤一菜，适合一人之量为度，既合卫生，又是经济。"①分餐制无疑是一种卫生与文明的进食方式，一种人类历史上悠久、普及并且将会长久存在和更好坚持的进食方式。但是，分餐制进食法，不能无一例外地适用中餐的所有进食场合。中华烹饪的技术、艺术、文化特质决定了许多菜品不宜"中餐西吃"，中华宴会文化与其特殊仪礼决定了传统中餐公宴共食方式存在的合理性与必然性。一律强行中餐彻底分食，无疑有损中华烹饪文化的魅力，颇煞中国菜的韵味，84年前有人就对此质疑："我国文化先进，饮食素来讲究，调味的鲜美，尤为世界之冠。但是因为吃了卫生筷，把各式的小菜混在一盘中，干的是还可以过去，若遇需要汤水调味的，那就真要不尽酸甜咸辣在心头了，未免有损佳肴吧！"②作者的这一顾虑，正与一年前伍连德的认知一致：分食制不适宜于中华烹饪文化与中餐品格特质。

这事实上成了分餐法，甚至公筷法在中国餐饮业推行不力的重要原因所在。伴随的作秀式、表演式的所谓厨师分餐的"位上菜"或"小姐分食法"③，都不可能成为一种可行的进食规范和制度。这种来自餐饮业界的抵触与阻力，20世纪80年代以后还要比40年代以前大得多。因为改革开放新政以来，中华烹饪由历史上的阴沟丑小鸭顷刻间飞升为青云白天鹅，餐饮人群体声誉地位翻天覆地，"国粹""弘扬"已经深入民心。这种对中华烹饪和中国菜的热爱、珍重情结无疑是民族优秀传统文化的有力护持。于是，双筷制进食法才理所当然成为近百年来的民族自信与坚持，才会事实上成为传统中餐进食方式改革各种选项中最受重视的一种。双筷制进食法适合于家庭会食、友朋聚餐、庆娱宴会等中餐共食的任何场合，是足够尊重中餐厨师创造性劳动、珍惜中华烹饪文化、充分享受中华美食韵味情致、最佳体会传统中餐宴会文化的不二之选的进食方式，而且意义还远不止此。双筷制作为卫生进食方式

---

① 怡怡馆主：《改良吃饭》，《申报·本埠增刊·改良社会讨论》，1932年8月1日。
② 鲁六华女士：《谈谈卫生筷的利弊》，《卫生杂志》（公共卫生专号）1936年6月第19期。
③ 赵荣光：《关于"左右开弓"进食方式意见的答复函》，《饮食文化研究》2004年第2期，第99页。

和进食风格与人品修为，早在 12 世纪就受到南宋开国之君的重视①。而且在清代末叶的广州、南京已有存在②。中华烹饪，炎黄斯文，文化复兴，民族觉悟，一切关乎时代民族餐桌；而两双中华筷的规范使用，则是经典表征。规范是一种自信，规范容不得杂乱无章。2002 年的 SARS 事件期间及以后，以笔者的田野调查和资讯收集，香港、广州、海口、福州、上海、杭州、天津、北京、哈尔滨、武汉、西安、乌鲁木齐、呼和浩特等几乎全中国的省区市城市的许多饭店餐馆都在自觉地提供双筷服务，更多数量的中小城市餐饮企业也在看齐跟进，如广东珠海、汕头、潮州，云南蒙自，河南商丘，浙江余姚，山东潍坊、曲阜，等等。

当伍连德先生在思考如何改变华人传统进食方式陋习的问题时，他清楚这是个难题，是个很大的难题。难题的难不在事理与道理，两者都是明显的，口沫的心理厌恶和唾液细菌病毒在传统中餐"共交"式围食交叉感染是没有人怀疑的③。难就难在中国人的因循苟且，陋习难改，"千百万人的习惯势力是最可怕的力量"。至于中国人为什么因循苟且、陋习难改，那是多领域学者可以探讨的民族性、文化属性、制度与社会等问题，而伍连德先生作为一名基于病理、医学知识支撑的病毒防疫与公共卫生实践家，他考虑和试图解决的是如何避免灭族灾难重发的实实在在的问题。坚决阻断、无情斩绝传统中餐围食者相互间口沫相传的传染渠道，是没有任何前提与回避可能的，彻底改变"共交式围食"的进食方式没有商量探讨的余地，必须向华人餐桌因循苟且的"共交式围食"之交叉感染陋习宣战，决不退缩。这是他的信念和决心，但有效实行则必有适当可行的办法，于是，他坚持探索实行。至于适合于中餐公宴围食之需有有利于双筷制便捷作用的"旋转餐台"的设计构想，

---

① 田汝成：《西湖游览志余》卷二："高宗在德寿宫，每进膳必置匙筯两副，食前多品，择取欲食者以别筯置一器中，食之必尽；饭则以别匙减而后食。吴后尝问其故，对曰：'不欲以残食与宫人食也。'"《文渊阁四库全书》第 585 册，台湾商务印书馆 1984 年版，第 293 页。
② 矢二：《改革中式餐的我见》，《申报》，1920 年 6 月 28 日。
③ 赵荣光：《"后非典时代"：SARS 事件对中国饮食文化走向的现实与历史意义》，《商业经济与管理》2003 年第 10 期；石毛直道著，赵荣光译：《饮食文明论》第七章《餐桌上的分配法》，黑龙江科学技术出版社 1992 年版，第 97 页。

以及诸般"卫生餐法",都是这位中华餐桌文明大师的非凡智慧与杰出贡献。

"伍连德双筷",是笔者在呼吁推广中餐业双筷服务与传统中餐公宴进食方式选择时的用语,并在"中华筷子节""国际筷子节"倡议中郑重命名的①。之所以以伍连德命名双筷制助食法,一是因为伍连德先生是中国近现代史上卫生饮食、餐桌文明的伟大倡议者和率领者,二是他先后试行的新的进食方法中已经蕴含了双筷进食方法存在的空间,三是紧随其后的双筷倡导与实行事实上都是受了他的启迪。所以,作为历史大事件、重要代表人物和历史时代的标志,我们称之为"伍连德双筷"。为了纪念,也为了更有利地推动,因为直至今日,双筷制的推行仍然并不顺利。20世纪40年代以后,学者与社会对民族餐桌文明连同饮食文化的关注戛然而止,全社会一时间回归为《水浒》中梁山好汉的聚歼围食旧辙老路,又安然习惯起人手一筷一戳到底的习惯。20世纪80年代以来异文化间的交往日渐增多,传统中餐陋习的被诟病自然重新凸显。但是,我们的社会基本无动于衷。真正受到触动,并且开始认真对待,是2002年开始的SARS事件,分餐、公筷、双筷等应对性进食方式开始大规模实行。危机过后,虽然许多人又"好了疮疤忘了痛",相率回归老路,一仍旧章。但是这次回归并不是20世纪40年代后的完全彻底,变革被部分地保留了下来。2019年10月一位环境卫生学专家撰文《为餐桌上的"黑白双筷"叫好》:"近期,笔者因参加学术会议辗转于南京、广州、深圳等地,不止一次在餐桌上发现,就餐者面前都放有黑白两双筷子:一双用于取菜,一双用于自食,颜色对比分明让人不易混淆。对于这样的文明小进步,笔者不禁为之叫好。……在中国积极倡导分餐方式十分必要。'黑白双筷'虽不及分餐制来得彻底,但也不失为一种简单易行、便于普及的过渡方式,值得大力推广。……这不仅仅是为了疾病防控,更是对餐桌上其他人的体谅与尊重。"②而这次新冠肺炎疫情无疑是一次巨大的推动力,会极大地缩小"不习惯"

---

① 《中华筷子节——"双十一"的另一种打开方式》,2019年11月11日;《相映成辉:多彩和谐的亚洲餐桌——第九届亚洲食学论坛(2019吉隆坡)宣言》,2019年11月29日,参见"诚公斋书生"公众号。

② 舒为群:《为餐桌上的"黑白双筷"叫好》,《健康报》2019年10月12日。

的人群数量。人们逐渐认识到，中餐双筷已经是进食卫生、文明的不二选择，是饮食安全与修为文明的"华山一条路"。

当笔者重构中华餐桌仪礼的努力与伟大的鼠疫斗士的思想与创建相遇，并随之进入 20 世纪初至 40 年代间无数智者的前行行列时，感动那个时代的坚持。因此更坚定信心，孟踵孔履，追随先贤往圣，高标挺进。以东北鼠疫虐肆半年、焚尸六万损失创痛换得的是双筷制 30 年的讨论不休、推行迟滞，而那 30 年还是自由讨论、率性发声且有广泛社会舆情支持的时代。2019 年第九届亚洲食学论坛在马来西亚大学隆重举行时，来自世界上十几个国家的几十名食学家怀着十分崇敬的心情集体起立向这位为中国，为亚洲，为全体人类世界的饮食卫生与文明做出重大贡献的学者表示了崇高的敬意。

四、"双筷制"不仅仅是工具和方法

作为一名饮食史思考者，在顺应自然、协调生态的人类文化走向的大历史空间架构下，思考不同族群食生产、食生活的形态与方式，是笔者的问题思考与学习方法。基于对华人进食方式历史演变贯通性思考，形成了笔者"华人用筷历史六阶段"的观点[①]。"中华筷"的形制与功用变化[②]，经历了烹饪工具与助食工具的形制与功能合一、烹饪工具与助食工具的形制分异、烹饪工具与助食工具功能时而兼用的三种时态与情态。将人们习称的华人进食具的"筷子"界定为"中国筷""中华筷"，将筷子称为"进食具"和"助食具"，都是笔者长期食学谨慎思考界定的专业术语[③]。既然是进食具、助食具，那么，筷子——无论是华人还是其他文化族群的归属，都应当适用于工具论认识。

---

① 赵荣光：《关于箸文化研究的若干问题》，《韩国食生活学会志》（首尔）第 17 卷第 3 号，2002 年 7 月；赵荣光：《中餐公宴进食方式改革的选择："一人两双筷"——"取食筷"与"进食筷"并用》，《餐饮世界》2002 年第 9 期，第 10—11 页。
② 赵荣光：《中华食学》第八章《"吃相"：进食行为自觉与餐桌文明约束·筷子礼俗》，中国轻工业出版社 2021 年版。
③ 赵荣光：《中华食学》附录《笔者 40 年食学研究提出或界定的中华食学术语》，中国轻工业出版社 2021 年版。

有效性与安全性是任何工具被发明创造、灵活运用的原则与前提。笔者认为，助食具除了有效性与安全性的一般工具属性之外，还应有鉴赏性、观瞻性、演示性等属性的特征，至少筷子助食具是如此。所谓鉴赏性，是指工具对持有与使用者可能具有或引发的某种珍惜爱赏的物理性与情感作用；所谓观瞻性，则是器物可能引发注目者某种观赏兴趣的物质与物理特性；而演示性则是指助食具在使用过程中的行为美感。而这些不再仅仅是人们泛泛议论的饮食"文化"的轻松议题，人类与族群的饮食"文明"的严肃课题被摆在思考者的面前了。20 世纪上半叶基于饮食卫生目的的中餐进食法的讨论与施行，基本是围绕着"卫生"与"可行"两个关键点展开的，人们主要是工具论的思维。

但是，讨论的滞缓和实施的困难，让人们的思考逐渐深入、深刻，阻力巨大的原因不能轻率地一概归咎于习俗的顽固和民众的愚昧保守。华人助食工具筷子的发明与利用不仅仅是简单的工具与方法问题。因此，问题的解决，不能拘泥于工具论思维。积久形成、大众喜爱的中国菜的鉴赏品尝方法与独特的传统中餐宴会仪礼，决定了仅仅满足"卫生"单项条件的西餐式或所谓"中餐西吃"的各种"分食法"行不通，因为它们都不甚适合"中国国情""中国民情"。而公筷法则不仅因其箸足众人接替握持的"交叉感染"和箸首频频染渍食物的"视觉不洁"八个字局限而与"卫生"观念相去甚远，更因其与中国菜艺术品赏、传统中餐宴会仪礼文化情趣、宴程节律背离而颇不适宜①。也就是说，单纯的卫生理念与工具观念，各种分餐法、公筷公匙法都是可以考虑的选项。然而中国菜与中华烹饪艺术、传统中餐公宴仪礼文化的独特性以及中华筷的鉴赏、演示性能，决定中国人传统进食方式的改革不能因噎废食，不能泼污水扔掉婴儿，陋习的改革只能是解析剥离其"陋"，良俗美习尚需保留护持。也正是与此相关，"卫生餐法"的讨论实行过程中，上海出现了报端广告势盛的"人造牙筷"："骨头筷、象牙筷吃素人不宜用。

①蒋梅：《"一秒钟、两双筷"重构中华餐桌仪礼——饮食文化专家赵荣光教授访谈》，《中国食品报》，2019 年 1 月 29 日。

由植物质化炼而成，光洁滑润，胜于象牙，而无杀生之罪，诚吃斋信佛者卫生之餐具也。"① "病从口入，筷子宜择！学校、机关、商店，有多数人吃饭的地方，餐具中的筷，用竹制、木制，在卫生上欠考究，因为竹纹木理，最易黏附油垢，洗刷不清。现在上海胜德厂已发明了胜德人造象牙筷，制造精美，价格低廉，入水洗涤即净，诚卫生餐具中的革新出品。"② 又有上海三友实业社生产的"卫生筷"，"普通粗质的筷子，筷端有黏糙性，口涎容易沾染容易媒介霉菌，三角牌卫生筷则质地光滑洁致，无虞沾染，在卫生上贡献，殊有价值"③。无论是"人造牙筷"还是"卫生筷"以及其他各种质料的中华筷，都是基于对中国菜与中华烹饪艺术、传统中餐公宴仪礼文化独特性的理解而创意制作，而非单纯的工具思考。

双筷制进食法的观点，伴随了笔者"中华筷"助食具40年的研究，始终都是明确的工艺工具的特定理解。也因为如此，中华筷的规制、中华筷助食的规范使用问题逐渐浮现并被予以解读与解决。传统中餐公宴场合双筷进食主张的"双筷制"是笔者明确40年的理解，同时是近30年的倡导力行。笔者将其理解为重构中华餐桌文明的核心点与关键性步骤，并且期待最终以政策法规形式成为社会公约和大众行为④。而双筷进食法早在20世纪初就已经出现，并在其后的30余年间形成社会规模性风气，从这种意义上说，我们正在肩负着复兴优秀传统文化的历史责任，而今历史又以它特殊的方式给了我们一次机遇。

注：2020年2月6日初稿，2月10日二稿于纽约长岛，2月16日三稿于大巴灵顿，3月8日四稿于杭州。原发《楚雄师范学院学报》2020年第2期，原题《20世纪上半叶中国的"卫生餐法"讨论与施行——伍连德对中华餐桌文明历史进步的贡献》。

---

① 《申报·广告》，1927年12月7日。

② 《申报》，1931年2月18日。

③ 《天津益世报》，1929年11月29日。

④ 蒋梅：《"一秒钟、两双筷"重构中华餐桌仪礼——饮食文化专家赵荣光教授访谈》，《中国食品报》2019年1月29日，第2—3版。

从奉化孤儿院看抗战前后地方社会中官绅民之关系①

成梦溪

中国社会时常被认为是"人情"社会,关系则被视为一种重要资源。如沟口雄三所言,"整体上不应以国家、社会等等场域的意象,而应作为关系拓展的意象来把握;同样,个体也应作为关系的集结点,放在关系中来把握,才最接近实际情况"②。主要依靠外在力量维持的慈善事业,往往隐藏着一张巨大的关系网络。作为南京国民政府时期的地方性慈善机构,对奉化孤儿院的研究③有助于我们去发现这一网络在具体时空中的具体作用。

奉化孤儿院于 1927 年 11 月 24 日④由奉化邑人庄崧甫和孙表卿、张泰

---

① 本文曾发表于《史林》,2015 年第 2 期,第 140—149 页。
② 沟口雄三:《中国的公与私·公私》,生活·读书·新知三联书店 2011 年版,第 302 页。
③ 关于慈善育婴事业,现有的研究成果大多集中于育婴堂,且时段多为自宋至清,对近代以降出现的孤儿院模式关注较少。零星有些文章分析恤孤问题,如雷妮与王日根的《清代宝庆府社会救济机构建设中的官民合作——以育婴堂和养济院为中心》(《清史研究》2004 年第 3 期)、《施善与教化:中国古代慈幼恤孤史述论》(《历史与比较》2006 年第 12 期),俞宁的《中国传统慈幼恤孤制度探析》(《安徽史学》2011 年第 1 期),王洋与袁彩霞的《民国时期的贫儿救济——以南京第一贫儿教养院为例》(《重庆科技学院学报(社会科学版)》2014 年第 1 期),等等,大都以笼统梳理发展脉络为主,很少就具体事件展开研究。孤儿院最早为西方传教士开办,随后中国本土绅士将之与传统育婴堂相结合,也成立了各种孤儿院。奉化孤儿院为本土绅士创办的地方孤儿院之典型,地处东南沿海的宁波,与上海关系紧密,且与南京国民政府高官多有联系,颇具研究价值。
④《奉化市志》中记录孤儿院成立大会日期为 11 月 25 日,奉化孤儿院职员张泰荣在日记中记录 11 月 24 日开会礼成,且确定董事、职员、薪水等项内容,本文以张泰荣记录为准。《张泰荣日记》(六),1927 年 11 月 24 日(十一月初一日),旧 2-7-67,奉化档案馆藏。

荣 [1] 联合发起创办成立，院址设在奉化城内孔圣殿后原县学校士馆（今奉化区政府大院内），贯彻"教养孤苦无告之儿童，使将来得以自立"这一宗旨，不仅教育孤儿知识，亦培养其各种劳动技能，如藤器制作、裁缝及农作等。奉化孤儿院档案（1928 年）显示，其为公立孤儿院 [2]，由地方士绅主持运作，经费大多向宁波、杭州、上海的同乡募捐。蒋介石是奉化人，1929 年起其与夫人宋美龄任奉化孤儿院的名誉董事长，并多次到孤儿院视察。政界、商界人士，如时任浙江省主席的张静江、教育厅厅长陈布雷、民政厅厅长朱家骅、宁波市市长杨子毅、鄞县县长陈宝麟及旅沪甬商领袖虞洽卿等，亦频频到院参观。

奉化孤儿院的设置十分完整，有院训和院歌 [3]，亦有一套完整的组织体系，具体如图 1 所示：

---

[1] 庄崧甫，奉化人。曾协助陈其美筹饷，辛亥革命浙江光复也得其资助。杭州光复后，出任浙江军政府财政司长，后改任盐政局长。不久辞去政府公职，致力实业，专注经营浙西林牧公司，颇具规模。1921 年后再次步入政界，1922 年被推选为浙江省议会议员，1926 年出任浙江省临时政府委员。1927 年，与孙表卿、张泰荣等人在家乡创办奉化孤儿院，出任终身院长，并曾将自己 70 岁、80 岁两次祝寿时所得寿金悉数捐赠给奉化孤儿院。1940 年逝世，享年 81 岁。参见毛翼虎：《庄崧甫的一生》，宁波市文史资料研究委员会编《宁波文史资料（第四辑）》，宁波市文史资料研究委员会，1986 年。孙表卿，奉化人。清癸巳年（清光绪十九年，1893 年）举人，曾创办新学会社，辛亥革命期间对浙江和上海的光复有一定的贡献。曾任奉化孤儿院董事长，还曾任浙江省议员、四明日报社经理、鸿庆轮船公司董事长、奉化农工银行总经理、宁波棉业交易所理事、奉化县志馆馆长等。参见孙礼桐：《孙表卿》，宁波市文史资料研究委员会编《宁波文史资料（第十一辑）》，宁波市文史资料研究委员会，1991 年。张泰荣，奉化人，曾任奉化孤儿院募捐主任，后任院务主任，主持孤儿院工作。还曾任奉化赈济会委员、财务会委员、抗卫会委员、县参议员、县公款公产委员会委员、县复兴委员会委员、县救济事业基金保管委员会委员。于 1922 年开始每日记日记，维持一生，其后人将其日记捐赠给奉化档案馆，《张泰荣日记》一共 36 本，记录时间从 1922 年到 1957 年（其中 1940 年缺失，1957 年以后的散佚）。
[2] 据奉化孤儿院于 1928 年填写的《各种社会教育现状调查表》"种类"一栏，为"公立"。见《各种社会教育现状调查表》，《奉化孤儿院信稿第一册》，旧 2-7-24，奉化档案馆藏。
[3] 奉化孤儿院以庄崧甫题词的"忠恕勤俭"作为院训，同时也创作了院歌："鳏寡孤独，四民无告；哀哀孤儿，尤苦之苗；今移其苗，种于乐园；施以教养，沃以礼仪；授以职业，俾能自立；孤苦之子，国民之花。"《奉化孤儿院第三期报告册》，旧 2-7-2，奉化档案馆藏。

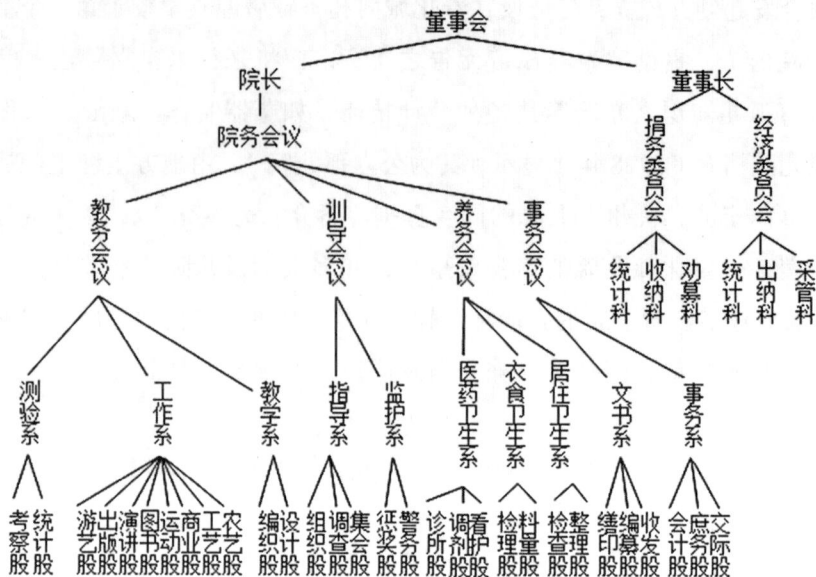

图1　孤儿院组织系统一览表

资料来源：《奉化孤儿院第三期报告册》，旧2-7-2，奉化档案馆藏。

孤儿院起初设定规模并不大，仅拟招收40名孤儿，但自成立后送入院的孤儿络绎不绝，因此从1929年起名额扩至80名。1930年，在宋美龄的关注下，开始招收女生，同年3月，院董事会决定增加孤儿名额至100名。1934年在重新修订的孤儿院章程中暂设定收养孤儿男性120名、女性10名，并为出院孤儿介绍职业。此后每年在院人数达百余名，实际人数远超原定人数。从1927年到1947年，累计入院人数达518人。①

1941年奉化沦陷后，孤儿院随国民党县政府一同迁避到奉化山区（楼岩及项岙农场），1945年抗战胜利后迁回奉化城区，直到1952年人民政府将之与原有救济院合并，定名为奉化县人民生产救济院。

本文拟以奉化孤儿院的运作为中心，考察抗战前后期地方社会中官（政

---

① 《奉化孤儿院历年入院生名册》，旧2-7-21，奉化档案馆藏。

府）、绅（地方精英）^①、民（普通民众）各自扮演的角色，分析在漫天烽火中奉化孤儿院得以辗转存续的社会关系网络因缘，进而勾勒出国家与社会^②关系的复杂面相，以及战争对这一关系网络和各方互动所造成的冲击和影响。

一、地方精英

地方精英是孤儿院维持运作的关键，也是孤儿院关系网的核心。在科举制废除之前，中国的地方精英基本等同于士绅，而科举制废除之后，地方精英概念则远远大于士绅，"包括有功名的士绅，也包括马克斯·韦伯所说的长老，以及各种职能性精英，如绅商、商人、士绅经纪人，以及民国时代的教育家、军事精英、资本家……"。^③总的说来，所谓的地方精英，即"一般是指凭借自己持有的某种资源获得在地域社会的权威和权力，并发挥影响的人士"。^④近代的宁波地方精英大都与商业有着密切联系。他们或直接从事商业或由政转商，就连张泰荣这样普通的下层知识分子，也曾参与过不少投资活动。^⑤宁波地方精英的核心大体上是绅商，即民国时期的资本家阶层。

落实到孤儿院人际网络之中，地方精英的代表当是孤儿院董事。孤儿院章程中将"董事"定义为"各地有资望人士而热心资助本院者"^⑥，聘定董事的条件是"议决本院董事，除前经聘定外，嗣后凡捐款五百元以上或常年经

①诸如蒋介石、王正廷等奉化籍政府高官，出于乡谊资助奉化孤儿院，在政治上并无过多牵涉，笔者将之一并归于地方精英。
②国家／社会的研究发展到如今，学界并未出现一个明确、统一的定义来区分国家与社会，甚至这样一种二分法也颇受质疑。本文暂不就此展开讨论。在本文中，国家，取其政治和权力的本质，并且重点关注其公共性，将政治组织机构（政府）、政党、军队包含在内。社会，则是除了国家以外的所有个人和组织，与国家相对应，社会重点在于其私有性。
③许纪霖：《从知识分子研究的视野看近代士绅》，《中华读书报》，2006年8月2日。
④小浜正子：《近代上海的公共性与国家》，上海古籍出版社2003年版，第4页。
⑤根据《张泰荣日记》，他曾入股庄逸林创办的天成运输公司，投入股款二百元；也曾与友人合股购余姚土布数百匹，通过转卖获得利润；还曾入股平民工业厂，制造糊精，投入一股，为一百元。《张泰荣日记》（二十），旧2-7-80，奉化档案馆藏。
⑥《奉化孤儿院第三期报告册》，旧2-7-2，奉化档案馆藏。

费五十元以上者，均为本院董事"①。可知董事就是主要的捐助群体，并且是相当重要及有影响力之人。目前资料中能够找到 4 份完整的董事名录，分别为 1927 年、1934 年、1941 年、1946 年。从董事名录上看，有些人从孤儿院建立起便一直担任董事，后因过世或其他原因，从董事名单上消失（如庄崧甫）；有些人则是后来增添成为董事（如陈志坚）。从已知资料来看，历年来担任过孤儿院董事的人数为 127 人，其中常年担任董事的，共 31 人②：

　　　　蒋介石，宋美龄，王正廷，俞飞鹏，张席卿，陈空如，孙鹤皋，

俞济时，毛颖甫，邬志豪，郑源兴，周永昇，应梦卿，江西溟，王廉方，

何绍庭，陈粹甫，严竹书，周子衡，楼元任，王文翰，俞济民，刘祖汉，

毛懋卿，竺通甫，董元昌，孙表卿，孙性之，胡次乾，宋汉生，张泰荣。

孤儿院董事分为名誉董事与常务董事，但并没有明确定义区分。1927 年时名誉董事与常务董事完全分开，但 1941 年以后，常务董事同时都也是名誉董事。从资料看，名誉董事大多为挂名性质，偶尔参加孤儿院活动或捐助，如蒋介石、宋美龄、王正廷等知名人士；而孤儿院职员和捐助频繁的其他人士，则组成了常务董事。以 1946 年为例，常务董事共 20 人，履历表如表 1 所示：

表 1　1946 年奉化孤儿院常务董事履历表

姓名	居住地	职务经历
孙表卿(职员)	上海	清癸巳年举人，曾任奉化孤儿院董事长，还曾任浙江省议员、四明日报社经理、鸿庆轮船公司董事长、奉化农工银行总经理、宁波棉业交易所理事、奉化县志馆馆长等
胡次乾(职员)	奉化	曾任奉化孤儿院代理院长、鄞奉公司经理、余姚县县长、抗战时任奉化县参议会议长、县公款公产委员会主任委员
宋汉生(职员)	奉化	曾任奉化孤儿院事务主任

---

① 《奉化孤儿院部分会议记录》，旧 2-7-36，奉化档案馆藏。
② 以在 1927 年、1934 年、1941 年、1946 年四份名单中出现 3 次及以上的人名为准。1927 年董事名单来自《奉化孤儿院部分会议记录》；1934 年董事名单来自《奉化孤儿院第三期报告册》；1941 年、1946 年董事名单来自《奉化县孤儿院等关于教职员工及院生名册、董事名册通讯录、难童名册、概况、调查统计表》，旧 2-7-45，奉化档案馆藏。

续　表

姓名	居住地	职务经历
孙性之（职员）	上海	曾任奉化孤儿院经济主任、瑞丰钱庄经理、浙东银行经理
张泰荣（职员）	奉化	曾任奉化孤儿院募捐主任及院务主任、奉化赈济会委员、财务会委员、抗卫会委员、县参议员、县公款公产委员会委员、县复兴委员会委员、县救济事业基金保管委员会委员
刘玉英（职员）	奉化	曾任奉化孤儿院养护主任
王文翰	宁波	曾参加过辛亥革命，1927年任宁绍台温四属剿匪指挥官，创办宁穿（宁波—穿山）长途汽车公司并任总经理，曾任浙东银行董事长及宁波商会会长
俞济民	宁波	历任宁波警察局长、鄞县县长、国民党鄞奉游击部队指挥官、省第六区行政督察专员兼少将保安司令
刘祖汉	奉化	历任两浙缉私统领、财政部皖南缉私局长、浙江省内河水上警察局长等职，1944年任奉化县临时参议会议长
毛懋卿	宁波	曾任宁波公安局长，后创办了鄞奉长途汽车股份有限公司，还兼任宁波通利源榨油公司董事。抗日战争时期，担任中国农民银行赣州支行经理，兼任中国农民银行常务董事
竺芝册	上海	曾创办华文铅笔厂
方济川	上海	曾任浙江地方银行上海分行负责人
赵仰夫	杭州	曾是新学会社成员，后在余杭林牧公司工作
李师唐	奉化	曾在奉化连山会馆工作，后任县参议员
王大波	奉化	曾在奉化县商会工作，县公款公产委员会委员
周荆庭	上海	曾在华孚金笔厂任厂长兼经理，后任上海科学仪器馆总经理、上海建华银行董事长
王继陶	上海	曾在上海开设汇丰西服号
庄逸林	上海	曾任中国农业书局（位于上海）经理
俞宝仁	上海	职务不详，应为奉化地方活跃人士
陈志坚	奉化	曾在蒋介石家担任过家庭教师，1940年应抗战需要回奉化城内任县妇女会会长，并帮助办理奉化中学，且在育婴所任职

资料来源：《奉化县孤儿院等关于教职员工及院生名册、董事名册通讯录、难童名册、概况、调查统计表》。本表系笔者根据奉化孤儿院董事名册、通讯录等档案资料及其他书籍、网络资料整理而成。其中居住地一项，根据档案中记录的通信地址及张泰荣日记中记载的地址判断。

表 1 所列的 20 个常务董事中，旅沪人士有 8 人，占 40%，奉化本地人士有 8 个，占 40%，剩下 4 人中 3 个住在宁波，1 个在杭州。可见，奉化孤儿院的直接相关人士大都在奉化、宁波及上海，即组成了孤儿院募捐的主要地域范围。再将常年担任孤儿院董事的 31 个人从身份上进行区分，去掉目前暂无法确定职业身份的董元昌、楼元任、周子衡 3 人，政军界人士 18 人，占 64.3%，商界人士 14 人（同时跨政、商界的 7 人重复计入），占 50%，地方普通知识分子 3 人，占 10.7%。这些人中有的由政转商，如毛懋卿、王文翰、应梦卿、孙鹤皋；有的同时兼具两种身份，如孙表卿、胡次乾、周永昇等。由此可见，孤儿院董事的身份以商人居多，政界和军界人物次之，而这些人大都是不在地（即不居住在奉化本地）的地方精英。由以上对孤儿院董事组成结构的分析得知，孤儿院关系网络的核心正是地方精英。

抗日战争爆发之后，地方精英虽自顾不暇，但也没有放弃慈善事业。孤儿院在战时曾找寻机会回上海募捐过一次，此次募捐为孤儿院顺利度过战争提供了重要帮助。1941 年宁波及奉化陷落后，孤儿院无法如常赴上海募款，加上战况艰难，孤儿院整体经营状况日趋紧张。1943 年 7 月从上海陆续传来消息，称上海的各董事及其他热心人士均有意愿帮助孤儿院，希望孤儿院能派人去上海。孤儿院董事长孙表卿一直居住在上海，为孤儿院资金四处联系，此时也已有一定成果，亟须孤儿院派人去上海洽收。几经周折之后，当时孤儿院的实际负责人张泰荣于该年 10 月底动身。

到达上海后，张泰荣在走访了孙表卿及其他同乡之后，在新利查茶点举行了一次集会，与旅沪同乡商量募捐事宜。到会者有孙表卿、孙性之、郑源兴、罗志成、周一星等二十余人，气氛十分热烈。孙表卿和张泰荣首先向各位同乡阐述了孤儿院几年来的困难情形，继而请求认捐，并且撰写了情真意切的请求认捐文。最后总共洽得捐款近 50 万元，直接收到捐款 18 万元左右，除去差旅费和购物费 1.8 万元，实际收得的捐款为 16 万左右，剩余捐款在此后两年内基本收清。此次至上海募捐，可谓成绩卓然，充分展现了地方精英对慈善事业的大力支持。

自宋以降，慈善事业发展成为国家与社会都不可忽视的社会事务，地方精英亦有参与慈善救济事业的潜在旨趣，并试图逐渐以此为切入点参与社会事务。1927 年南京国民政府成立，国家政权开始逐渐回归掌握主导权，但向地方渗透权力的进程缓慢，后又被日本侵略战争打断，因此，这段时期地方精英参与社会事务的空间相对较大，各地涌现出多种由地方精英所主持的慈善机构。从奉化孤儿院来看，尽管政府偶尔会帮助孤儿院催捐，但基本上（1937年之前）奉化县地方政府机构及官员在孤儿院日常事务会议中的出席次数屈指可数，县长亦是以个人身份给孤儿院捐款。[①]抗日战争中，情况有所变化，民间自发救助已不足以维持孤儿院的日常运作，政府适时的协助、支持和配合就变得尤为关键。但从孤儿院 1943 年的上海募捐之行可以看出，即使在战时背景下，地方精英也并未放弃慈善事业。

二、普通民众

普通民众是孤儿院存在的基础，亦是孤儿院关系网中的重要一环。本文所指的普通民众，包括城市平民和乡村农民，他们的捐助同样是孤儿院物资的重要组成部分。

孤儿院自建立之后，逐步建立了一套募捐体系，分为基金捐、常年捐、普通捐及临时捐。由于募捐体制设置合理，同时建立了较为完整的从奉化延伸到各地的人际关系网络，因此孤儿院职员几乎很少会花费较长时间到奉化本地乡镇去募捐，基本是通过捐册或在日常人际交往中进行。[②]

普通民众捐助钱款数量往往不大，从 1 元到上百元不等，但好在人数甚众，聚沙成塔。此外，民众会捐助各种必需品给孤儿院（如表 2 所示），包括食物、衣帽、药物、图书、文具等。

---

① "县长捐金：李涵夫县长，助银一百元，胡克定县长，助银一百元。"《奉化孤儿院第三期报告册》，旧 2-7-2，奉化档案馆藏。
② 有关奉化孤儿院募捐的详细情况，可参阅拙文：《抗战前后慈善组织的募捐经营研究——以奉化孤儿院为例》，《历史教学问题》2014 年第 6 期。

表2　1934年12月之前孤儿院获得的捐助物品

种类	品名
日常用品	衣服（制服、棉袄）、鞋子（布鞋）、袜子（丝袜、线袜）、帽子（制帽）、其他用品（棉花、白麻线、口盂、蕉扇、铁车、手巾）
食物	米类及点心（白米、熟米、米馒头、大糕、糯米、米饼、酒酿、汤果粉、糖饼、年糕、麻团、瓜子、饼干、糖）、肉（猪肉）、蛋、菜（蚕豆、干菜、菜瓜、毛笋、萝卜、芋艿、豆腐、咸笋）、海鲜（带鱼、黄鱼、泥螺、鲜鱼、鲜鲻鱼）、调味品（盐、生油）、水果（杨梅、西瓜、水蜜桃）
药物	寒热丸、十滴水、济生膏、济生丹、保安丹、时疹散、灵宝救急丹
图书文具	图书（《中国文学史讲话》《文学概论》等）、文具（铅笔）

资料来源：《张泰荣日记》（一～十三），旧2-7-62～旧2-7-74；《奉化孤儿院第三期报告册》。

抗战爆发后情形生变，孤儿院在普通民众间的募捐方式改为到地募捐。孤儿院职员会以一个乡或几个村为范围，在一段时间内将预定区域内的富户都接洽一遍。

以1941年4月1—18日在奉化连山区的募捐为例。事先，连山五乡乡长来孤儿院打招呼，告知该乡对于孤儿院去募捐极其欢迎。于是，张泰荣与同事赵仰夫于4月1日同赴连山募捐（此次募捐主要募得为钱款）。首先由虎啸王经过横山至小万竹，由当地殷富设宴，与该乡众殷富接洽捐款。又至箭岭下村募捐，在当地各保长的相助劝募下，各殷富慷慨解囊。之后到赋竹岭、毛竹园、董夹岙、畈里岙，同样获得不少捐助。再回小万竹继续募捐，继而又到徐马站、上下洞坑、社稼畈各村。中途有些村落他们来不及亲自到达，就将捐册交给其他人帮助代募。最终，在将近一个月的辛苦奔波之后，成绩斐然，"总计此次筹募所得共五千三四百金，其数目为历来各种捐务所未曾见，洵不易也"[1]。

张泰荣等孤儿院人士到各地捐款，一般由当地乡长、保长陪同，某种程度上增加了权威性，甚至可说具有一定的威慑力。一则孤儿院作为公立慈善

---

[1] 张泰荣日记（二十），1941年4月18日，旧2-7-80，奉化档案馆藏。

机构，有官方背景支持，二则它的主持者及名誉董事们均是地方上享有名望之人，因此乡保长们也懂得其中关节，但凡能相帮之处必积极去做，不会拖泥带水。从日记中看，张泰荣与各地乡长、保长也保持着联系，并且有良好的社交关系。毕竟孤儿院职员无法熟悉每个村落，只能通过乡保长介绍引荐，了解民情，从而开展募捐。且看《张泰荣日记》所记1941年1月的募捐过程：

（1941年1月3日）顺道至土埭何、李、潘、孙进行，得保长与方阿中之助，成绩良好，黄昏始回城。

（1月4日）迳往吴墩募毕，而至梁家墩。乡长特殊热忱而已，任兄亦鼓吹甚力，虽谷价已逐日高涨，而梁家墩王、叶、倪家碶之成绩仍可观也，晚宿梁家墩。

（1月8日）驱车至沈家庄鲍家西岙，老岙系进化一乡之第四保，杨家碶头茗山前系第三保，均经乡长鲍士秀引导劝募，成绩良好。

（1月9日）虎啸刘以保长有事，不克进行。先往妙山，又以地方襄助无人，仍返虎啸刘，始得着手，事毕已下午二时。归途复经妙山，得晤保长董君，颇尽力，成绩尚佳，晚返城。

（1月10日）仰夫兄与余同赴长汀，松僧先生款待甚殷，集就地三保长与宗长，不另星开捐，即以众户捐助二百元了事，亦简单也。

（1月11日）前以斯下张辗转接洽不得其人，今日复专程前往，保长始遇，结果得募盐谷千许斤，以该村设有官盐，行事毕，下午二时，全功告成。

（1月13日）进化之舒家、长寿之前隍山、前横、六畈桥，由保长负责劝募，捐册亦未缴回，遣耀魁、世康往催之。所募之谷，连日由事务系人员陆续收运到院。①

由张泰荣上述募捐行程可知，几乎每到一个地方，必先与当地乡保长联系，在获得允许及帮助之后，开展具体募捐事宜，若某地既无熟识之人又无法接

①《张泰荣日记》（二十），1941年1月3日、1月4日、1月8日、1月9日、1月10日、1月11日、1月13日，旧2-7-80，奉化档案馆藏。

触到乡保长的话，便无可作为了。募捐之事并不易做，在动乱时期更是困难万分，因此孤儿院更需要依靠乡保长等地方权威人员来帮助工作。

普通民众战时所捐粮食和钱款数量大大增加，相对而言捐助其他物品的次数则有所减少。从已知的孤儿院资料看，相比于抗战前，民众捐助物品的频率明显减少很多，1941 年到 1945 年这 5 年的张泰荣日记中仅有寥寥几条此类记录。[①] 这些捐助的减少，因战时颠沛流离，物资困乏，民众自顾无力，能够捐献粮食和钱款已是相当不易了。

三、政府

孤儿院关系网络中还有一重要环节便是政府，亦是孤儿院维持的杠杆。奉化孤儿院几乎与南京国民政府同时期建立，南京国民政府在其执政期间一直试图对社会事务进行渗透与控制，亦曾出台过一系列政策并建立相关机构，这样的政治动向对以慈善事业为依托的奉化孤儿院又会产生怎样的影响呢？

南京国民政府成立后，对慈善事业颇为重视，相继颁布了一系列与慈善事业相关的法规。一方面保证并坚持对于慈善机构的监督管理，例如国民政府内政部于 1928 年 5 月颁布《各地方救济院规则》以及《管理私立慈善机关规则》。根据前者，各市、县现有的官立、公立慈善机构将改组，各地方将设立救济院，包括养老所、孤儿所、残废所、育婴所、施衣所、贷款所在内；后者则规定私立慈善机构必须接受主管机关的监督，需按月提交会计报告（计算书）以及活动报告（事实清册）。另一方面则对慈善事业予以优惠、减免税收，南京国民政府于 1930 年 7 月 7 日公布实施《土地法》，对慈善组织在土地赋税方面给予了多项优惠政策，诸如学校、公共医院及慈善机关用地得由中央地政机关呈准国民政府免税或减税等条款。国民政府又在 1938 年 10 月 6 日

---

① 1941 年 2 月 4 日，"在东江劝募捐款，得国币三百余元、纸百余刀"；1941 年 3 月 22 日，"收到织造厂惠助毛巾二十打"；1945 年 6 月 21 日，"和召助扇六十把"。见《张泰荣日记》（二十），1941 年 2 月 4 日、3 月 22 日，旧 2-7-80；《张泰荣日记》（二十四），1945 年 6 月 21 日，旧 2-7-84。

出台《遗产税暂行条例》，列有免纳遗产税各款，其中特别指出"捐赠教育文化或慈善公益事业之财产未超过五十万元者"以肯定慈善捐赠。[1]这样一来，政府尽管无力完全负责慈善事业，但仍能够保证其主导地位，使慈善事业有序发展。

除此之外，政府还建立了一系列与慈善事业相关的组织机构，以落实慈善及社会救济事宜。主要有两个机构与此相关：第一个是赈济委员会，隶属于行政院。下辖各省市（县）赈济会、各运送配置难民总（分）站、各地空袭紧急救济联合办事处等机构。第二个是社会部，在各省政府之下设置社会处，或于民政厅内设社会科，直辖市则由社会局主管，在市、县政府内也要求设置社会科。[2]至此，一套上通下达的慈善行政体制便被建立起来了。

政府的这些举措，对于奉化孤儿院来说，确实是有所帮助的。如《土地法》颁布后，孤儿院及时得到政策信息，造具田产清册上交县政府申请免税，获得通过。随后孤儿院陆续置办了更多田产，便补充造具田产清册，继续申请免税。[3]而政府在收取孤儿院呈文之后会进行审核，曾一度认为在孤儿院呈省的田产中有部分不符要求，以经营盈利为目的，饬令孤儿院重新查实。在此情形下，孤儿院则必须要证明所有田产均是用于公益事业：

> 奉此查职院前以毕业出院孤儿日益增多，各地工厂商店因受战争影响停歇或缩小范围者所在多有，遂致职院孤儿出路顿感困难。爰在楼岩项岙地方购置山田，筹设农场，俾毕业孤儿得有学农机会，庶免流离失业之苦，寓意仍在乎救济孤苦，故上项田产并非出租或以收益为目的。奉令前因理合详实声复，务恳转呈省府准予将职院前所造送豁免田赋简明表所列田产之田赋一律豁免，实感德便。[4]

除了奉化本地的田产，孤儿院在定海（现舟山）沈家门和慈溪均有田产，

① 参见小浜正子：《近代上海的公共性与国家》，第 111 页；周秋光、曾桂林：《民国时期的慈善法规述略》，《光明日报》，2009 年 1 月 20 日。
② 参见毕素华：《民国时期赈济慈善业运作机制述论》，《江苏社会科学》2003 年第 6 期。
③ 参见奉化孤儿院呈请政府免税文。《奉化孤儿院第十三册稿簿》，1937 年 3 月 29 日，旧 2-7-32，奉化档案馆藏。
④《奉化孤儿院第十四册稿簿》，1938 年 8 月 7 日，旧 2-7-32，奉化档案馆藏。

或为热心人士捐助，或为自行购置，这些田产也均依规向慈溪、定海县政府提交过申请免税的报告，最后大都获得了免赋优惠，给孤儿院的运作带来了很大的便利。

由于奉化在民国时期的特殊性，奉化孤儿院尽管只是地方上的孤儿院，却获得了国民政府要员的诸多关注，加上其公立性质，使其获得了一定的政府背书。但抗战前，政府在孤儿院运作中几乎缺席，其作用仅体现于优惠政策颁布、慈善行政体系建立及偶尔的帮助催捐。抗日战争爆发之后，情形为之转变。在这样一个风雨飘摇的时期，政府必须承担更多的社会事务。

战时奉化，三个政权并存：国民党政府、伪军政府和共产党政权。奉化陷落之后，一方面，原奉化县国民党政府从城区撤离，搬迁到了奉化山区，辗转西堡峇、赋竹林、柏坑等地。另一方面，在国民党县政府撤离县城之后，日本联络部组织成立县"维持会"，是年冬改为县"乡镇自治联合会"，1943 年 5 月正式成立伪县政府。[①] 此外，奉化地区还存在中国共产党的抗日武装力量，活跃于奉化的西面（与嵊县、新昌县相连）和东北面（与鄞县相连），并于 1942 年成立中共三东（奉东、鄞东、镇东及舟山、象山部分地区）地委，1943 年正式成立奉西抗日根据地，与四明山抗日根据地紧密联系，隶属于浙东抗日根据地。[②]

沦陷之初，奉化孤儿院就与国民党县政府保持一致，并与之一同撤离县城。伪县政府曾两度想让孤儿院迁回县城，1941 年 6 月 22 日张泰荣在日记中提道："光寿、武统持善东函自项岙来，知城内之谷被抢去二万斤，所余仅数千斤，且有强迫本院迁城之说，请予前往排溪共商。"[③] 10 月又提到"逼移城内之说"[④]，问题似乎十分复杂。从现有资料中暂无法得知孤儿院是如何回复或应对的，从结果猜测，或许是置之不理，或许是尽量避开相关人员，第一次危

---

① 参见胡元福主编：《奉化市志》，中华书局 1994 年版，第 558 页。
② 浙东抗日根据地具体包括四明、三北（指余姚、慈溪、镇海三县姚江以北地区）、会稽和浦东 4 个地区，地跨杭州湾两岸。
③《张泰荣日记》（二十），1941 年 6 月 22 日，旧 2-7-80。
④《张泰荣日记》（二十），1941 年 10 月 2 日，旧 2-7-80。

机暂时解除。一年之后（1942 年 12 月），第二次危机出现了。伪政权所扶持的救济院负责人夏兰卿写来信函，意欲另行组织孤儿院董事会，并邀请张泰荣主事，其目的就是将孤儿院归并到救济院中，将孤儿院历年来所积蓄的款项和田产等不动产全部收归囊中。张泰荣想方设法各方奔走周旋，拖延缓覆，最后于 1943 年 1 月收到信函确定事情终于解决，"据何言夏以其他原因，对院事已无意矣云云"①。从这两次事件中，可以看到张泰荣所代表的以正义观念为导向的地方精英，始终坚持民族大义，努力维护地方人士共同建立起来的慈善成果。

战时政府在孤儿院关系网络中不再隐身其后，而直接提供资源与便利，这一点从粮食的供给与经费支援上就足以体现。

先来看孤儿院每年的粮食获得情况。由于没有找到沦陷至抗战胜利 5 年间的孤儿院报告册和收支账目表，因此笔者仅能依据张泰荣的日记及其他资料，对这一时期的粮食募捐状况进行估算。首先，每年均有几次 15—30 天的区域性募捐，每次募得钱款和粮食的数量不等，多时 3 个月可募得 7 万斤粮食，少时则募捐 1 个月仅获 1000 或 2000 斤。其次，募得粮食的多寡和时间段有关，1941 年至 1945 年这 5 年中全国经济几乎是一年一变。1941 年募到粮食很多，有记录的达 7.2 万斤左右，足可以维持一年的粮食消耗。1942 年尚能够从民间募得将近 9000 斤粮食，另政府拨购粮食 2.5 万斤（宁海县府拨购 1.5 万斤，临海县府拨购 1 万斤）。1943 年情况较为严重，几乎没有从民间募得过粮食，主要是依靠政府拨粮购得 1.5 万斤左右，加上本身存谷及田产，暂足一年的消耗。1944 年民间粮食状况似乎稍有好转，孤儿院从民间募得粮食大概为 5000 斤。但因其间院田产粮青黄不接，因此粮食情况还是紧张。所幸之前向政府预购的平糶谷也在此时开仓发糶，获得部分粮食。另向宁海县政府借谷 60 石

---

① 《张泰荣日记》（二十二），1943 年 1 月 11 日，旧 2-7-82。

（约 6480 斤[①]），也补贴了院中粮食需要，但到了该年年底（11 月）院中存粮又消耗到了少于 1 万斤。1945 年院中存谷加上田产收谷大概可得 4.5 万斤，全院消耗需 5.5 万斤，大抵相当，并不宽裕，甚至无法筹还上年向宁海所借的 60 石粮食。此外院农场田产之谷有时间差，孤儿院无法及时获得粮食补充，因此还是需要继续借谷以周转，于是又向财务会借谷 3136 斤。待该年下半年时募得了谷 1.8 万斤，加上田产之新谷收成，这一年总算又顺利度过。这 5 年之中，张泰荣最常做的就是盘点院中存粮存款，尽早筹集接济，以防青黄不接之时孤儿院陷入困境。好在筹措及时，每年总会平稳过渡，而每年基本上能存谷 1 万斤左右。

由上可知，战时孤儿院的粮食来源基本分成三部分：一部分通过募捐获得，战时张泰荣仍每年都到奉化各地募捐。一部分通过田产获得，孤儿院在战前已陆续购得了田产 800 亩左右，部分自行雇工种植，部分出租，后由于沦陷，部分田产散失，但在张泰荣的努力筹划下仍有购入其他田产。到了 1943 年，孤儿院拥有的不动产有田 865 亩、山 1416 亩、地 21 亩、屋百余间。一部分通过政府拨谷购买获得，孤儿院通过向政府申请获得购买平糶谷的机会，并且时常向政府先行借谷俟后付款。随着战争时间不断推移，到了抗战后期，政府拨谷已成为孤儿院粮食的重要来源。

再看孤儿院的资金收支情况。支出项下，食用、教养费用占了大部分，因孤儿院最重要的任务就是收养孤儿并对其进行教育培养；收入项下，募捐收入占了大部分，此外便是存款息金等收入。孤儿院资金为自行筹措，从成立一直到 1941 年之前都没有向政府索要资金支持。1941 年奉化县城刚刚沦陷，物价尚未大幅飞涨，因此该年仍能依靠募捐收入维持，至少在 10 月之前还没有政府赈款补助。[②] 随后，情况急转直下，1941 年 12 月开始，孤儿院就无法

---

① 1 石与 100 斤之间的换算，根据徐中约（《中国近代史》"货币及度量衡折算表"香港中文大学出版社 2001 年版，第 xxvii 页）的研究，1 石等于 100 斤，而张鹏飞（《新度量衡换算表》，上海中华书局 1947 年版，第 3 页）则记录民国颁布新度量衡时确定 1 石米为 78 公斤或 156 市斤。此外，各地具体操作中亦存在差异，根据孤儿院与县政府来往信函相关记录，前后几次数据计算对比，得出民国时期宁波地区粮食换算时，1 石约为 108 斤。
② 《奉化县孤儿院关于院收支报告、遭匪洗劫物资情形报告、兴办社会福利事业褒奖条例及捐资献物、褒扬辞职推荐等函件》，旧 2-7-42，奉化档案馆藏。

仅依靠捐款和田产维持生计，开始向政府呈请拨款。

由于资料缺失，现存档案中仅有 1941 年和 1946 年两年的概算书。为了更有比较性，笔者另选取了张泰荣日记中所记录的其他年份的预算数据①，拟进行模糊比较，借此观察收支变化，如表 3 所示：

表 3　奉化孤儿院收支情况表（1941—1946 年）

年份	类型	内容		备注
		总支出（元）	总收入（元）	
1941 年	概算	14245.12	8740.88	币值为法币，孤儿院统计，仅为 1—10 月数据，为确切数据
1942 年	预算	58000.00	60000.00	币值为法币，1941 年底拟定
1943 年	/	/	/	无记录
1944 年	预算	900000.00	900000.00	币值为储币，张泰荣日记记录，数值不精确，1943 年底拟定
1945 年	预算	6000000.00	超过 5000000.00	币值为储币，张泰荣日记记录，1945 年 4 月所拟的临时预算："编临时预算，上年非三百余万不办。"据此推算整年须支出六百余万。因找不到总支出数据，则只能使用笔者自行统计的募捐金额，总收入数据应大于募捐金额
1946 年	概算	30673.20	30673.20	币值为法币，孤儿院统计，为确切数据

资料来源：《张泰荣日记》（二十～二十四），旧 2-7-80～旧 2-7-84；《奉化县孤儿院等关于院舍筹建、施工、免税、难童入院、救济物资、经费统计、印模启用等函、呈及收支预算书、职员名册、聘书》，旧 2-7-47；《奉化县孤儿院关于院收支报告、遭匪洗劫物资情形报告、兴办社会福利事业褒奖条例及捐资献物、褒扬辞职推荐等函件》，旧 2-7-42。

---

①数据并不精确，因无法找到更多概算书，而预算大体上是符合概算的，因此将预算与概算一同放在一张表中。孤儿院预算并非随意定制，而是根据下年的具体工作安排和变动而做出的合理计算，根据募捐情况来看，实际募捐获得的钱款（包括募捐和政府拨款）基本吻合预算数额：1941 年大概募得了 1.04 万元（法币）；1942 年募得 4.3 万元（法币，其中政府拨款 1 万）；1943 年募得 20.7 万元（法币，上海募得 50 万，但当年实际收得 18 万元，此外政府拨款 1 万）；1944 年募得共 48.7 万元（法币，上年赴沪募捐款已收得 50 万，除去上年所用则余 38 万元，再加本年所募得款项 7.2 万元，另还向县府借款 3.5 万元）；1945 年募得 500 万元左右（储币），此时储币价值已是一落千丈。

从 6 年的收支情况看，孤儿院每年的支出甚巨，资金压力极大。政府提供的资金数额不大却必不可缺。因募捐的资金有时会因战事或突发事件而长时间无法收到，出现周转紧张的时刻，而政府的资金则能及时给予孤儿院援助，化险为夷。

总体而言，战前与战时，政府在孤儿院经营中所起作用有明显变化。战前孤儿院基本是民捐民办，政府仅提供政策优惠及监督备案。战时民众自身难保，再无法全力给予孤儿院帮助，此时政府的支持就显得尤为重要了。从整个战争时期来看，尽管地方精英及普通民众的捐助仍是孤儿院生存的重要来源，但在数个青黄不接的时期，孤儿院皆因获得政府及时援助的款项或粮食而得以渡过危机。

四、余论

中国历史上的慈善组织，不管如何变迁，始终无法将公与私严格地区分开来。到底是完全官方的抑或是民间私有的？似乎并不能画出一条清晰的界线。

慈善机构可分成官立、公立、私立三种类型。这三者的含义，特别是"公立"一词，从近代到现代已出现一定的变迁：清末民初时期，官立意味着政府出资并委任管理人员，纳入国家体系之中；公立为集体出资并受官府资助，由集体管理；私立为私人出资、私人管理，但亦可接受官府资助。民国时期的公立含义似乎与前期有所不同，公立的组织仍是集体出资、集体管理，但管理人员由政府任命，并且被纳入国家体系之中。而在现代，公立则相当于曾经的官立，并包含"国立、省立、县立"等概念在内，与民国时期的含义大为不同。[①]

奉化孤儿院为公立孤儿院，政府负责其人事任免（如董事长、院长由政

---

① 参见丛小平在研究清末学堂教育时对于公立、官立及私立的性质定义。丛小平：《从母亲到国民教师——清末民族国家建设与公立女子师范教育》，《清史研究》2003 年第 1 期。

府任命），并将其纳入慈善体系，与救济院、育婴所等并列在案，孤儿院每年经费情况及经营过程、孤儿毕业情况等均向政府备案并接受监督①，并凭其公益性质享受政府所提供的免税等政策；但筹办、运作、资金来源均独立运作、筹措，政府不加干预。作为民国中后期的慈善机构，与清代慈善机构（以育婴堂为例）相比，显示出了继承性，亦存在变化，但继承性大于变化。

清代育婴堂的建立，官方行政力量与民间力量同样重要，府城层面的育婴堂是由乡绅或商人等自发而设，州城、县城层面则是知州、知县这些官方人士参与的情况较多。总体而言，地方绅商（一般绅商而非巨贾）提供主动且持久的力量，官方提供背书及随时监督。在育婴堂的发展过程中，有些民营育婴堂无法依靠自身维持下去便会要求官方加入，而有时官方亦会将经营较好、规模较大的民营慈善机构直接吸纳为官营。②从清初到清末，育婴堂渐渐变得官营化③，但政府与地方社会均明显同时存在于其中。在此趋势之下，从清末民初起，慈善机构不再单纯称为官办或民办，而是出现了"公立"这第三种性质。尽管南京国民政府建立以来，亦始终努力将慈善事业规范化，并试图将之重新组合、部分地纳入行政体系之中。但事实上，政府无力将所有慈善事业都囊括名下，正如1932年初鄞县县长陈宝麟所说："当时救济院各所经费均艰窘，且各所悉就原有组织改办，旧有董事往往以既经官办而相率敛手，不肯协助。地方财政艰难，复不能充量改进。加以近年来社会困顿，待救济日众，此种济人之煦濡行政，遂有博施济众之病，实非根本解决之策。"④

---

① 奉化孤儿院成立后，时隔不久（1928年），就将筹办经过情形并附院舍图两张、简章两份，呈省政府备案。"六月十六日奉县政府建字第四五零号令，以奉民政厅二三〇四号令，开该院董事长孙振麒等筹设孤儿院，专收无告孤儿，施以教养，热忱毅力，嘉许良深，所拟章程亦切实周妥，应准备案云云。"同年政府任命孙振麒为孤儿院董事长，并发有任命书。《奉化孤儿院院史及大事记》，旧2-7-38，奉化档案馆藏。
② 参见夫马进及梁其姿两位学者对于明清善会善堂的研究。夫马进：《中国善会善堂史》，商务印书馆2005年版；梁其姿：《施善与教化——明清的慈善组织》，河北教育出版社2001年版。
③ 清代前期，以个人自发结社经营的方式较为普遍，但到了雍正（颁布推广北京育婴堂及普济堂的上谕）之后，育婴堂的官营色彩越来越浓。
④ 《鄞县县政统计特刊》第二集《弁言》，转引自孙善根：《民国时期宁波慈善事业研究（1912—1936）》，人民出版社2007年版，第371页。

公立性质的慈善机构基本继承了传统慈善机构的特点，或者可以说是明确了传统官营与民办之间的模糊分界，给了政府更大的空间和弹性，与社会进行互补合作。以奉化孤儿院为例，从前期到后期，随着环境的不同，其收入来源在不断地发生改变，既有募捐所得，亦有政府提供的赈款（税收）。地方精英一力承办慈善事业，同时集合下层民众与政府的作用，上通下达。一旦社会急剧动荡，便侧重依靠政府力量以维系生存。此外，孤儿院的经营中亦保留有传统的"征信原理"①，固定时间会将孤儿院具体的账款收支等集结成报告册（清代时称"征信录"），公开印刷分发，以巩固既有的关系网络且获得社会的信任。从奉化孤儿院的实际情况来看，公立慈善机构这样的组织模式是具有其合理性的。

在中国，国家与社会从来都无法完全区分开来，其相互缠绕之程度，可说是"机能同型体"②，在慈善机构的运营中表现尤为明显。至少从奉化孤儿院来看，国家与社会的目标是一致的，均为了地方和谐、社会稳定，本质上是互不排斥而有张力的。

---

① 夫马进：《中国善会善堂史》，商务印书馆 2005 年版，第 651 页。
② "岸本美绪所提出的国家与社会之间的'机能的同型性'结构。岸本认为，在中国传统社会中，无论是国家或社会都致力于地方的安宁和协调，因此两者之间并不互相排斥。"参见小浜正子：《近代上海的公共性与国家》，上海古籍出版社 2003 年版，第 8 页。

关于"本体性否定"理论唯心主义历史观问题

孙功达

吴炫教授凭借自己扎实的学术功底，构建起新颖独特的"本体性否定"理论，不仅给文艺理论界注入了新鲜活力，而且对哲学、历史学等学科也产生了一定影响，特别是其本体性否定理论之历史观更是旗帜鲜明地阐述了"历史"之为历史的"否定性"前提问题，历史发展的动力、过程和目标等问题，实际上涉及现代中国的历史哲学理论构建问题。如何在新时代发展马克思主义史学理论，如何创立带有中国本土特色的历史哲学理论也就成为时代课题。吴炫教授所阐发的"本体性否定"理论之历史观体现了新时期学术界对于史学理论构建的努力，其筚路蓝缕、前驱先路之功功不可没。笔者不才，兹就"本体性否定"理论之历史观所存在的局限性问题做扼要评述，并求教于吴先生和学界同仁。

一、存在性"历史"的唯心主义界定

吴炫教授高标"本体性否定"理论旗帜，视"否定"为哲学本体，并进而认为"否定"亦为历史之本体。"本体性否定"理论把"否定"确立为人之为人的基点、源泉，视基于创造性的"否定"为人类始祖告别动物界的第一行动[①]。在万物之中，人类始祖的"否定冲动"和行动把自己和其他动物相

[①] "如果说人在告别动物界中创造了自己的历史的话，那么'本体性否定'不但是历史的成因，也因为源头的性质从此规定了历史的'性质'。"（吴炫：《本体性否定——穿越中西方否定理论的尝试》，浙江工商大学出版社 2008 年版，第 28 页。）

区别，实现了人类自身第一次华丽转变——这被吴炫教授视为宇宙形成以来"第一史实"。[①] 在他看来，就是人类的劳动也是"第二性"的，都是"否定"冲动和行动的结果和表现。[②] 因为很多动物也会使用工具进行劳动，之所以它们没有能够成为像人一样的智慧动物，关键就在于它们一开始没有进行"否定"，没有否定自己以前的行为和生活方式，还是沿袭着先前的生活，质言之没有进行自我"本体性否定"。当然，也就没有它们自己的历史进化了。

在"本体性否定"理论中，"否定"或曰"本体性否定"具有自己独特的内涵，和我们平时所理解的批判的、扬弃的、一刀两断式的拒绝不同，其基本意思为"不同"，或者说不同于先前就是一种"否定"——不同于先前的行为、革命行动、思维方式、观念意识、世界观等都会表现为"创造性"（或许可理解为创新性），从而就可以称为"本体性否定"。不唯如此，只有进行"本体性否定"才能导致"存在"的发生。存在主义哲学唯一关注的就是"存在"问题，而如何"存在"则是存在主义哲学诸流派的分界线。人如何才能存在呢？在吴炫教授看来，不是海德格尔的"敞开性"，不是萨特的"自由"，而是"本体性否定"最终实现了人的"存在"[③]。

在吴教授看来，"本体性否定"实际上就是"批判加创造性"，既是世界观，也是方法论。人能否"存在"，端赖基于创造性的"本体性否定"。在此前提下，吴炫教授进而将历史之过程（我们通常意义上对历史过程的理解）分为"历史"和"历时"两种类型，展开了其历史理论的讨论。

何谓"历史"呢？吴炫教授认为："历史就是在时间的消耗中由无数个'本体性否定'所构成——不同的文化、不同的世界观、不同的经典所奠定

---

① "从人类学的意义上说，'本体性否定'的提出就是从人对动物世界的'离开'和'超越'这一史实中得出的——因为这是目前为止太阳系和宇宙的唯一史实。"（吴炫：《本体性否定——穿越中西方否定理论的尝试》，浙江工商大学出版社 2008 年版，第 27 页。）

② "与'理性''劳动''符号'和'自由'这些'可对象化'的概念相比较，可以说'本体性否定'是最接近人'离开'自然界之'动因'的一个本体性概念，而'理性''劳动''符号'和'自由'都可以作为'本体性否定'的'结果'来对待。"（吴炫：《本体性否定——穿越中西方否定理论的尝试》，浙江工商大学出版社 2008 年版，第 27 页。）

③ 吴炫：《本体性否定——穿越中西方否定理论的尝试》，浙江工商大学出版社 2008 年版，第 11—12 页。

的世界文化的'结构',由此也得以解释。"①"历史"是在时间的消耗中由无数个"本体性否定"所构成的,或者说历史就是由"本体性否定"所构成的。人的"本体性否定"构成了或曰决定了人的"存在",而这个"存在"就是"历史"的痕迹,"历史"就是由众多基于本体性否定而造成的"存在"所构成的。"人就是会'本体性否定'的动物,人也应该就是'本体性否定'的动物,而历史,就是人这种否定的结果在时间中的展开。"②"否定的结果"就是人的"存在",其在时间中的"展开"也就成为了"历史"的主体。

吴炫教授对于"历史"之界定殊异于学术界的通常理解,主要是突显"本体性否定"在历史中的地位和作用。"本体性否定"构成了"历史",历史就是本体性否定之事实所串联起来的轨迹。同时,他将非"本体性否定"的历史过程视为"历时"——凡是非"本体性否定"的时间消耗都属于"历时"而不属于历史。"历史"一定要和"本体性否定"联系在一起。用哲学的观点来比附的话,"历史"就好比是哲学中所讲的"存在",一种有价值、有意义的"存在";而"历时"就是非"存在",最多算是"生存",是一种价值不大或曰无价值的时间消耗。"人类开始了自己的历史之后,也有选择'非本体性否定''非创造性生活'来消耗自己的时间。"③这个过程就是"历时"——庸众大都是没有能力进行"本体性否定"的人,其时间"消耗"过程,或曰经历过程就不能成为历史,不能称为历史,而只能称之为"历时"。

吴炫教授将人类时间的消耗分为两类——"历史"和"历时",从而全面展示了自己对于历史发展的认识,并构建了自己的历史理论,或许叫另类的历史理论——一位文艺理论学家从哲学角度探究历史发展脉络所形成的史学理论。历史学界可以轻视其学术价值,但是不能忽视其存在,不能忽视这种理论主张。历史学的殿堂招来了非史学专业研究者涉足,这或许是史学界

---

① 吴炫:《本体性否定——穿越中西方否定理论的尝试》,浙江工商大学出版社 2008 年版,第 28 页。

② 吴炫:《本体性否定——穿越中西方否定理论的尝试》,浙江工商大学出版社 2008 年版,第 28 页。

③ 吴炫:《本体性否定——穿越中西方否定理论的尝试》,浙江工商大学出版社 2008 年版,第 28 页。

的幸事而不一定看成是史学的悲哀。关于"历史"与"历时"问题的讨论，我们将另文讨论。这里，我们先要明了吴炫教授将"历史"与"本体性否定"理论联系在一起，简言之，在他看来"本体性否定"即"存在"，而"存在"即"历史"。我们先从这个角度予以分析。

吴炫教授将"历史"与哲学上的"存在"问题紧密相连，带明显的功利主义色彩，也有英雄主义历史观。吴炫教授自信地认为"个体"是否具有"本体性否定"冲动与行动决定了人能否"存在"问题，因此也就决定了人是否拥有自己的"历史"，决定了人类自身是否具有"历史"。这种观点实际上存在一个先在的预设：只有部分人才有"本体性否定"能力，才能保证其自身的真正"存在"；连带着才有自己的"历史"。人类群体也不是都永远保有"本体性否定"能力，比如爱斯基摩人、古代中国都曾丧失过这种能力，导致自身"历史"的不存在，而只有"历时"[①]。在吴炫教授看来，历史属于"存在者"，属于具有"本体性否定"能力的成功者，属于胜利者。凡是哲学上所讲的非"存在者"都没有历史，因为他们是非"存在者"只能有无价值、无意义的"历时"，只是时间的消耗、时间的浪费。

在吴炫教授看来，或者说就"本体性否定"理论来讲，"历史"是存在者的历史，也只有存在者才有"历史"。"历史"就是具有"本体性否定"的存在者即成功者的"专利"，对于人类来讲也是十分奢侈的事情，当然也是很荣光的事情。至于庸众则只好与之相区别，只有时间的徒然消耗、徒然浪费了，只是"历时"，只是无意义地度过时日罢了！这种观点与马克思主义历史观相去甚远，从根本上否认群众对于历史的贡献，显示出唯心主义的英雄史观，深层次上还有成王败寇的功利主义色彩。

吴炫教授通过"历史"的判断、界定，实际上是为改革开放过程中的成功人士唱赞歌，为精英群体张目，反映了某种历史和现实的真实性，只是一旦过分宣扬这种论调，会极大地伤害大众群体，也不利于全面客观地认识人类历史的发展——改革开放固然仰赖具有创新精神的改革前锋、先锋们，有

---

① 吴炫：《本体性否定——穿越中西方否定理论的尝试》，浙江工商大学出版社 2008 年版，第 34 页。

赖于他们敢于吃螃蟹的精神，但是改革大业也极大地依靠各行各业全体民众的集体努力，才能有今日中国之局面，就是所谓不入流的农民工群体，就是缺少创新的农民兄弟（吴炫教授认为农民群体的劳动具有重复性缺少创造性因而难以获得尊重，表现为非存在），无一不书写着当代历史的新篇章。

吴炫教授将"存在"和"历史"相连，带有极大的主观性，表现出主观唯心主义的色彩，其根源也在于其"本体性否定"理论本身就是主观唯心主义，反映在历史问题上也就难免有这种倾向性了。由于吴炫教授将"历史"与基于本体性否定的"存在"相连，而"本体性否定"在吴炫教授这里又只是少数人之事情，是少数具有"本体性否定"冲动与行动之人的事情，因而，"存在"是一件奢侈之事，"历史"也是少数人之事，大众只有"历时"而没有"历史"，类同动物，难以获得尊重。如此看来，吴炫教授对于"历史"的界定就存在着反大众的思想因素，存在不健康的因子，这不但不与事实相符，还与自由平等、理性民主等现代观念相背离，与新时代和谐社会建设也是南辕北辙。这种存在性历史观与历史真实相去甚远，也与当代流行的社会史研究关注社会底层、边缘群体的做法大相径庭。

二、"历史动力"方面的新"英雄史观"

在历史发展动力问题上，向来就有唯心主义历史观和唯物主义历史观的分野，前者认为历史发展的动力是人的思想、观念意识，后者认为人类历史发展的动力是客观的物质的力量：人民群众是历史发展的力量源泉，而生产力和生产关系之间的矛盾运动是社会发展的内在动力。

人的因素和物质因素等综合因素合在一起推动了人类历史的前进，即"合力"推动了人类历史的发展——这是我们在历史发展动力问题上比较有代表性的观点。我们认为人的因素和客观因素之合力推动了人类历史的发展庶几不会离真理太远，至于人的因素本身也应该包含作为思想动物的人所应有的思想意识成分，这也是不容忽视、不容否定的事情，即我们不能排除人主观因素对于社会历史发展的推动力。一切都取决于"合力"要素的全面、真实把握。如果一味强调人的主观因素就会落入主观唯心主义的泥潭；如果过于强调客观因素，也难免陷入实证主义的窠臼。当然，我们似乎很难避免"主义"的嫌疑，难免存在自身理论的局限性。笔者以为，吴炫教授基于本体性否定理论的历史观就存在主观唯心主义的局限性，这也可以从其"历史发展动力"观方面予以考察。

吴炫教授认为，历史即意味着在时间进程中人类有"创造性变化"，历史本身就体现出进步性，否则就是"历时"，因此凡是谈到"历史前进""历史进步"的问题都是同义重复，历史即意味着进步、前进，所以我们在讨论"历史前进的动力"的时候实际上就是在讨论"历史的动力"。[①]历史体现出创造性，体现出基于本体性否定的"存在性"，因此也就需要在"存在性"意义上考虑"历史的动力"问题。

吴炫教授论说道："是英雄创造历史还是奴隶创造历史？这是传统史学在关于'历史的动力'问题上一直有争议的话题。在我看来，这种争议无法统一的疏漏之处，正在于这不仅因为我们事实上很难说清楚斯巴达克和陈胜、吴广究竟是英雄还是奴隶，辛亥革命推翻帝制的功劳究竟属于孙中山还是属于中华民众反对封建帝制的一种意识自觉，而且更主要地在于：当英雄和奴隶如果都缺乏'本体性否定'的时候，所谓的'历史前进'和'历史进步'，很可能只是推翻了统治者而已。"[②]

显然，吴炫教授否定了英雄创造历史的说法，也不赞同奴隶创造历史，将二者一般地排除在"历史的动力"之外，"当英雄和奴隶如果都缺乏'本体性否定'的时候，所谓的'历史前进'和'历史进步'，很可能只是推翻

---

① "历史就意味着在时间进程中人类有'创造性变化'，否则便不是'历史'而是'历时'。所以当我们用'前进'或'进步'来指这个'创造性变化'时，'历史'与'前进'、与'进步'，就是同一个概念；反之，我们再用'前进'和'进步'来说事，那也不是说的'历史的发展'。所以当'历史'就是'真正进步'的同义语的时候，'历史进步'与'历史前进'就成为一个多余的概念。以此类推，真正的'历史'，也就不存在'退化'与'倒退'的问题，因为那时'历史'已经转化为'历时'了。在此意义上，回答'历史前进的动力'实际上就是回答'历史的动力'"。（吴炫：《本体性否定——穿越中西方否定理论的尝试》，浙江工商大学出版社2008年版，第39页。）
② 吴炫：《本体性否定——穿越中西方否定理论的尝试》，浙江工商大学出版社2008年版，第39页。

了统治者而已"。在吴炫教授看来,历史中的奴隶起义、农民起义、英雄造反如果不与"本体性否定"相连,即没有创新思想及其新的制度性诉求,则其行为都是非存在的行为,不构成历史,更遑论历史的动力呢?历史的动力是"本体性否定",是基于先祖告别动物界的"本体性否定",自己重新选择一种新生活!奴隶、农民不能担当这样的角色,就是历史中的英雄也不是每个人都这样幸运,质言之,改朝换代的草莽英雄不一定都能进行"本体性否定",不一定能进行政治体制的革新和新的追求,当然也就谈不上推动历史发展,也就不构成历史的动力![1]

历史的动力既不是英雄,也不是奴隶,那么,历史的动力该是什么呢?吴炫教授举英国资产阶级革命例子并引用恩格斯关于时代"需要"的经典论述回答了这个问题。

> 当恩格斯说"每当需要有这样一个人的时候;他就会出现:如凯撒、奥古斯都、克伦威尔等等"[2]这句话的时候,我理解的意思是恩格斯并没有将历史的动力归结为杰出人物,而是因为杰出人物突出地体现或代表了时代的一种"需要"。这一"需要",既是英雄的需要,也是民众的需要。也即在这一"需要"面前,本不应有英雄和奴隶之分。英雄,确切地说只是这个时代渴望确立自己存在的人实现自己目的的手段;英雄自身的存在性,只不过是在和民众的比较中因为引导和促进了这种需要的实现而被历史文本以价值形态记录下来。对历史而言,它首先关心的是这种"需要"本身,记录

---

[1] 中国三千年封建社会出现过各式各样的英雄和农民起义,但这些英雄和奴隶并没有开辟过一个新的历史时代。相反,农民英雄和他们所领导的农民起义,客观上倒是成为这一历时过程得以延续的一种调节机制。其造反或革命的性质,充其量只能是一次次生命冲动而已。很可惜,中国历代农民起义的历史性质就是这种"延续既定体制"的"历时"。既然这个历史的性质是历时,奴隶和英雄的区别就不重要了。另一方面,由于英雄和奴隶的身份是不确定的(如陈胜和吴广),所以人为争议是"英雄创造"还是"奴隶创造",并无多少实际的意义。(吴炫:《本体性否定——穿越中西方否定理论的尝试》,浙江工商大学出版社2008年版,第39—40页。)
[2] 恩格斯:《致符·博尔吉乌斯》(1894年1月25日),转引自《马克思恩格斯选集》(第四卷),人民出版社1972年版,第507页。

的也是这种"需要"从产生、发展到实现的全部过程。这一"需要"具体地说就是英国人民对斯图亚特封建文化的具有"本体性否定"意义的革命中所展示的"制度之创造"。也即英国人民的存在性在17世纪中叶是以体现了对封建文化的性质改造表现出来的。这种改造现有体制的冲动才是英国历史发展的真正动力。①

时代"需要"是历史发展的动力，这是马克思主义经典作家所认可的。具体到英国资产阶级革命来讲，其时代需要就是"英国人民对斯图亚特封建文化的具有'本体性否定'意义的革命中所展示的'制度之创造'"。看来，吴炫教授是接受了恩格斯的观点，然而，他又说："这种改造现有体制的冲动才是英国历史发展的真正动力。"②我们怎么理解呢？

时代"需要"和依据需要的"冲动"之间有无界限呢？前者应该是客观存在的，而后者带有人的主观因素，说的是人们的意愿。到底哪一种是历史的动力呢？吴炫教授的回答也是模棱两可的。从"本体性否定"理论来讲，显然，吴炫教授认为"改造现有体制的冲动才是英国历史发展的真正动力"，也应该是历史发展的真正动力。至于"时代需要"在这里是虚设的一个环节，并不具有历史动力的真实含义，因此，吴炫教授历史动力论也与马克思主义历史观划清了界限。其历史动力观带有主观唯心主义历史观的浓烈色彩，视基于本体性否定的"冲动"为历史发展的真正动力，这无疑夸大了人本能的历史动力作用。

在吴炫教授看来，历史就是基于"本体性否定"而表现的冲动与行动的结果！这在历史实践中到底有几分真实很值得探讨。无论是资产阶级的革命者还是无产阶级的革命者，其参加革命活动的动机应该是很复杂的，能够自觉意识到"时代需要"从而追求自我的存在性的人怕是不多，基于"本体性否定"而表现出"冲动"如何才能构成历史的动力呢？

① 吴炫：《本体性否定——穿越中西方否定理论的尝试》，浙江工商大学出版社2008年版，第40页。
② 吴炫：《本体性否定——穿越中西方否定理论的尝试》，浙江工商大学出版社2008年版，第40页。

吴炫教授表面上拒绝英雄史观，也拒绝奴隶创造历史的观点，认为"'历史的动力'从来不是从'哪一部分人'那儿来的"，同时也指出历史的动力"也不是从'所有的人'那儿来的"①。这就拒绝了人民群众创造历史的观点，实际上他还是主张英雄史观，不过这里的"英雄"不是通常意义上的智勇双全的人物，而是指具有"本体性否定"冲动与能力的人。在吴炫教授看来，历史是由少数具有"本体性否定"冲动与行动能力的人——特殊英雄群体所创造的，其改造旧制度的冲动和行动决定了其具有"存在性"和"历史性"，使他们属于历史。至于非"本体性否定"的时间消耗者（即缺少"本体性否定"冲动与行动的大众）只有"历时"②，只是徒然地浪费时间，因为缺少基于本体性否定的创造性、批判性，连自身的"存在"问题都没有解决③，更遑论历史之创造呢？！当然，历史动力序列中也就没有了这些人的身影了，这样，大众就被排除在历史动力之外了！

三、历史未来在"向善"与"完美"中间徘徊

人类历史发展之未来是怎么样的呢？这是历史哲学要回答的问题，也是一般历史爱好者所关心的问题。人类出于本能希望了解自己的过去，同时希望弄清楚自己所处的现在社会，最后对未来社会有一个预期。人类生命体之完整性其实也就体现在打通过去、现实与未来之间的界限，把三者有机地结合起来，鉴古知今，由今知远。马克思主义历史观在 20 世纪 80 年代后期受到冲击以后，学术界对于未来的考虑不再热心了，甚至采取回避的态度，未来是遥不可及的事情，人们只是关心眼前的利益，现实就是一切！吴炫教授依据"本体性否定"理论提出了自己的历史观，并明确了未来社会的走向——

---

① 吴炫：《本体性否定——穿越中西方否定理论的尝试》，浙江工商大学出版社 2008 年版，第 39 页。

② "历史就意味着在时间进程中人类有'创造性变化'，否则便不是'历史'而是'历时'。"（吴炫：《本体性否定——穿越中西方否定理论的尝试》，浙江工商大学出版社 2008 年版，第 39 页。）

③ "历史发展的动力来自于人对存在性的追求。"（吴炫：《本体性否定——穿越中西方否定理论的尝试》，浙江工商大学出版社 2008 年版，第 41 页。）

"向善"，避开了西方史学对于未来的悲观论调，值得我们深入探讨。

我们还是先看一下吴炫教授关于未来社会"向善"的有关论述，而后再做分析。"不断意识到自身的局限，本身就是人的存在性显现的结果。或者说，人的存在性本身就是在不断克服'局限之恶'的过程中'向善'的。"①在吴炫教授那里，历史就是"本体性否定"过程，就是不断发现自身局限性的过程，当然也就是超越的过程，"存在"的过程，当然也就是"向善"的过程。"向善"是人类发展的方向。

那么，什么是"向善"呢？吴炫教授做了概括性界定："创造性生活的'向善'性，不是指人类生活会越来越'好'（'好'的标准取决于人们如何理解），而是指创造性生活能以文明的有机性解决特定时代的'重大问题'而让人心灵安顿。"②在吴炫教授这里，"善"并不等同于"好"，也可能是"好"，也可能是不好——这无疑打消了我们对于未来社会的美好憧憬，"而是指创造性生活能以文明的有机性解决特定时代的'重大问题'而让人心灵安顿"——这又让我们有些难以理解。我们分解后面这句话，是否可以这样来理解"善"：一是指创造性生活能解决特定时代的"重大问题"；二是指这种创造性生活能"让人心灵安顿"。这里的关键就是"创造性生活"，怎么理解呢？

所谓"创造性生活"大概就是基于"本体性否定"理论的新生活，不同于以前的新生活，而是一种新生活观、新生活态度，区别于从前，表现出新颖性、创新性，特别是克服了以前生活的"局限性"。这种"创造性生活""能以文明的有机性解决特定时代的'重大问题'"。这里，我们就要继续追问何谓"文明的有机性"呢？文明的有机性似乎是创新性生活解决特定时代重大问题的关键所在。我们能否这样讲，具有以"文明的有机性"为特征的"创造性生活"能解决特定时代的"重大问题"。

吴炫教授赋予"创造性生活"以重大使命，并将"文明的有机性"和生

---

① 吴炫：《本体性否定——穿越中西方否定理论的尝试》，浙江工商大学出版社 2008 年版，第 42 页。

② 吴炫：《本体性否定——穿越中西方否定理论的尝试》，浙江工商大学出版社 2008 年版，第 41 页。

活联系在一起，若撇开这些哲学辞藻，吴炫教授所言的就是依据文明发展进程而选择的新生活方式、新生活态度。"文明的有机性"就是不违背文明进程常理的文明生活，是基于"本体性否定"而选择或曰创造的生活方式，一种吴炫教授基于"本体性否定"理论主张而采取的"个体化理解"的新生活方式：对于旧有的生活采取批判而尊重的态度，用"二元对等"的思维代替"二元对立"的思维，保有创造性而使自己"存在"，富足自己，展示自我，实现自我，最高限度地融入这个多姿多彩的世界中，"诗意"地生活在这个繁华世界中，注意，不是"诗意"地"栖居"在远离人世的森林中。如此，人也就与文明联系在一起，有机地联系在一起了。如此人也就找到了"安身立命"之方式，实现了"心灵安顿"！

在吴炫教授看来，特定时代"重大问题"，都是人的问题而不会是外敌入侵，也不是什么经济问题、政治问题，而纯粹是"人"的问题，而人的问题就是如何生活的问题，如何选择存在方式的问题，或曰"如何存在"的问题。吴炫教授对于未来世界所给予人们的良策是"向善"，终极目标是"心灵安顿"，其方式方法就是基于"本体性否定"理论而"选择"的"创造性的生活"。谁谓不然呢？人类心灵需要安顿，永远需要安顿，历史上的宗教也曾起到过安顿人类心灵的作用，而且是要用一个神来拯救众生，至于"本体性否定"理论则希望个体自我拯救①，自己选择自己的生活，其前提就是要自己发现自身乃至生活本身的局限性，进行"本体性否定"，实现自身的超越，并与文明有机体融合在一起，获得创造性生活。其实，一切都是"个体性"的实现，不具有普度众生之意义，因而未来社会"向善"的真实性也就打了折扣。所谓酒肉穿肠过，佛祖在我心，是自我拯救的古方，自家的事情自家解决，"本体性否定"理论其实也是要提醒大众自己创造自己的新生活，自己选择自己

---

① "我只想说的是：能够让人安身立命的思想一定是能切入这个时代的人的心灵问题的思想，也是因此能让人心灵居住的思想。而人的心灵可以居住，就不存在悲剧问题，也不存在混乱问题。如果我们说当代社会因为价值多元而有混乱迹向，那也是因为后现代哲学把重心放在质疑'理性专制'上，而没有把重心放在心灵安顿这一建设性的课题上。所以在这个问题解决之前，安身立命问题只能依赖每个个人自己的创造性成就来进行有限解决。"（吴炫：《本体性否定——穿越中西方否定理论的尝试》，浙江工商大学出版社 2008 年版，第 41 页。）

独特性的新生活！"安身立命问题只能依赖每个个人自己的创造性成就来进行有限解决。"①每个人都解决了自己的问题，则这个社会也就是整体地"向善"了，人类未来的世界也就是"向善"的。至于未来世界"向善"程度则只有未来世界才能检验了。

吴炫教授对于基于"本体性否定"理论所构建的"未来世界"充满信心，认为它必将表现为"善"，而不是西方式的"恶"——基于二元对立之冲突、相克、战争、毁灭等。他讲：

> "本体性否定"在中国，虽然在强调世界观的创造性这一点上可以与西方式的"本体性否定"打通，但由于"本体性否定"是以"二元对等"思维来建立"创造"与"既定创造"之关系的，所以按照中国式的"本体性否定"观念和思维方式，是有可能建立起未来世界"多元文化"之间"虽然批判但彼此尊重"的新型交往关系的。这一关系如果能建立起来，比之于西方"相克"的否定关系和多元关系，当然也可以说是"善"的。②

吴炫教授用其本体性否定理论描绘了未来世界基于中国文化特点而展现的和谐统一局面，是具有启发性的，也具有理论意义。"二元对等"思维是吴炫教授阐发的一个新概念，并赋予其与"二元对立"不同的新含义，这对于今天多极化世界之构建、文化多元之发展有极大现实意义。这样的理念大大地减少了对立的含义，体现出更多的包容性和平等性，对于世界"向善"方向发展也是有积极意义的。

当然，在实际操作中如何做到二元对等，如何做到"虽然批判但彼此尊重"的新型的政治、经济、文化交往关系也是需要深入探讨的。中华文化的诚意、善意、仁义所表现出的极大包容性一旦被世界所接纳，则未来世界走向和善之旅、和平之旅就可以期待了。我们愿意抱有这样的期望，简言之希望未来

① 吴炫：《本体性否定——穿越中西方否定理论的尝试》，浙江工商大学出版社 2008 年版，第 41 页。
② 吴炫：《本体性否定——穿越中西方否定理论的尝试》，浙江工商大学出版社 2008 年版，第 41 页。

世界走向"善"。我们觉得吴炫教授"向善"之美意可以理解,其"向善"之途有待验证。

吴炫教授对于"历史的未来"真实的看法:

> 否定主义的"本体性否定"历史观之所以对历史的未来持一种
> 乐观的看法。一方面是因为它坦然面对任何历史阶段的问题,并且
> 不以完美主义寻求自己的建设,而且总是以"发现问题"作为人类
> 避免走向灾难、混乱和歧途的手段,这就为"人类无止境,发展也
> 无止境"的"批判与创造"的宿命提供了保证。[①]

历史就是在不断的"否定"过程中前进的,而否定的前提一定是不完善、不完美的,一定存在所谓的局限性,因此不完美是历史的宿命,否则历史就会停滞不前,所以,"本体性否定"乐观看待一切,特别是坦然看待历史任何阶段。人类就是在不断发现问题而后不断解决问题的过程中展开自己的历史过程的,因此,可以说人类历史永远不会达到"至善"而只能期望"向善",在"批判与改造"中走向历史深处,走向遥远的未来。这或许就是吴炫教授"本体性否定"的历史未来观——历史在残缺中走向残缺,在存在问题的社会中走向有问题的世界!

仔细推敲起来,吴炫教授上述论断确实有许多值得商榷之处。

在历史发展问题上,吴炫教授无疑是一位谨小慎微的改良主义者,注重一个一个问题的解决,"总是以'发现问题'作为人类避免走向灾难、混乱和歧途的手段"。在他看来,这也是千真万确的主张,或许是解决人类所有问题的灵丹妙药,也是放之四海而皆准的真理吧!

或许发现了问题就有了解决问题的办法,至于历史上、人世间有多少问题已经被发现而不得解决则只有上帝知道吧!比如历史上的北宋王朝积弊多多,冗兵、冗官、冗费都是当时尽人皆知的事情,遗憾的是就是没有办法解决。几乎每一个封建王朝在后期都存在这样那样的问题,也都有贤明之士予以揭露,只是都没有找到解决的好办法,至少都没有从根本上解决,也就没有终

[①] 吴炫:《本体性否定——穿越中西方否定理论的尝试》,浙江工商大学出版社 2008 年版,第 41 页。

止这个王朝的衰落与灭亡。所以，把"发现问题"作为人类避免走向灾难、混乱和歧途的手段恐怕是不够的。

吴炫教授如此看重"发现问题"是基于其"本体性否定"理论，以为只有发现了问题，也就实现了看清、认识此在的局限性——这是否定本体论的前提和表现。不同的理解、不同的看法都是"本体性否定"的表现，至于"发现问题"，发现现有体制、现有社会，现有群体、个人本身带有缺陷的问题，就更是有益无害的"本体性否定"理论合理性的凭证，也是解决问题的"保证"，不，应该说就是解决了问题吧！按照吴炫教授的说法，中国学术包括史学理论都可以在日用生活中找到自己用武之地，都可以在"发现问题"的云迷雾罩中坦然面对一切，乐观地看待未来！

"不以完美主义寻求自己的建设，而且总是以'发现问题'作为人类避免走向灾难、混乱和歧途的手段，这就为'人类无止境，发展也无止境'的'批判与创造'的宿命提供了保证。"云云，也很是耐人寻味。在吴炫教授看来，人类历史发展就是"'批判与创造'的宿命"，即"批判与创造"的必然过程，也即"本体性否定"过程。如此逆推，我们就看到历史发展的前设：历史的非完美性、历史之局限性一直存在，问题一直存在，没有尽善尽美的社会历史，因此需要人们像啄木鸟一样会挑毛病，会找到社会的问题（虫子所在）——这是人类的常态工作，也是具有创造性的工作！"发现问题"就是有新想法，就表现为某种创造性，当然也表示、显示你的"存在"以及你自己的"历史"也存在！你的"批判与创造"在你"发现问题"过程中都体现出来了，并保证了宿命的历史的延续！历史就是属于啄木鸟之类的人！历史不可能完美，完美的历史就终止了否定，终止了"本体性否定"，这无疑是对于历史发展的蔑视！"发现问题"、发现历史和现实的"局限性"是历史存在的保证！

"不以完美主义寻求自己的建设"这也是吴炫教授历史观的重要主张。这也属于历史的真实情况吧！然而，人类自古以来就是一个理想主义者，甚至是完美主义者，而历史发展的事实则一次又一次地让人们落空！天国不可期，天堂不可求，共产主义社会似乎也很遥远，为今之计与其追求虚玄不如务实求实，"本体性否定"便以古人"求阙斋"之表意做"阙斋"的主人，干脆放弃完美主义之追求，庶几不会远离历史和社会的真实吧！

完美固然难求，而放弃完美之追求也是人生莫大之悲哀！学术界自甘平庸，放弃崇高与神圣之追求，如此将把中国学术界引导到何处呢？古人云："勿以善小而不为，勿以恶小而为之。"这也是大实话，也是给大众指出了人生追求的某种完善自我的目标！其引领社会走向崇高与完美的用心还是能被我辈感知的，没有断然放弃人生对于完美的追求！虽不能至，心向往之，这是人类从远古走到今天的精神动力！无论是大同理想，还是天国的目标，还是真善美的全力追求、慎独的道德诉求、天地良心的起誓，哪一项不是人类拒绝瑕疵追求完美的表现呢？吴炫教授以文艺理论家之身份，很现实地提出了"不以完美主义寻求自己的建设"的主张，我们只能感到十分遗憾。也许，在今天，完美主义已经是十分奢侈的事情了，已然被大众抛诸脑后了，特别是何谓"完美"也是一个问题，这是一个道德问题，还是一个包含了道德、人生观、人生行为、自我价值实现、自我感受、社会评价、历史评价、国际影响等方方面面的问题，是人的全面发展的问题，真要做到尽善尽美难矣哉！设若人类真的不再追求完美，只是偏执地固守一端，就像路易十四说的那样：我死后哪怕洪水滔天与我何干！这就会有大问题！十全十美固然难求，但人真要放弃对于完美的追求，天可能不会塌陷，地可能不会陷落，而人类社会则怕是问题不断，也许会后患无穷！学者的使命还是以引导社会走向完善为天职为好！学者放弃对于完美主义的追求，放弃将社会引向完美的未来，而且以此相标榜，则庸众何以堪！先人云：取法其上得乎其中，取法其中，得乎其下！"不以完美主义寻求自己的建设"，人们或许会问，社会需要专家学者何用，要理论家何用啊！我们呼唤大师的出现，呼唤学界精神领袖的出现，以便引领大众走向更加美好的未来！"本体性否定"理论之局限性在展望人类历史未来方向上也是在所难免的！

四、小结

吴炫教授提出了自己的"否定"理论，首先在文艺理论界产生广泛影响，之后逐步影响到哲学界、史学界。吴炫教授"本体性否定"理论扎根于西方历史上的"否定"思想，奠基于西方存在主义，试图突破了海德格尔、萨特等人的现代存在主义思想，并结合中国实用主义的文化传统，反映了改革开放后脱颖而出的中国现代精英阶层某种内在的思想情怀，言说着某种历史与现实的真实！在当今时代，历史与现实都需要予以总结，这一方面给予历史一个交代，更重要的是给予未来一个指导，给人们走向未来一个信心。"本体性否定"理论作为一家之言给予我们这个时代一种解说，特别是肯定"创造性"在人生"存在"以及在人自身"历史"中的突出作用。我们以为确实具有合理性，也有其真实性！笔者所不能苟同的是："本体性否定"理论太看重具有"创造性"的"少数人"在历史和现实中的作用了，甚至将民众或曰大众都应该有的"历史"也剥夺了，而把它"赋予"给少数所谓具有"本体性否定"冲动和能力的人，不自觉地形成了新的英雄史观，忽视了广大民众对历史的贡献以及他们在历史中的地位，这有悖于历史与现实的真实，也与马克思主义历史观不相符合。其对于人类历史发展的未来走向持游移不定的态度，一方面承认历史未来是"向善"的，之后又说这并不一定意味着"好"，不敢追求"完美"，已然成为现实的俘虏！在我们看来，和谐秩序、幸福安康、丰衣足食、天下太平应该是完美的世界图景，应该是人类追求的基本目标！人类命运共同体也是新时代愿景！对于个人来讲，追求完美也是人生的基本目标，近代西方早期著名哲学家斯宾诺莎曾提出过人生的"圆满性"问题，马克思主义经典提出人的全面发展问题，都涉及人生"完美"性追求问题。我们以为，人作为整体存在，其追求自身的完美性就是实现自身整体性存在的必然选择。人生最终可能不完美，但是这绝对不是人放弃完美性追求的一个充足理由！人类所受到的教育、一切个人修养、一切文化设施等等其实都是为了实现人类自身完美性！

参考文献：

俞宣孟.本体论研究［M］.上海：上海人民出版社，2012.

李泽厚.人类学历史本体论［M］.天津：天津社会科学院出版社，2008.

第四次十字军东征 ① 后的地中海世界

代成兵

十字军东征在中世纪历史中占有非常重要的地位，十字军东征的主要目的是恢复圣地、驱赶异教徒，而第四次十字军东征却发生了"转向"，由最初的目标——信仰穆斯林的埃及，转向了进攻同宗国家拜占庭，这种变化使其在十字军的历史上有了独特的地位。本文就是试图从整体史和文化交流的角度来阐释和注解第四次十字军"转向"后给地中海世界所带来的影响。第四次十字军东征给同宗国家拜占庭带来了灾难，属于扩张时代的西欧人把触角伸到了东方，在原拜占庭土地上建立起了拉丁人的统治。从此，东西方的地理障碍被暂时打破，东西方的交流和融合出现了新的特征。第四次十字军东征，获利最大的意大利商人利用这次战争的胜利成果，建立起连接地中海的顺畅的商业网络，使环地中海地区都纳入了意大利人的商业版图，中世纪地中海贸易圈出现雏形；另外，天主教扩张到东正教的传统教区，宗教的冲突与相容也是这一时期的一个重要的现象和特征；而西欧封建制的植入，必然会给拜占庭社会带来冲击，但这也是一个适应和融合的过程，尤其是东西方贵族阶层的融合与同化，更是这一时期的一大特色。

---

① 说明一点，本文所研究的十字军运动是指传统意义上的 1096—1291 年的历史，即由乌尔班二世所号召发起的第一批十字军东征到十字军在中东的最后一个堡垒阿克城被攻陷的历史，而第四次十字军东征后的历史则是指 1204 年第四次十字军攻陷君士坦丁堡到 1261 年拉丁帝国灭亡及其稍后一段时期的历史，时间跨度约为 13 世纪初到 13 世纪末 14 世纪初。

一、中世纪地中海贸易圈现雏形

第四次十字军东征攻陷了君士坦丁堡，建立起了拉丁人的统治，打破了原有的贸易壁垒和商业限制。拉丁人的大量涌入，长途海运的发展，西方尤其是意大利流动资金的进入，加上不断扩张的西方对农业和手工业的需要，都促进了地中海地区长途海运贸易的发展，逐渐使地中海地区经济在中世纪时期迈向一体化；同时，也促使黑海向西方商业开放，并逐渐融入地中海贸易圈。

拉丁人对拜占庭的占领，为西方资金进入拜占庭扫清了障碍，使其能够充分发挥"以钱逐利"的本能。意大利信贷集团的活动便是当时的一个特色。自1270年始，锡耶纳和佛罗伦萨的商业和银行公司逐渐开始大规模的信贷行动。这些意大利商人的大规模的商业活动遍及拉丁帝国的各个角落。香槟集市和英格兰，被拉丁人占领的希腊的克拉伦斯、科林斯、底比斯和尼格罗彭特都有他们的信贷中心，意大利商人和银行家发明了一种新的赚钱方式，他们运用市场化操作模式，把资金投资于手工业和农地开垦来获取短期或长期收益。在1240年前的底比斯，热那亚商人在丝绸手工业中扮演了中间商的角色。总而言之，"13世纪后半期意大利银行家、商人和管理者的出现和活动，促进了已被拉丁人占领的原拜占庭西部的农业、手工业和畜牧业的生产率、产量和利润的大幅增长，给当地经济带来了飞速发展"[1]。

同时，原拜占庭地区手工业的发展也表现出一种与众不同的模式。底比斯和其他丝织中心生产出的丝织品被运往西欧（主要是意大利），意大利城市再加工后的大量的优良丝织品和威尼斯经过技术改造后的玻璃制造业，其出口的主要方向则是拜占庭，这就大大抑制了同样的手工业在希腊中西部及其附近岛屿的发展。上述地区越来越多地向西方供应原材料，并且也逐渐成为西方最终产品的消费市场。希腊中西部地区经济的发展演变，就是面向西

---

①Abulafia,David.The New Cambridge Medieval History,Vol. V. c.1198−1300. Cambridge:Cambridge University Press,1999,p.540.

欧长途出口的重定向，这种现象在1204年以前的君士坦丁堡就已经出现端倪。可以肯定的是，希腊的这些地区也通过陆路、海路参与短途和地区性的贸易，包括一些季节性的贸易。随着资金的投入，拉丁人在这些活动中的份额也越来越大，"13世纪70年代后，希腊人越来越依赖拉丁人的海上运输。希腊中西部的海上贸易越来越从属于被威尼斯商人和船员所把持的长途海运贸易的需求、路线以及季节性波动，这些威尼斯人很好地利用了威尼斯提供的海军和外交保护，以及其殖民地和商业基地所提供的便利条件"[1]。这种演变导致了这些地区的经济一体化，出现了联结拜占庭、意大利和黎凡特的三角贸易模式。

君士坦丁堡陷落所带来的最主要影响之一是促使黑海向西方商业开放。即使在1261年拜占庭光复后，除了特定条件下的小麦贸易，这种开放的贸易状态也没有停止。起初在君士坦丁堡的拉丁人日常的小麦、盐、鱼、毛皮等生活必需品的供应主要被黑海当地的商人所把持，拉丁人参与甚少。黑海商人带来的商品在君士坦丁堡转船也可销往地中海市场。就在1239—1240年，蒙古人在南俄国巩固了统治秩序的短短时间之后，拉丁人的商业在地理上和经济上已经遍及黑海沿岸。[2]他们中的一些居住于克里米亚半岛南部的索尔达亚，并且把它变成一个深入南俄国甚至基辅的基地，且以此为据点，从蒙古向地中海出口奴隶，进行奴隶贸易。巧合的是，1260年有两个威尼斯人经过君士坦丁堡，在他们去中国的路上，也到过索尔达亚。他们分别是著名的马可·波罗的父亲尼克罗和叔叔马休，以后几年里，在君士坦丁堡和黑海，威尼斯船只的频繁出现也表明拉丁人在此地区活动的增长。君士坦丁堡挤满了来自天主教中的商人，马赛、蒙波利埃、纳邦纳、巴塞罗那、安科纳、佛罗伦萨和鲁古撒都在君士坦丁堡建立了殖民地，有些商人甚至来自西班牙、英

---

[1]Abulafia,David.The New Cambridge Medieval History,Vol. V. c.1198—1300. Cambridge:Cambridge University Press,1999,p.540.

[2]Abulafia,David.The New Cambridge Medieval History,Vol. V. c.1198—1300. Cambridge:Cambridge University Press,1999,p.541.

格兰、德意志。黑海海滨点缀着热那亚和威尼斯的殖民地。^①拉丁人占领的君士坦丁堡变成了一个重要的中继转运站，并且在黑海融入地中海贸易圈中发挥了关键性的作用。

意大利商人还控制了此时的北非沿海贸易。意大利商人把从欧洲大陆甚至东方的手工业品带到突尼斯、博吉和休达，在那里购买羊毛、兽皮、蜂蜡、靛青、明矾和谷物。但这条路线的投资和利润都非常少，这就使非洲成为逐渐走下坡路的商人团体（如比萨、马赛和墨西拿商人）的避风港。意大利商人的船只经常沿大西洋海岸航行到摩洛哥。12世纪他们的终点通常是赛那，从1250年后，被更靠南的萨非所代替。

此时，在沟通大西洋贸易方面也取得了很大突破。1277年，热那亚的平底大船开始沿加的斯和塞维尔到达法兰西、佛兰德和英格兰，他们高高的船体使停靠在拉鲁切尔、加来、南安普敦和伦敦的北方船只相形见绌。威尼斯则于1317年派出非常有名的"佛兰德大船队"来与西欧进行贸易。船队经直布罗陀到达布鲁日和伦敦。香料、明矾、谷物、酒和其他来自地中海地区和远东的物品被用来交换佛兰德的呢绒、英国的羊毛和其他物品。14世纪中期前，英格兰和佛兰德成为热那亚和威尼斯按计划派出的一年一次的航行的一个经常性的停靠地。热那亚海上贸易征税报告也从一个侧面显示当时贸易的繁荣。报告显示，海上贸易在1274—1293年间有4倍以上的增长。在1294年，热那亚港口出口需要缴纳税金的各类物品价值为3822000盾。这大约是菲利普·奥古斯都统治下的法兰西君主国收入的7倍，是吕卑克最好年份（1368年）海上出口的差不多10倍。^②

第四次十字军后，意大利商人的在地中海建立了众多的贸易据点和商站，与沿岸各国建立起了密切的贸易关系。地中海的贸易逐渐形成一种更加紧密的商业网络，各种商业贸易和往来比以往更加频繁和紧密了，中世纪地中海

---

①M.M.波斯坦等主编：《剑桥欧洲经济史（第二卷）：中世纪的贸易和工业》，经济科学出版社2003年版，第293页。

②M.M.波斯坦等主编：《剑桥欧洲经济史（第二卷）：中世纪的贸易和工业》，经济科学出版社2003年版，第296页。

贸易圈的雏形开始出现。"当欧洲的大部分贸易仍然在集市上断断续续进行时，在地中海贸易已是在进行连续性的流动了。"①

二、宗教分歧与相容

东正教与罗马天主教的斗争是基督教历史上的重大事件。这两个教派原来都是基督教的主要教区，但是，在基督教发展壮大的过程中，两大教区为争夺最高宗教地位展开了激烈的斗争，最终导致两派公开的分裂。

按照 325 年尼西亚宗教会议的决议，罗马教会在几个基督教教区中列首位，其次为亚历山大教会和安条克教会。后来随着君士坦丁堡的建成和发展，这种情况发生了变化，君士坦丁堡教会因其特殊的政治地位而获得飞速发展，381 年君士坦丁堡基督教主教会议确定其地位在罗马教会之下而在其他教会之上。但是，君士坦丁堡教会不满足其基督教世界第二的地位，特别是古都罗马已经丧失其原有的政治文化中心地位后，它希望取代罗马教会的地位。451 年卡尔西顿宗教会议扩大了君士坦丁堡教区的宗教管辖权，并明确承认君士坦丁堡教会享有与罗马教会同等权利，会议决议第 28 条强调：与罗马教区"同样的特权授予最神圣的皇都新罗马（君士坦丁堡教会），因为这个拥有皇权和元老院光荣并享有与帝国古都罗马同等特权的城市理应在宗教事务中享有与其地位相符的权力"。②罗马教会在日耳曼民族迁徙造成的西欧混乱中，不甘心接受其世界中心地位丧失的现实，于是打起"彼得教会"的大旗，坚持其在基督教世界中的最高地位。两大教区在争夺最高地位的斗争中各持一端，且日趋激烈。在毁坏圣像运动期间，双方的斗争导致互不承认对方的合法性。拜占庭皇帝决定由驻拉文纳的总督监督罗马教会，并收回罗马教区在西西里和意大利南部的财政权，这就加速了罗马教会脱离拜占庭帝国的过程，当意

①M.M.波斯坦等主编：《剑桥欧洲经济史（第二卷）：中世纪的贸易和工业》，经济科学出版社 2003 年版，第 289 页。
②Vasiliev,A.A. History of the Byzantine Empire,Vol. Ⅰ.Wisconsin:University of Wisconsin Press,1958,p.106.

大利北部伦巴底人进攻罗马城时，罗马主教立即向法兰克王国求助。756 年，教皇史蒂芬接受法兰克宫相丕平的"献土"，开始行使其教俗君主权力相结合的教皇权，而教皇利奥三世于 800 年底为查理大帝加冕标志着罗马教会最终脱离拜占庭帝国的控制。这一事件加剧了东西方两大教会之间的对立。

拉丁教会和希腊教会不同的文化背景更使它们相互蔑视和仇恨，终于导致基督教历史上的第一次公开大分裂。1054 年，罗马教皇利奥九世派遣特使宏伯特前往君士坦丁堡与大教长米哈伊尔谈判基督教圣餐使用发面饼或死面饼的问题，两人各不相让，宏伯特利用在东正教最高圣坛圣索菲亚教堂做弥撒之机，宣读开除米哈伊尔一世教籍的命令，并指责"米哈伊尔及其追随者因犯有上述（使用面包作圣餐）的错误和渎神之罪"[①]。米哈伊尔立即在宗教大会上反唇相讥，对罗马特使及其有关教徒处以破门律，指控他们"如同野猪一样来到圣城企图推翻真理"。[②] 这次事件直接导致基督教第一次大分裂。此后，东正教和罗马天主教分别沿着各自的道路继续发展，在教义信条、宗教礼仪和组织制度等方面形成不同的特点。

在拉丁帝国统治拜占庭期间，天主教开始在拜占庭地区扩张。教皇英诺森三世把拉丁帝国的建立视为东西方教会统一的良机，他在给尼西亚拜占庭皇帝塞奥多利一世的一封信中写道："拉丁帝国的建立是作为对希腊人拒绝承认罗马最高权威的惩罚。"[③] 君士坦丁堡的拉丁征服者们起初通过亵渎希腊人的教堂、劫掠圣物来羞辱希腊人，拜占庭境内的东正教不久之后也服从于罗马教皇的权威，其组织架构仿照南意大利和西西里的模式重新改造。由于信奉东正教的希腊人口占多数，所以其得以保留下来。事实上，与天主教的优势相比，东正教逐渐失去了它的主教席位和神职授予权，除此之外，征服者还没收了东正教寺院的大量土地财产。13 世纪 20 年代后，不断出现的方济

①Vasiliev,A.A. History of the Byzantine Empire,Vol. Ⅰ.Wisconsin:University of Wisconsin Press,1958,p.338

②Vasiliev,A.A. History of the Byzantine Empire,Vol. Ⅰ.Wisconsin:University of Wisconsin Press,1958,p.338.

③M. Nicol, Donald. The last centuries of Byzantium,1261-1453. Cambridge:Cambridge University Press,1993,p.17.

各会和多明我会的教士给占领区的东正教带来了更大的冲击和压力。尽管如此，东正教通过不断出现在希腊当地和举行活动，仍表现出其顽强的生命力，特别是在天主教影响未及的农村地区。征服后的几年里，希腊东正教教士向尼西亚和伊庇鲁斯东正教教会寻求帮助。深刻的民族对立情绪和社会矛盾使大部分东正教信徒拒绝承认罗马天主教的信条，拒不承认罗马教皇。他们认为教皇是第四次十字军征服君士坦丁堡的幕后支持者。1207年，拉丁帝国统治下的东正教领袖联合致信罗马教皇英诺森三世，明确坚持东正教的信条，拒绝天主教信条，声称英诺森三世所要求的最高宗教领导权应归基督教会议。在拉丁帝国统治的半个多世纪里，东正教一直采取不与罗马教会合作，不承认教皇领导权的态度。"被占领的希腊领土在大众层面传达了一种反对教皇以及忠于原有宗教信仰的信息，并且促使人们反抗拉丁统治秩序和天主教的至高无上的权力，结果，它变成了希腊种族觉醒和集体认同的凝聚点和促进力量，希腊人对拉丁征服者和他们后继者的仇恨促使拉丁帝国的崩溃。"①

1261年拜占庭帝国帕列奥列格王朝重新占领君士坦丁堡后，主动向罗马教皇提议东、西教会和解，东正教服从罗马教皇的领导，以此来分化和瓦解西欧反拜占庭的联盟，挫败西西里国王安茹的查理领导下的复辟拉丁帝国的阴谋。当时，急于扩大教皇势力范围，进而控制东正教的罗马教皇格利高里十世非常欢迎拜占庭皇帝米哈伊尔的建议，先后三次接待了拜占庭皇帝的特使。按照皇帝的吩咐，特使们一再表示接受罗马天主教的信条和礼仪，承认教皇的宗教领袖地位。1274年5月7日，教皇在法国南部城市里昂举行宗教会议，西欧各大教区和教廷的官员全部到会，拜占庭帝国代表团在会上宣读了皇帝的亲笔信，表示无条件全部接受罗马天主教的信条和承认教皇的最高宗教权威。同年7月6日，会议通过了统一宣言，宣布天主教和东正教的统一。但是，统一宣言激起了拜占庭绝大多数神职人员和信徒的反对，拜占庭皇帝也没有得到期待中的教皇的援助，教会统一宣言成为一纸空文，东西教会的

---

① Abulafia, David. The New Cambridge Medieval History, Vol. V. c.1198−1300. Cambridge:Cambridge University Press,1999,p.542.

分裂状态也就保持了下来。

三、西欧封建制在希腊地区的移植：冲突与融合

第四次十字军攻陷君士坦丁堡之后，拉丁人的涌入给希腊地区带来了很大的变化，原有的皇帝领导下的地方大贵族统治被拉丁人所取代。伴随征服，"西欧骑士们带来了西方的制度、管理、理念和价值观"。[①]西欧封建机制移植到东方，必然会给希腊地区带来冲击，同时这也是双方"适应、妥协和融合"[②]的一个过程。

在第四次十字军东征前，西欧和拜占庭社会存在着巨大的差别。首先，在国家实体概念上，拜占庭存在着统一的国家，并且有代表国家掌握最高权力的皇帝。其次，拜占庭存在着国家法律，尽管社会各阶层之间存在着经济和社会地位的差别，但他们的法律地位平等，所有自由民都处于帝国的法律保护之下。同时，在第一次十字军之前，拜占庭就出现了类似西欧"封建化"的趋势，这种趋势源于 11 世纪末科穆宁王朝首创的"普罗尼亚制"（也称监领制）。拜占庭皇帝最初把征税权授给地方贵族，后又把土地连同土地上的小农一起授给地方贵族，最终导致地方贵族势力的坐大，这种情况类似西欧的分封，但又有所不同：这些封地授予只是授给受封者本人，而不能世袭或转让；普罗尼亚制下的地方贵族并不用服兵役的方式来进行回报，他们也不是军队构成的主要力量；国家并没有授予地方贵族公共权力和司法权力来限制封地上小农的耕种。12 世纪晚期的拜占庭贵族阶级并不能世袭，且不享有特殊的法律地位，社会阶层之间呈现出一种流动性，整个社会的精英可以大规模地吸收到社会的上层中来。拜占庭富裕起来的城镇市民成为这种社会阶层之间流动性发展的一个新的表征，"11 世纪中期，拜占庭皇帝曾授予他们（富

---

①Jacoby,David. "The Encounter of Two Societies Western Conquerors and Byzantines in the Peloponnesus after the Fourth Crusade". The American Historical Review,1973,78(4),p.883.

②Jacoby,David. "The Encounter of Two Societies Western Conquerors and Byzantines in the Peloponnesus after the Fourth Crusade". The American Historical Review,1973,78(4),p.875.

裕起来的城镇市民）中的一些以议员和高级官吏的头衔"①。

与此同时，西欧则是另一番景象。当时西欧并不存在国家的概念，私人契约关系成为西欧社会和政治制度的基础，整个社会由一种契约关系组合起来，十分松散，国王和封臣之间纯粹是一种由契约而定的权利和义务的关系。当然，西欧也不存在着国家法律，习惯法和宗教法制约着人们的行为。社会组织在制度和实践层面上的反映则是臣服、效忠和分封。骑士阶层成为社会的统治阶级，司法权、立法权和征税权都被骑士阶层所垄断。他们享有世袭的封地和佃农，同时将为领主服兵役作为他们的义务。西欧社会阶层之间存在着很强的等级性和封闭性，非贵族出身的阶级很难进入社会上层，社会阶层之间少有流动。"到11世纪晚期，血统已成为衡量贵族的一个重要方面；到1200年，骑士阶层已经变成了一个制度规则，有着自己独特的仪式、信念和责任。"②

征服后，整个拉丁帝国社会进行了重构。帝国社会被明显分成两个不同的社会集团：一部分由拉丁征服者和西方移民组成；另一部分则由当地的希腊人组成。虽然宗教的差别不再是日常生活的主要部分，但它仍然是社会分层和个体认同的一个重要的判别标准。信奉罗马天主教的拉丁人拥有优越的自由人地位，在这里拉丁人和自由人是同义词。同时，仍然信奉东正教的当地居民则被贬低和歧视。除了执政官阶层，不管其1204年前的身份、地位或居住地，所有希腊人下降为国家的依附者。在拜占庭法律下，小农尽管受到帝国税收、宗教机构和领主的束缚和盘剥，但仍有法律上的自由，比如可以到帝国法庭中申诉；在拉丁帝国的统治下，没有自由权的他们在法律上被认为像西方的农奴一样，法律上能够允许小农拥有土地财产的数量和其他物品也远比拜占庭时期严格。③

---

①Jacoby,David. "The Encounter of Two Societies Western Conquerors and Byzantines in the Peloponnesus after the Fourth Crusade". The American Historical Review,1973,78(4),p.881.

②Jacoby,David. "The Encounter of Two Societies Western Conquerors and Byzantines in the Peloponnesus after the Fourth Crusade". The American Historical Review,1973,78(4),p.884.

③Abulafia,David.The New Cambridge Medieval History,Vol. V. c.1198−1300. Cambridge:Cambridge University Press,1999,pp.538−539.

西欧骑士对于希腊的征服和融合是一个缓慢的过程，东西方贵族阶层的融合与合作直到 1248 年才取得一定程度上的成功。由于人数上占少数，拉丁人保留了希腊人的东正教教堂和教士，同时也让以前的拜占庭法律在当地继续实行。用希腊版的《摩里亚编年史》说："从今往后，再没有法兰克人逼迫我们信奉他们的信仰了，也没有法兰克人逼迫我们改变我们的习俗和罗马法了。"①另外，对于土地所有权的完整性、个人权利都予以保留和保护。最初阶段的融合只是在有限的范围内进行，只给予当地贵族一定的头衔和地位，并没有给予其封地，没有真正把希腊贵族纳入统治体系中来，这个时期双方的融合只是一个法律信号，并没有太大的实质性的含义。

贵族阶层的融合在 13 世纪中期逐渐超出了司法和个人层面，开始达到了一个新阶段。这一时期，出于防御尼西亚拜占庭逐渐壮大的军事威胁的考虑，东西方贵族的融合出现了一些新的特征。"1248 年，在伯罗奔尼撒半岛城市莫奈瓦西亚向拉丁帝国国王威廉二世投降之后，威廉二世给予城市中最有影响家族中的三个贵族封地的赏赐，这大大增加了受封贵族的土地财产。"②大规模的赐封一直持续到 1261 年底或 1262 年的头几个月。这一阶段，开始给予希腊当地贵族封地，并把他们拉入统治体系当中，以稳固拉丁人在当地的统治和抵御尼西亚拜占庭的影响。

1261 年后西方领主和希腊当地贵族建立了一种更紧密的关系。1262 年，法兰克骑士杰弗里·布瑞尔对侵入南伯罗奔尼撒半岛的尼西亚拜占庭军队宣战，他分封的希腊贵族给他提供援助打败了来犯敌人。胜利后，他赏赐他的希腊封臣很多封地和其他物品，并且从中挑出显贵者封为骑士。从此，希腊贵族可以像法兰克骑士一样受封为骑士了，并且这种荣耀也变成了世袭制。从此时起，东西方贵族融合的过程基本上可以说是完成了，双方结成了一种利益共同体。

---

① Jacoby,David. "The Encounter of Two Societies Western Conquerors and Byzantines in the Peloponnesus after the Fourth Crusade". The American Historical Review,1973,78(4),p.890.
② Jacoby,David. "The Encounter of Two Societies Western Conquerors and Byzantines in the Peloponnesus after the Fourth Crusade". The American Historical Review,1973,78(4),p.892.

希腊贵族原处于占领后希腊统治阶层的最底部,从 13 世纪中期起,其地位获得了很大的提升。这种现象毫无疑问是伴随着西欧骑士的衰落和不断增长的军事斗争以及对于当地统治的需要而出现的。但是,希腊当地贵族受封人数总体而言并不是很多,希腊贵族很难进入男爵阶层;多数希腊贵族仍然信奉传统的东正教信仰;此外,东西方贵族之间的通婚仍然是禁区,社会同化的有限性也表明两个集团之间的文化鸿沟依然存在。希腊贵族社会地位的提高加强了其在统治区域内的传统地位,但是也剥夺了其反抗拉丁统治的意愿。

尽管东西方贵族的融合存在一定程度的局限性和有限性,但是所取得的成果还是显著的。法兰克骑士的标准、价值观和理念在希腊逐渐盛行,西欧的封建方式也在一定程度上移植到了东方,使东方在文化和观念以及统治方式上都发生了很大的变化,希腊地区的发展也在一段时间内纳入了西方式的发展轨道。

17世纪中期西方人眼中的中国食物原料研究

——以卜弥格、卫匡国和基歇尔为中心

周鸿承

卜弥格（Michel Boym，1612—1659年）、卫匡国（Martino Martini，1614—1661年）和基歇尔（Athanasius Kircher，1602—1680年）都是十七世纪西方耶稣会士。他们在17世纪中期成书的相关著作中，都有向西方传播中国食物知识。卫匡国和卜弥格曾先后前往中国进行实地考察，他们都在其地图著作中展示了中国的物产情况，这一点在既往研究中还未深入讨论。基歇尔尽管从未前往中国或其他东方国家，但他在《中国图说》中，却大量地采编来自卫匡国《中国新地图集》、卜弥格《中国植物志》和《中国地图集》中有关中国食物原料的图文知识。伴随着十七世纪欧洲印刷业的快速发展，耶稣会士所塑造的中国饮食形象深刻地影响了当时的西方社会。

一、西方人对中国饮食知识认知的深化

卫匡国，字济泰，天主教耶稣会意大利籍传教士。1643年来到中国，1650年又启程返欧。返欧期间，卫匡国用拉丁文出版的《中国新地图集》是自1615年利玛窦《基督教远征中国史》问世之后，以及17世纪晚期有关中国的较多作品出版以前，欧洲读者所可能见到的关于中国最新最全面的报道

和评论。[①]在《中国新地图集》（阿姆斯特丹，1655 年）中，卫匡国以亲历者身份向西方世界传播了中国各种可食性动植物原料、渔业生产情况以及饮食生活习惯等知识（如表 1 所示）。[②]

表 1　卫匡国《中国新地图集》所见中国代表性食物原料

地　区		饮食内容
北　京		茶、苹果、梨、杏、核桃、栗子、柿子、葡萄
	真定	河虾、菱角
	顺德	菱角
	永平	人参、菱角、河虾
	延庆	葡萄
山　西	太原	人参
	汾州	羊酒
陕　西		小麦、小米、大黄、麝肉
	西安	鹿、野兔、蝙蝠肉、鬼草
	汉中	蜂蜜、熊掌
	临洮	绵羊、梨、苹果
	庆阳	青粱米、大豆
河　南	汝宁	茶
四　川	叙州	荔枝
	重庆	荔枝
	雅州	茶
湖　广		茶
	黄州	黄梅
	常德	橘子

①[基金项目] 2017 国家社科基金项目"早期中国饮食文化在西方的传播研究（1500—1700）"资助（编号：17CSS015）。

[作者简介] 周鸿承（1984—），男，浙江工商大学历史系副教授、博士，主要从事中国饮食文化相关研究。

沈定平：《论卫匡国在中西文化交流史上的地位与作用》，《中国社会科学》1995 年第 3 期，第 174—175 页。

②Martini, Martino. *Novus atlas sinensis. A cura di Giuliano Bertuccioli. in Opera Omnia*,Volume III. Trento: Universit à degli Studi di Trento, 2002.

地　区		饮食内容
江　南		鲥鱼
	庐州	茶
	徽州	松萝茶
浙　江	杭州	天目山蘑菇
	嘉兴	荸荠、黄雀、米酒、螃蟹
	湖州	芥茶
	金华	酒、熏蹄、核桃
	衢州	开化白虾
	处州	竹笋
	宁波	牡蛎、大虾、海蟹、鲻鱼、黄鱼
	温州	牡蛎
福　建	福州	荔枝
广　东		荔枝、龙眼、柚子、鸭子、鸭蛋
	惠州	黄雀鱼
广　西	庆远	荔枝
贵　州	平越	茶
云　南	大理	无花果、茶
	曲靖	盐
	元江	槟榔、蒌叶
（辽　东）		人参

　　经马西尼等意大利现代学者的考证，卫匡国《中国新地图集》中实际上还描述了诸如佛手柑 ①、黄花梨、麻姑酒、青粱米、皮蛋、三白酒、金华东阳酒、金华火腿 ② 等知名土特产，但卫匡国未能准确说出这些知名食物原料的中

---

①Martini, Martino. *Novus atlas sinensis. A cura di Giuliano Bertuccioli. in Opera Omnia*,Volume III.Trento: Università degli Studi di Trento, 2002, p.535.

② 卫匡国实际上未能记录下金华火腿、东阳酒之名，但是已经准确描述了金华的这两样特产。Martini, Martino. *Novus atlas sinensis. A cura di Giuliano Bertuccioli. in Opera Omnia*,Volume III. Trento: Università degli Studi di Trento, 2002, p.655.

文名字。此外，卫匡国把辽东作为中国北方六省之一是错误的。辽东仅为当时明代都指挥使司，属于山东等处承宣布政使司管辖。但卫匡国说辽东地区盛产人参的看法是正确的。早于卫匡国《中国新地图集》出版的入华耶稣会士曾德昭（Alvaro de Semedo，1585—1658年）所著《大中国志》中，就已经提及此事。[①]

卫匡国之后入华的波兰籍同会耶稣会士卜弥格，于1644年来到澳门学习汉语，后前往中国海南岛传教，时值中国明末清初之际。在中国期间，他对中国许多的可食性动植物进行了记录和研究。他还用拉丁文撰写了很多涉及这方面的著作，并向欧洲知识群体介绍中国历史和文化知识。[②]其《中华帝国简录》《中国事物概述》《中国植物志》《单味药》《中国地图集》以及卜弥格传教报告和信件[③]，对中国食物知识进行了介绍和研究。卜弥格在返欧途中所著《中国植物志》于1656年在维也纳出版。[④]他在书中不仅比较了中国南北水果的不同，还比较了他所熟悉的欧洲和印度等国家和地区的物产情况。他说道："中国的南方天气很热，那里生长着所有印度的水果：椰子、香蕉、芒果和菠萝等。北方有葡萄、无花果、栗子、各种各样的核桃、蜜桃和棉花，还有各种各样的梨子。"[⑤]卜弥格还是认为中国的美丽与丰产更胜一筹。在《中国植物志》中，他对30余种主要生长在中国和南亚地区的动植物特性和产地进行了详细介绍和研究，不乏对中国物产丰富的赞美。其中，卜弥格明确标识出中文名字并绘有图像的可食性动植物原料有23个（如表2所示）。[⑥]

[①] 曾德昭：《大中国志》，商务印书馆2012年版，第37页。

[②] 费赖之：《在华耶稣会士列传及书目》（上），中华书局1995年版，第274—281页；爱德华·卡伊丹斯基：《中国的使臣：卜弥格》，大象出版社2001年版；Szczesniak, Boleslaw. "The Writing of Michael Boym". *Monumenta Serica*, 1949–1955(14), pp.481–538.

[③] 为便于叙述，卜弥格论著名称均采用《卜弥格文集》（华东师范大学出版社2013年版）一书的译法。

[④] 拉丁文名为Flora Sinensis，大概完成于1653—1655年间，详情参考卜弥格：《卜弥格文集》，华东师范大学出版社2013年版，第299页。

[⑤] 卜弥格：《卜弥格文集》，华东师范大学出版社2013年版，第299页；Bocci, Chiara. "The Animal Section in Boym's(1612–1659) Flora Sinensis". *Monumenta Sercia*, 2011(59), pp.353–381.

[⑥] 卜弥格：《卜弥格文集》，华东师范大学出版社2013年版，第299—357页。

表 2　卜弥格《中国植物志》所绘可食性动植物名称

卜弥格所写中文名字	卜弥格所注拼音	现代中文名	中译者所注拉丁文学名
反椰果子	Fan-yay-ko-çu	番木瓜	Carica papaya
芭蕉果子	Pa-cyao-ko-çu	芭蕉	Musa basjoo
檟如果子	Kia-giu-ko-çu	腰果	Anacardium occidentale
荔枝	Li-ci	荔枝	
龙眼	Lum-yen	龙眼	
攘波菓子	Giam-po-ko-çu	蒲桃	Syzyjium jamlos
反菠萝蜜果子	Fan-po-lo-mie-ko-çu	凤梨	Ananassa sativa L.
杧果子	Man-ko-çu	杧果	Mangifera indica L.
枇杷果子	Pi-pa-ko-çu	枇杷	
臭果子	Ciev-ko-çu	番石榴 / 臭果	Psidium guajava. Linn
菠萝蜜果子	Po-lo-mie-ko-çu	菠萝蜜 / 木菠萝	Artocarpus heterophyllus
柿饼	Su-pim	柿子	Diospyros Kaki L.
亚大果子	Ya-ta	番荔枝	Anona squamosa L.
土利按（ ）树菓子	Du-ri-ain-xu-ko-çu	榴梿	Durio zibethinus
无名水果	Nam-nam	喃喃果	
胡椒	Hu-cyao	胡椒	Piper
桂皮树果子	Quey-pi-xu-ko-çu	桂皮	Cinnamomum
太黄	Tay-huam	大黄	Rheum palmatum L.
茯苓树根	Fo-lim-xu-ken	白茯苓	Smilax china L.
生姜	Sem-kiam	生姜	Zingiber officinale Roscoe
野鸡	Ye-ki	野鸡	
麝	Hian	麋鹿	Muscus
蚸毒	Gen-to	蚸毒蛇	

　　需要说明的是，卜弥格《中国植物志》中对椰子(Xay-çu)和槟榔(Pin-lam)进行了详细的文字介绍，但却未画出图像。[①]故表 2 未收录这两种非常重要且

----

① 卜弥格：《卜弥格文集》，华东师范大学出版社 2013 年版，第 300—303 页。

已经为欧洲人所熟知的水果。卜弥格在书中还绘画了一幅无名水果（Fructus innominatus）的图像，他声称自己已经记不起它的中文名字了①，但后来学者根据卜弥格所绘植物图像，考证出该水果的拉丁学名为 Cynometra cauliflora L.，即我们现在通称的喃喃果（Nam-nam）。②

基歇尔是 17 世纪德国著名的耶稣会士和学者。他兴趣广泛，知识广博，仅用拉丁文出的著作就有 40 多部。与入华耶稣会士卜弥格和卫匡国不同的是，他本人并未亲自前往中国考察过，但基歇尔有关中国的著作一经出版，即引起巨大影响。基歇尔所著《中国图说》拉丁文版于 1667 年在阿姆斯特丹出版。该著作 1986 年英文版译者查尔斯·范图尔（Charles D.Van Tuyl）说："（基歇尔）引用耶稣会资料和返回欧洲的传教士的谈话记录，以及像马可·波罗撰写的游记那样的各种西方材料。该书出版后的二百多年内，在形成西方人对中国及其邻国的认识上，基歇尔的《中国图说》可能是独一无二的最重要的著作。"③基歇尔《中国图说》主要在第四部分"有关中国的自然与人文的奇观"中（如表 3 所示）。

表 3　《中国图说》所见中国各地区代表性食物原料

类　型	内容	所在地
可食性植物和水果	桄榔树果实	广西
	不死草	湖广
	人参	辽东
	茶	中国各地都有，但是个别省才有特别优质和有名的茶，比如江南杭州
	桂皮	陕西
	大黄	中国各地都有，靠近长城的诸省尤为常见
	菠萝蜜	热带地区
	木瓜	热带地区
	天堂果	海南岛、广西、福建、广东等地
	番菠萝蜜	广东、广西和福建

① 卜弥格：《卜弥格文集》，华东师范大学出版社 2013 年版，第 330 页。
② Boym, Michael. *Flora Sinensis*. Erlangen: Harald Fischer Verlag, 2002, p.25.
③ 基歇尔：《中国图说》，大象出版社 2010 年版，第 18 页。

类　型	内　容	所在地
肉类	鸭肉	广东
	吃蝙蝠肉	陕西
	吃蛇肉	广西、广东、浙江和海南岛等

资料来源: [德]基歇尔:《中国图说》,张西平、杨慧玲、孟宪谟译,大象出版社2010年版。

表3直观地展示了基歇尔在他的书中详细记载并研究的代表性中国食物原料。但是,表3并未统计一些众所周知的其他食物原料。基歇尔认为杧果、荔枝和桂圆这3种经常被西方人提及的中国特色水果已经不再需要仔细介绍,因为大家已经知道得够多。可见,基歇尔在传递中国食物原料知识的时候也有所侧重,在他看来西方人会"好奇而感兴趣"的食物原料才值得在书中好好介绍。他在书中重点介绍了四种热带水果:菠萝蜜、木瓜、天堂果和番菠萝蜜(菠萝)。此外,基歇尔还介绍了一些具有较高医疗价值的可食性植物,主要有以下七种:桄榔子、不死草、桂皮、茶、人参、大黄和胡椒。对"奇异的中国动物""特有的中国飞禽"等动物来说,基歇尔在书中既介绍了真实存在的麝香鹿、河马、巨龟,也介绍了传说中的神鸟凤凰、有四只眼睛和六条腿的海怪。基歇尔还绘声绘色地描述了一些中国人独特的饮食习惯。一类是西方人会食用的常见禽畜肉。比如,基歇尔说四川野鸡的肉非常好吃[1],广东人不仅养鸭子,还有保存鸭蛋的极好方法——他们把蛋放在陶罐里,撒上盐或浇上盐水,制作成咸鸭蛋。[2]同时,基歇尔也介绍了另一类中国人独特的动物肉源,这些食物会让西方人觉得不可思议。如中国人会吃会飞的鱼、在陕西的中国人会吃蝙蝠肉,在浙江的中国人会吃巨蛇,等等。作为一个从未到过中国的西方人,基歇尔视野中的中国食物知识是从其他西方作者那里了解到的信息的综合加工。基歇尔传递的中国食物知识是杂糅拼凑的,也经常与神话和传说混合在一起。当然,基歇尔介绍这些"奇异而有趣"的动植

---

① 基歇尔:《中国图说》,大象出版社2010年版,第348页。
② 基歇尔:《中国图说》,大象出版社2010年版,第350页。

物知识，也是为了满足当时西方社会对中国的好奇心。

二、从文字到图像：17 世纪中国食物原料知识的传承与接续

卜弥格、卫匡国和基歇尔都有在自己的著作中使用图像来说明中国的农作物知识。他们对图像的使用目的、使用数量以及使用方式均有所不同。因基歇尔未曾到过中国，他的书中有关中国的食物知识，多与卜弥格和卫匡国书中的记载存在延续性。

首先，卫匡国以及作为其出版商的地图印刷者在《中国新地图集》中，绘制有中国风土人情的农业耕作图像，这样做既可以装饰地图，亦可以吸引读者，增强可读性。有趣的是，基歇尔《中国图说》中的插图与之类似。其二，卫匡国所著《中国新地图集》在其"湖广省图"图名四周，画上了几株稻穗，两个农民分立左右，一个农民挥着一个小树枝，一手扶着犁，另一个农民则在撒谷播种（如图 1 所示）。[1] 这幅图形象地表达了"湖广熟，天下足"这句谚语，卫匡国在介绍湖广稻作生产时详细说明了这句谚语的来由。卫匡国入华以前的曾德昭在《大中国志》中也记录了"湖广熟，天下足"的现象，他认为湖广"产米之丰居全国之首"。[2] 但是，曾德昭却没有如卫匡国般在著作中通过图画来展示中国湖广的农业风情。早在《中国新地图集》出版之前，西方地图常在图名周围绘以各种彩带或者与之相关的图像作为装饰。《中国新地图集》在图名附近绘以反映当地风土人情的图饰，既富有艺术性，又能烘托出当地地理环境的特点，颇引人注目。[3] 类似的图像再次出现在基歇尔《中国图说》中（如图 2 所示）。[4]

---

[1] Martini, Martino. *Novus atlas sinensis. A cura di Giuliano Bertuccioli. in Opera* Omnia, Volume III. Trento: Università degli Studi di Trento, 2002, p.515.

[2] 曾德昭：《大中国志》，商务印书馆 2012 年版，第 25 页。

[3] 高泳源：《卫匡国（马尔蒂尼）的〈中国新图志〉》，《自然科学史研究》1982 年第 4 期，第 370 页。

[4] 基歇尔：《中国图说》，大象出版社 2010 年版，第 220 页。

图 1　卫匡国《中国新地图集》中"湖广省图"上的"播种图"

图 2　基歇尔《中国图说》中的"播种图"

通过以上两例，我们既可以看到卫匡国和基歇尔书中所用农作物耕作图之间存在延续性，又说明他们都在通过图像的形象化来进一步真实地展示中国的生活知识。在 17 世纪有关新世界的著作中，多有通过绘图来表现当地的风土人情，进而增强书籍的可读性和趣味性。

与卫匡国、基歇尔著作中利用图像作为辅助材料说明中国食物知识不同，卜弥格的相关著作已经把图像的展示作为主体内容。前文已经叙述过，卜弥格在其《中国植物志》中图绘了几十幅有代表性的中国可食性动植物图片。每一种植物均有对应的文字解释，卜弥格使得欧洲人眼中的中国植物知识具象化。此外，还有一些有关中国宴会形象的附图伴随着卜弥格所绘的中国地图传到欧洲。一小部分欧洲人得以阅读卜弥格的这些未刊地图手稿。卜弥格在其未刊手稿《中国地图集》"贵州"省图右侧附录有一幅完整的中国宴会（Convivia Sinarum）图像（如图3所示）。[①]在图像下方的拉丁注文中，卜弥格特别提到中国用筷子吃饭，而且吃饭的时候有喝茶的习惯。[②]卜弥格所绘"中国宴饮图"及其拉丁文注释文字是西方知识系统中留有关于中国食物知识的重要证据。

图3　卜弥格《中国地图集》中附录的一幅中国宴会图

三、卫匡国、卜弥格著作对基歇尔《中国图说》的影响

基歇尔并未到过中国，他在《中国图说》中介绍中国饮食文化的文字内容，

---

① 该未刊地图册手稿原拉丁文书名是《大契丹就是丝国和中华帝国，十五个王国，十八张地图》（Magni Catay quod olim Serica et modo Sinarum est Monarchina, Quindecim Regnorum, Octodecim gegraphica），简称为《中国地图集》，该手稿包含一张中国全图和十七张中国各个行省和地区的地图，目前保存在罗马梵蒂冈教廷图书馆（Biblioteca Apostolica Vaticana），文献编码为 Borgia Cinese 531 号。该著作中第 15 幅图为贵州（Kuey Cieu）省图，右侧附有题为"中国宴会"的图像和拉丁文注释。

② 王永杰：《卜弥格〈中国地图册〉研究》，浙江大学博士学位论文 2014 年，第 76 页。

很多来自卫匡国。基歇尔在引用来自卫匡国提供的资料时，他会比较多地指出材料来源于卫匡国神父。基歇尔在书中明确提到他对以下植物或果实的认识来源于卫匡国：不死草、人参、大黄、茶、中国桄榔子和桂皮。但是，基歇尔在引用来自卜弥格《中国地图集》或《中国植物志》等著作中有关中国食物知识的时候，基歇尔相对比较少地提及卜弥格。但是，基歇尔书中的插图，却主要来自卜弥格的著作。却介绍“一袋蜜果”——中国菠萝蜜的时候，明确提到他是从卜弥格《中国植物志》中得来的知识。[①] 我们查卜弥格《中国植物志》，可以发现基歇尔的记录与卜弥格原文近乎一致：“这种果实（菠萝蜜）就长在它的树干上……它的核也很甜像栗子一样地好吃。……它就像一个袋子，里面装满了温热的甜果汁和像栗子和核桃样的果仁。”[②] 基歇尔传播来自卜弥格和卫匡国等人有关中国食物知识的时候，他比较愿意提及那些来自卫匡国的中国食物知识，而不太主动提及相关知识来自卜弥格。书中有关中国木瓜、槚如果和番菠萝蜜（菠萝）的知识，基歇尔虽未明说，但他依然是参考了卜弥格的《中国植物志》。

由于基歇尔没有去中国或者东方国家如印度考察过，他对很多热带水果、植物缺乏正确的认识。基歇尔在转述卜弥格有关中国食物原料知识的时候时常发生误读，导致传入欧洲的中国食物知识发生了变异。基歇尔说：“中国有一种被称作‘Kagiu’的树，一年结两次果。它的果实不是长在枝条的中部，而是在它的顶端。它非同寻常，在美洲也能见到它，印度人把它叫作‘菠萝’（Ananas）。中国人称它为‘番（反）菠萝蜜’（Fam-po-lo-nie），广东、广西和福建大量出产。”[③] 基歇尔在这里介绍菠萝的时候发生了一些歧误。基歇尔提及的“Kagiu”是槚如，即腰果。卜弥格在《中国植物志》中就较为详细地介绍了这种“一年结两次果”的食物。[④] 但基歇尔把卜弥格对槚如的描写和对菠萝的描写混在一起了。这会让读者误以为“Kagiu”就是印度人称为“菠

① 基歇尔：《中国图说》，大象出版社 2010 年版，第 334—335 页。
② 卜弥格：《卜弥格文集》，华东师范大学出版社 2013 年版，第 323 页。
③ 基歇尔：《中国图说》，大象出版社 2010 年版，第 337 页。
④ 卜弥格：《卜弥格文集》，华东师范大学出版社 2013 年版，第 309 页。

萝"，中国人称为"番菠萝蜜"的水果。实际上，卜弥格对榠如和反菠萝蜜
（菠萝）有非常准确的区分。卜弥格不仅有详细的文字说明，还绘有准确的
菠萝和腰果图像。基歇尔《中国图说》中所绘菠萝图像以及其描述性文字，
都改编自卜弥格《中国植物志》。卜弥格这样记载菠萝："在中国叫反菠萝
蜜的水果在印度叫菠萝（Ananas），它盛产于中国南方的广东、广西、云南、
福建和海南岛。……如果把这种（菠萝）叶子摘下来，埋在土里，进行培育，
又会长出新的果实。"①

　　基歇尔《中国图说》中还展示了一幅包含有胡椒树和"无名植物"的图像，
基歇尔认为这两种植物都是胡椒树。他说道："我们在这里要补充的是关于
胡椒树，它的果实生在树根周围。某些方面类似欧洲的无花果树。"②《中国
图说》中的这两种植物图，都来自卜弥格神父的《中国植物志》一书。卜弥
格在书中准确地以图像和文字区别了这两种植物。一种为胡椒（piper），另
一种为无名植物（Fructus innominatus）。③卜弥格说："我记不得它的中文
名称了。我早先在中国的海南岛见到过它，后来又在广东省见到过它……这
种树的根须之间，贴着地面好像有一个赘生物……树上长出的果实像欧洲的
无花果。"④卜弥格忘记的"无名植物"就是前文已经论证过的喃喃果树，但
卜弥格可没有把这种植物和胡椒认为是同一种植物。显然，基歇尔误读了卜
弥格对这两种植物的描述。

　　在知识再次传播的过程中，往往是真理与谬误并存的。我们再以基歇尔
所记"野鸡"为例说明。基歇尔所论中国人食野鸡的知识主要来自卜弥格。
但卜弥格在《中国植物志》中所论野鸡实际上是三种，分别是野鸡（Ye-ki，
Gallina sylvestris），又称之为多毛鸡；还有长尾鸡（Ciam-vi-ki）和驼鸡
（To-ki）。⑤（如图 4 所示）在卜弥格《中国地图集》中，亦准确绘有多毛

---

① 卜弥格：《卜弥格文集》，华东师范大学出版社 2013 年版，第 314—315 页。
② 基歇尔：《中国图说》，大象出版社 2010 年版，第 339 页。
③ Boym, Michael. *Flora Sinensis*.Erlangen: Harald Fischer Verlag, 2002.
④ 卜弥格：《卜弥格文集》，华东师范大学出版社 2013 年版，第 330—331 页。
⑤ Bocci, Chiara. "The Animal Section in Boym's(1612-1659) Flora Sinensis". *Monumenta Sercia*, 2011(59), pp.358-359.

鸡和长尾鸡（如图5、图6所示）。但在《中国图说》中，基歇尔却没能很好地区分不同种类的野鸡。他把这三种不同类型的鸡变成了一种奇特的野鸡品种。基歇尔是如何杂糅了卜弥格的准确报道呢？我们对比双方的文本记载即可得知（如表4所示）。

图4　卜弥格所绘三种"野鸡"图

卜弥格《中国植物志》所见"多毛鸡（左下）和驼鸡（右下）"图

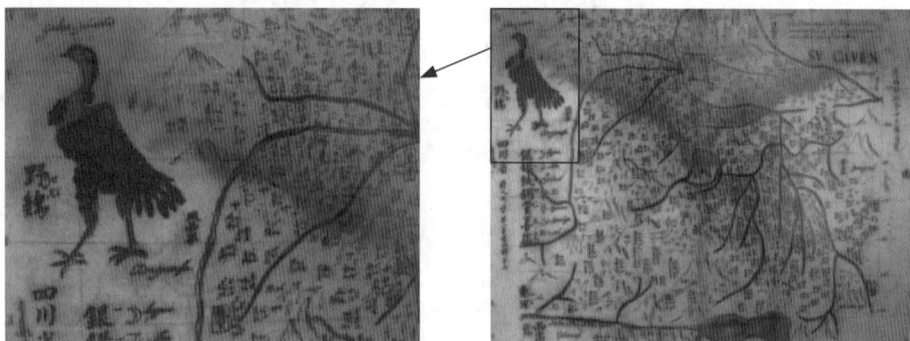

图5　卜弥格《中国地图集》"四川"图上所绘"野鸡（多毛鸡）"图

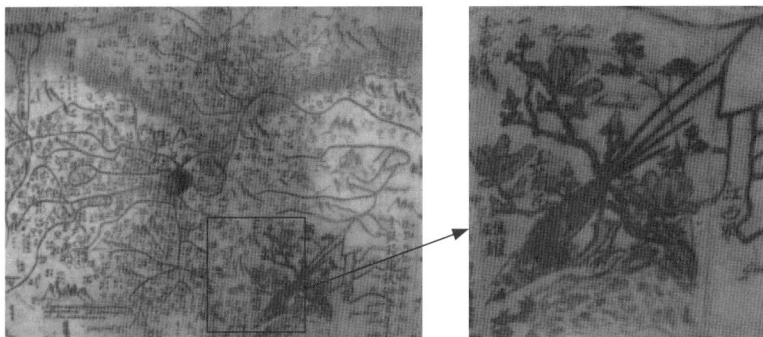

图 6 卜弥格《中国地图集》"湖广"图上所绘"雉鸡（长尾鸡）"图

表 4 卜弥格《中国植物志》和基歇尔《中国图说》有关"野鸡"知识的文本比较

卜弥格《中国植物志》	基歇尔《中国图说》
中国人把它叫作野鸡，它的羽毛很不一般，它的肉非常好吃，它的体型非常大	四川省有另一种为人称道的鸡。它有像羊一样的毛。……那些绒毛看上去仿佛是兽毛，因而它们被称为毛鸡
中国人还有一种长尾鸡，它的尾部毛茸茸的，很漂亮，有六个手掌长。这种鸟栖息在高句丽以及中国的陕西和广西壮族自治区	同样，野鸡被称作毛鸡，它们在中国好几个省的高山上都有，这些省是陕西和甘肃。野鸡很好看，羽毛色彩斑斓。它们作为食品时，肉也很好吃
还有一种鸡叫鸵鸡，意思是鸵鸟鸡，它身上有一种驼峰样的东西和一个白色的脑袋，它有十四个手掌那么长	它们（野鸡）的背部和胸部有点隆起，由此可以猜测野鸡是普通鸡退化后的品种

在卜弥格《中国地图集》"四川"图中，他还在地图上绘有野鸡图。[1]而在"湖广"图上，卜弥格绘画了雉鸡。从其图像上判断，这应该就是他所说的长尾鸡，也称之为长尾雉。[2]这也解释了为何基歇尔会明确说道："四川省有另一种为人称道的鸡。它有像羊一样的毛。"[3]

---

[1] 卜弥格：《卜弥格文集》，华东师范大学出版社 2013 年版，第 226—227 页。
[2] 卜弥格：《卜弥格文集》，华东师范大学出版社 2013 年版，第 222—223 页。
[3] 基歇尔：《中国图说》，大象出版社 2010 年版，第 438 页。

　　卜弥格和卫匡国著作中有关中国食物的知识很大一部分来源于自己的亲身体验。而没有到过中国的基歇尔，他所传播的中国饮食知识很大一部分来自同会教友提供的材料。17世纪中期以前，欧洲人主要通过文字报道其了解到的有关中国的食物知识。17世纪中期成书的相关著作，则应用大量图像，深化了欧洲人眼中的中国食物形象。入华后又返欧的卜弥格和卫匡国都曾见过基歇尔，并为其提供有关中国信息的图文报道。欧洲本土学者基歇尔在《中国图说》中大量引用来自卜弥格和卫匡国的图文材料，说明了本土知识分子对传回西方的中国饮食知识的接收。这些在欧洲公开出版的或以未刊手稿的形式存在的有关中国的著作，是西方汉学形成的重要组成部分。

论东罗马帝国皇帝阿卡狄乌斯的"托孤"

徐进伟　徐晓旭

　　罗马帝国与东方的波斯王国一向是宿敌。但公元 408 年，东罗马皇帝阿卡狄乌斯（Arcadius）去世前，却把其幼子提奥多西乌斯二世（Theodosius Ⅱ）托付给了萨珊波斯国王伊嗣俟一世（Isdigerdes I）[①]。这是罗马帝国历史上非常独特的"托孤"事件，甚至让人觉得很不可思议，正因如此，学术界对它的研究几乎集中在对其真实性的考察上。如绍尔布赖就对该事件的真实性提出了质疑，他认为史料记载的阿卡狄乌斯"托孤"和伊嗣俟派安提奥库斯为监护其实是后来基督教虚构的故事。他认为，在后来的基督教徒看来，伊嗣俟统治的时代是两国之间睦邻友好的最好时代，是波斯基督教徒境遇得到根本改善的时代。在对该时代的美好记忆中，人们混淆了某些同名人物并附会出阿卡狄乌斯"托孤"于伊嗣俟的故事。绍尔布赖认为，这种对伊嗣俟统治时代的记忆重塑发生在实际事件后的相对较短的时期内。[②]然而，大多数近代学者认为阿卡狄乌斯皇帝"托孤"确有其事，尽管具体解释不尽一致。例如，

---

① 伊嗣俟一世这一名字的转写形式存在多种版本，Isdigerdes 是据普罗科皮乌斯《战史》中的希腊文转写的，其他常见的中波斯语或新波斯语的转写形式有 Yezdegerd I、Yazdgard I 和 Yazdgerd I。伊嗣俟一世这一中译名取自《新唐书》中对萨珊波斯末代君主 Yazdgard III 的译名，《旧唐书》作伊嗣候，参见欧阳修、宋祁：《新唐书》卷二二一下《波斯传》，中华书局 1975 年版，第 6258—6259 页；刘昫撰：《旧唐书》卷一九八《波斯传》，中华书局 1975 年版，第 5312—5313 页。

② Sauerbrei, Paul. "König Jazdegerd, der Sünder, der Vormund des byzantinischen Kaisers Theodosius des Kleinen". *Festschrift Albert von BambergZum 1. Oktober*. Gotha: Friedrich Andreas Perthes Aktiengesellschaft, 1905, pp.90–108.

皮勒尔通过分析相关史料中关于伊嗣俟一世身份的术语表达，从法律角度详细论述了这一事件的真实性，但他认为伊嗣俟一世是阿卡狄乌斯遗嘱的执行者以确保提奥多西乌斯二世的继位，而不是提奥多西乌斯二世的监护人。[①]布洛克利接受皮勒尔的观点，并认为尽管该事件中的各种细节是不可信的，但事件本身是存在的，是为了加强两国关系的稳定。[②]此后，在《剑桥古代史》（第13卷）中，布洛克利也提到了该事件，只是他并未详细讨论。[③]埃弗里尔·卡梅伦和尼娜·加尔苏安（Nina Garsoïan）则认为这仅是一种外交姿态或礼节，然而就为何"托孤"只是外交姿态或礼节而言，二者都未进行具体的解释。[④]

由于学界把基本的注意力都集中到讨论"托孤"事件的真实性上，对该事件的背景、原因、影响等问题的研究反而有明显的不足甚至疏漏。事实上，这件事不仅生动地折射出晚期罗马帝国与萨珊波斯之间复杂关系的方方面面，而且为认识晚期古代东西方形势的变迁提供了新维度，这也为本文的深入研究提供了空间。深入探讨该事件不仅对探究公元5世纪和6世纪东地中海地区的国际关系大有裨益，而且对深化古代史研究具有重要意义。

一、古代中世纪作家的相关记载及其史料价值的评估

关于东罗马皇帝阿卡狄乌斯"托孤"于萨珊波斯国王伊嗣俟一世事件的最初记载，出自拜占庭史家普罗科皮乌斯（约公元500—565年）所撰的《战史》一书：

①Pieler, P. "L'aspect politique et juridique de l'adoption de Chosroès proposée par les Perses à Justin". *Revue internationale des droits de l'antiquité, ser*.3. 1972(19), pp.408–420.

②Blockley, R.C. *East Roman Foreign Policy:Formation and Conduct from Diocletian to Anastasius*. Leeds: Francis Cairns Ltd, 1992, pp.51–52.

③Cameron, Averil and Garnsey, Peter eds. *The Cambridge Ancient History* (Vol. 13): *The Late Empire A.D. 337-425*. Cambridge: Cambridge University Press, 2007, p.128.

④Cameron, Averil. "Agathias on the Sassanians". *Dumbarton Oaks Papers*, 1969/1970(23/24), p.149; Yarshater, Ehsan ed. *The Cambridge History of Iran* (Vol.3.1). Cambridge: Cambridge University Press, 1983, pp.578–579.

　　"当罗马皇帝阿卡狄乌斯在拜占庭去世前（有一子提奥多西乌斯，尚未断奶），他不仅为其子，而且为其政府深深地担忧，他不知应如何对二者做出明智的安排。因为他认为，如果他为提奥多西乌斯安排一共治者，他实际上是通过一个披着王权外衣的敌人来摧毁他自己的儿子。如果他让其子独自统治帝国，那么许多人，正如他们可能期望的那样，将会利用孩子的无助，试图登上王位。这些人会反对政府，并在摧毁提奥多西乌斯后，不费吹灰之力地使他们自己成为暴君，因为这个男孩在拜占庭没有任何亲属作为他的监护人（ἐπίτροπος）。阿卡狄乌斯不指望这个男孩的叔叔霍诺利乌斯①能帮助他，因为意大利的情况已经很麻烦了。他同样对米底人②的态度感到不安，担心这些蛮族人会推翻年轻的皇帝并使罗马人受到不可挽回的伤害。当阿卡狄乌斯面对这一困境时，虽然他自己在其他事上未表现得很睿智，但他制定了一计划，以确保其子和王位没有问题，这或是因为与诸如君主顾问中的某些有识之士交谈过，或是由于一些神圣的灵感降临到他身上。在起草他的遗嘱时，他指定这个孩子为他的王位继承人，但让波斯国王伊嗣俟成为其子的监护人，他在遗嘱中诚恳地请求伊嗣俟尽其所能为提奥多西乌斯保护他的帝国。在如此安排了他的私人与帝国事务后，阿卡狄乌斯去世了。但波斯国王伊嗣俟，当他看到这封正式交给他的文件时，尽管在成为一位统治者前，他高贵的品格已为他赢得了伟大的声誉，他立即表现出了一种令人惊奇和非凡的美德。因为他忠诚地遵守阿卡狄乌斯的遗愿，一直与罗马人保持和平的政策，从而为提奥多西乌斯保全了帝国。事实上，他立刻给元老院写了一封信，表示愿意成为提奥

---

① 霍诺利乌斯（Honorius）是西罗马皇帝（公元 395—423 年在位）。
② 即萨珊波斯人。

多西乌斯的监护人，并威胁要对任何企图陷害后者的人发动战争。"①

继普罗科皮乌斯之后，阿伽提亚斯（约公元532—579/582年）也提到了这一事件。他写道：阿卡狄乌斯临终时指定伊嗣俟一世作为提奥多西乌斯二世和整个罗马国家的监护人（φύλαξ 和 κηδεμών）这一事件，"世代口耳相传保存下来，至今仍为罗马上层阶级和普通百姓所传诵。但我未在任何文献或历史学家的著作中，甚至是那些记述阿卡狄乌斯去世的文献中遇到，除了普罗科皮乌斯。普罗科皮乌斯以他百科全书般的知识几乎阅读了所有的历史著作，他应该在一些迄今为止我尚不知的更早的历史学家的著作中找到了该事件的书面版本，对此我并不惊讶"。但他又认为"将一个人的至亲托付给一个外国人、蛮族人，一个充满敌意的国家的统治者，一个在荣誉和正义问题上是未知数的人，且最重要的是该人是一位虚假宗教的信徒，这几乎没有道理。"② 阿伽提亚斯的这句话成为后世学者怀疑该事件的历史真实性的直接理由。

阿伽提亚斯之后，拜占庭编年史家提奥法奈斯（约公元758/760—817/818年）也记载了该事件。而且提奥法奈斯首次提到，伊嗣俟一世向拜占庭送去了一名叫安提奥库斯（Antiochus）的宦官作为他的代表并成为提奥多西乌斯二世的管家（ἐπίτροπος）和教育者（παιδαγωγός），伊嗣俟一世自称为提奥多西乌斯二世的监护人（κουράτωρ）。③ 此后，11世纪的拜占庭历史学家凯德莱努斯除记述了与提奥法奈斯相同的事件情节外，还提道：

①Procopius. *History of the Wars*. Loeb Classical Library, London: William Heinemann Ltd, 2006, 1.2.1–10. 此处译文是作者以直译的方式译出的，另参见普洛科皮乌斯著，王以铸、崔妙音译：《普洛科皮乌斯战争史》（全二卷），商务印书馆2010年版，第4—5页；普罗柯比著，崔艳红译：《战史》，大象出版社2010年版，第3—4页。
②Agathias. *The Histories*. trans. Joseph D. Frendo, Berlin: Walter De Gruyter, 1975, p.129.
③Theophanes. *Chronographia* (Vol.1). Carolus de Boor, ed., Lipsiae: Aedibvs B.G. Tevberi, 1883, pp.80–82.

阿卡狄乌斯给伊嗣俟一世送去了 1000 磅黄金以确保其遗嘱的执行。[①]12 世纪，编年史家和神学家佐纳拉斯则说，提奥多西乌斯二世是由其姐姐普尔凯利娅（Pulcheria）抚养长大的，而伊嗣俟一世则派安提奥库斯做他的保护者和监护人（φύλαξ 和 κηδεμών）。[②]同时期，君士坦丁堡的玛纳塞斯虽也记载了阿卡狄乌斯去世后的安排及伊嗣俟一世的角色，也称伊嗣俟一世为保护者（φύλαξ），但未提及安提奥库斯的故事。[③]最后提到该事件的希腊教会史家是尼凯佛鲁斯·卡利斯图斯·克桑托普鲁斯，他称伊嗣俟一世为监护人（κουράτωρ, κηδεμών），关于安提奥库斯的故事则与提奥法奈斯的描述一致。[④]

　　除希腊语资料外，13 世纪的东方叙利亚语学者巴尔·赫卜烈思在其编年史中也提到了这次"托孤"事件，他的描述与提奥法奈斯相近，但未言及安提奥库斯的故事。[⑤]

　　据阿伽提亚斯报道，"托孤"之事似乎更多的是在社会上口头流传。普罗科皮乌斯的著作是他能见到的唯一文字记载，尽管他也推测普罗科皮乌斯还有其更早的文字史料来源。安提奥库斯未出现在最早的任何文字记载中，也让人怀疑他是否是口传的"托孤"故事中的人物。口传故事的一个常见特征就是版本并不是唯一的。中期拜占庭史家所记"托孤"的细节不相统一，或许暗示了他们都曾受了不同版本的口传史料的影响。我们也无法排除安提奥库斯是在"托孤"故事流传过程中被人为添加进的角色的可能性。

　　尽管存在上述细节上的复杂情况，但阿卡狄乌斯遗嘱向伊嗣俟"托孤"这一基本事件在所有记载中是一致的，而最早记载此事的普罗科皮乌斯距离

[①]Cedrenus. *Historiarum Compendium*. I. Bekkero, ed., Bonne: Impensis Ed. Weberi, 1838, pp.586–587.

[②]Zonaras. *Epitome Historiarum* (Vol.3). L. Dindorfius, ed., Lipsiae: Aedibus B.G. Teubneri, 1870, p.236.

[③]Constantine Manasses. *Compendium Historicum*. P. Migne, ed., Patrologia Graeca（简称 *PG*）127, Paris: Imprimerie Catholique, 1864, p.316.

[④]Nicephorus Callistos Xanthopoulos. *Historia Ecclesiastica*. in P. Migne, ed. *PG*146, 1865, p.1056.

[⑤]Bar–Hebraeus. *Chronicon Syriacum*(Vol.1). P. I. Bruns, G. G. Kirsch, eds., Lipsiae: Apud Adamum Fridericum Boehmium, 1789, p.71.

阿卡狄乌斯和伊嗣俟时代大约一个世纪。换言之，人们对基本史实的记忆只经历了约三代人的传递，还处在能保持相对准确的时间跨度内。至于阿伽提亚斯的质疑，针对的其实并非普罗科乌斯记载的可靠性，而是阿卡狄乌斯宁愿把自己的至亲托付给敌国君主的做法让他觉得不可思议。在他生活的时代，罗马和波斯关系再次紧张，他产生这种质疑是很正常的，但这不代表 5 世纪时不会发生这样的事件。

其实，对于"托孤"事件，颇耐人寻味的是，阿卡狄乌斯缘何"托孤"，其"托孤"的原因是否真如普罗科皮乌斯记载的阿卡狄乌斯的"担忧"那样简单？伊嗣俟又为何"受托"，他恪守承诺，与罗马长期保持和平，难道仅仅是由于其"令人惊奇和非凡的美德"？"托孤"事件对当时的东罗马和萨珊波斯两国关系格局乃至晚期古代世界的走向产生了怎样的影响？这些问题值得我们进一步追问并深入探究。

二、阿卡狄乌斯"托孤"属无奈之举

罗马帝国与萨珊波斯王国素来是宿敌。在伊嗣俟一世即位（公元 399 年）之初，罗马社会对他的即位抱有一种恐惧心理，惧怕他会成为另一个沙普尔二世。[①]那么，为何到了阿卡狄乌斯去世前，却愿意把其幼子托付给伊嗣俟一世？这其实是由当时东罗马帝国本身的处境所决定的。

首先，公元 395 年后，罗马帝国东西部分裂而且关系紧张，东罗马不会把西罗马当作自己的支持者。公元 395 年提奥多西乌斯一世逝后，西罗马由年仅十岁的霍诺利乌斯统治，东罗马则由十七八岁的阿卡狄乌斯统治。由于二者尚且年轻，帝国东西部的实际掌权人皆非皇帝本人。斯提利科（Stilicho）实际控制并掌管帝国西部至公元 408 年，他声称提奥多西乌斯一世去世时，任命他同时为霍诺利乌斯和阿卡狄乌斯的监护人。斯提利科一直试图控制帝

---

①Greatrex, Geoffrey and Lieu, Samuel N.C. eds. *The Roman Eastern Frontier and the Persian War Part II AD 363-630: A Narrative Sourcebook*. London and New York: Routledge, 2005, p.31.

国东部,但始终未能成功。公元397年在斯提利科第二次远征阿拉里克(Alaric)后,东部政府随后鼓励吉尔多(Gildo)在非洲反叛,东西罗马间的关系随即恶化到海上贸易禁运的地步。斯提利科不断推行控制伊利库姆东部的政策,尤其是在公元405—408年间,他已准备用武力手段来控制该地区,这进一步激化了帝国东西部的矛盾,可以说此时帝国东西部间的关系如异邦仇敌也不为过。①因此,阿卡狄乌斯及其政府不可能把西罗马当作自己的依靠,把幼子与东罗马政府托付给西罗马宫廷,这对于他们来说无异于"引狼入室"。同时,阿拉里克在5世纪初两度入侵意大利,公元405—408年帝国西部更是深陷蛮族入侵和所谓的斯提利科篡位的漩涡。②正如普罗科皮乌斯所言,5世纪初西罗马自身难保,意大利的形势非常糟糕,阿卡狄乌斯不可能寄希望于西罗马皇帝霍诺利乌斯的帮助。③

其次,公元363年后,罗马与萨珊波斯的关系一直处于较为缓和的状态,这使阿卡狄乌斯有可能把幼子和帝国托付给与他关系缓和的萨珊波斯国王。罗马与萨珊波斯的关系,长期处于一种时而缓和、时而紧张的波动状态。在3世纪和4世纪下半叶之前,萨珊波斯和罗马帝国相互倾轧,两国关系以敌对状态为主。萨珊波斯开国君主阿尔达希尔一世(Ardashir I)在位期间曾多次试图入侵亚美尼亚、美索不达米亚等罗马东部边疆地区。沙普尔一世(Shapur I)时期,曾三次发动对罗马的战争,罗马皇帝菲利普(Philip)被迫与他签订和约,把大亚美尼亚(Greater Armenia),即后来的波斯亚美尼亚(Persarmenia)

---

①Blockley, R.C. *East Roman Foreign Policy: Formation and Conduct from Diocletian to Anastasius*. p.46. 一般认为罗马帝国东西部分裂源于斯提利科的政策,参见 Demougeot, E. De l'unité à la division de l'empire romain:395-410. Paris: Adrien-Maisonneuve, 1951;董晓佳:《斯提里科与晚期罗马帝国政局——基于"反日耳曼人情绪"视角下的考察》,《历史研究》2018 年第 4 期。

②Cameron, Averil and Garnsey, Peter eds. *The Cambridge Ancient History* (Vol. 13): *The Late Empire A.D. 337-425*. Cambridge: Cambridge University Press, 2007, pp.123-124;董晓佳:《斯提里科与晚期罗马帝国政局——基于"反日耳曼人情绪"视角下的考察》,《历史研究》2018 年第 4 期。

③Procopius. *History of the Wars*. 1.2.4-5.

割让给萨珊波斯。[1]但沙普尔一世去世后,萨珊波斯经历了一段政治上的动荡时期。戴克里先即位后,罗马人迫使萨珊国王纳尔塞斯(Narses)在公元299年[2]签订了割地条约,这是罗马—波斯关系的一个转折点,之后很长时期内萨珊波斯都未能改变它在两国关系中处于相对弱势的局面。[3]公元363年是罗马—波斯关系的另一转折点,朱利安(Julian)远征波斯受伤而死后,约维安(Jovian)即位后被迫与萨珊波斯签订割地合约。此后直到6世纪,除巴赫拉姆五世(Bahram V)在公元421—422年,以及伊嗣俟二世在公元439年短暂入侵过罗马外,罗马在东部边疆与萨珊波斯的关系基本处于和平的状态。[4]公元383年沙普尔三世即位后,罗马与萨珊波斯之间的关系有了改善,双方开始互派使者,进行磋商等事宜。[5]公元399年伊嗣俟一世即位后,双方互派使节进行沟通的方式得到进一步发展,两国友好关系进一步巩固。伊嗣俟一世即位初,东罗马政府便向萨珊波斯派遣了使节表示祝贺并解决争议,为基督教徒争取宽容。此次使团据称由安泰米乌斯(Anthemius)率领,但可以肯定亚美尼亚的主教马路他(Marutha)是使团的一员。据记载,马路他医治好了拜火教治疗者无法医治的伊嗣俟一世生病的儿子,可能还缓解了伊嗣俟一世本人长期的头痛。这给伊嗣俟一世留下了深刻印象,并因此许诺释放公元395/396年从匈奴人手中抢来的罗马俘虏。马路他的出色表现,为两国友好关系的发展奠定了良好的基础。[6]此后,双方频繁互派使节。公元404—414年,

---

① Evagrius. *Historia Ecclesiastica*. J. Bidez, L. Parmentier, eds., London: Methuen & Co. Essex Street, 1898, p.203.

② 也有学者把和约的签订日期定为公元297年或298年。T.D. 巴恩斯把日期确立为公元299年,参见 Barnes, T.D. "Imperial Campaigns, A.D. 285−311". *Phoenix*, 1976(30), pp.182−186.

③ 关于公元224—363年间罗马—波斯关系更为详细的概览,参见 Dodgen, Michael H. and Lieu, Samuel N. C. eds. *The Roman Eastern Frontier and the Persian War (AD 226-363): A Documentary History*. London and New York: Routledge, 2005, pp.1−3.

④ Greatrex, Geoffrey. *Rome and Persia at War, 502-532*. Cambridge: Francis Cairns (Publications) Ltd, p.10.

⑤ Greatrex, Geoffrey and Lieu, Samuel N.C. eds. *The Roman Eastern Frontier and the Persian War Part II AD 363-630: A Narrative Sourcebook*. p.16.

⑥ Socrates. Historia Ecclesiastica. London: Henry G. Bohn, 1853, pp.340−342, 7.8; Blockley, R.C. *East Roman Foreign Policy: Formation and Conduct from Diocletian to Anastasius*. pp.48−49.

东罗马政府一直由安泰米乌斯领导。安泰米乌斯富于管理经验，在他执政期间与萨珊波斯建立了持久的和平。[①]

因此，在帝国东部一方面与帝国西部关系视若仇敌，且帝国西部自身难保，另一方面又与萨珊波斯关系和谐的情况下，阿卡狄乌斯为了皇位的平稳过渡，为了确保他去世后萨珊波斯不会乘虚而入，为了继续维持两国间的友好关系，是很有可能在自己去世前，"无奈"地把其幼子"托付"给伊嗣俟一世。

三、伊嗣俟一世"受托"乃是最优选择

在萨珊波斯方面，伊嗣俟一世愿意充当年幼的提奥多西乌斯二世的监护人，并与罗马保持长久和平，未趁机攻击罗马东部边疆，这也是多重因素叠加的结果。

首先，如前所述，公元363年是罗马—波斯关系的转折点，约维安与萨珊波斯签订的合约，在很大程度上满足了萨珊波斯一直以来的诉求，使萨珊波斯满足于既得利益，不愿破坏这种和平状态。

公元299年，纳尔塞斯被迫与戴克里先签订割地条约，该和约规定：

> 1. 萨珊波斯割让底格里斯河外的五个行省，包括因提莱奈（Intilene）、索菲奈（Sophene）、阿尔扎奈那（Arzanena）、科尔杜埃那（Corduena）和扎布狄凯那（Zabdicena）给罗马人；
>
> 2. 底格里斯河为两国边界；
>
> 3. 米底亚（Media）边界上的金塔（Zintha）为亚美尼亚的边界；
>
> 4. 伊伯利亚（Iberia）国王从罗马人手中接受他王权的象征；

---

①Cameron, Averil and Garnsey, Peter eds. *The Cambridge Ancient History* (Vol. 13): *The Late Empire A.D. 337-425*. p.123.

5. 底格里斯河上的尼西比斯（Nisibis）为唯一的贸易点。[①]

根据该和约，萨珊波斯不仅失去了重要的边界领土和对重要邻国的控制权，而且尼西比斯成为两国间唯一的贸易点，这使罗马人独享了东方奢侈品贸易税收所带来的收入，使萨珊波斯在经济上也蒙受了重大损失。事实上，尼西比斯"为唯一的贸易点"的这一条款在当时就遭到了纳尔塞斯的反对。[②]此后，萨珊波斯一直试图扭转这一局面。沙普尔二世即位后，三次围攻尼西比斯，想要收回从纳尔塞斯手上失去的土地，[③]但均遭受挫折。朱利安受伤身亡，给萨珊波斯带来了契机。约维安为尽快从波斯撤回军队以减少损失，很快与沙普尔二世签订了条约。根据马尔凯利努斯的记载，该条约内容大致如下：

1. 罗马人割让底格里斯河外 5 个行省[④]连同 15 个堡垒，以及尼西比斯、辛伽拉（Singara）和非常重要的堡垒卡斯特拉·毛罗鲁姆（Castra Maurorum）给萨珊波斯；

2. 允许罗马人撤回上述堡垒中的驻军，从尼西比斯和辛伽拉撤出居民；

3. 罗马人将不得帮助亚美尼亚国王阿尔萨凯斯（Arsaces）对付波斯人；

4. 和约期限为 30 年。[⑤]

[①]Petrus Patricius. *Fragments*. 14. C. Müller, ed., *Fragmenta Historicorum Graecorum* (简称 *FHG*) IV, Parisiis: Editore Ambrosio Firmin Didot, 1851, p.189. 关于贵族彼得（Petrus Patricius）的作品最新的英译注本为：Banchich, Thomas M. *The Lost History of Peter the Patrician: An Account of Rome's Imperial Past from the Age of Justinian*. Oxon and New York: Routledge, 2015.

[②]Blockley, R.C. "The Romano-Persian Peace Treaties of A.D. 299 and 363". *Florilegium*, 1984(6), p.33.

[③]Ammianus Marcellinus. *The History*. Loeb Classical Library, London: William Heinemann Ltd, 1935, 17.5.3–8.

[④] 分别是阿尔扎奈那（Arzanena）、摩克索伊那（Moxoena）、扎布狄凯那（Zabdicena）、莱黑麦那（Rehimena）和科尔杜埃那（Corduena）。

[⑤]Ammianus Marcellinus. *The History*. 25.7.9–12.

据此和约，萨珊波斯不但拿回了此前失去的领土，而且收获了更多。尼西比斯等城市及其附近领土的割让，摧毁了罗马在美索不达米亚东部的防御体系，极大地增强了萨珊波斯对阿迪亚贝奈（Adiabene）和亚述的防御。不仅如此，尼西比斯的割让，还使罗马不再拥有对跨境贸易收入的垄断权力，这极大地打击了罗马的跨境贸易。[①] 此后，尼西比斯一直在波斯人的控制下，双方也再未签订任何条约改变美索不达米亚的边界。在领土和经济诉求都得到满足的情况下，伊嗣俟一世没理由主动去打破这一和平局面。

其次，此时萨珊波斯也面临着内外困扰。内部方面，伊嗣俟一世像所有萨珊君主一样，不得不面对一个独立且易怒的贵族阶层，以及一个致力于将自己的宗教发展成为波斯及其附属地区的唯一宗教信仰的拜火教祭司阶层，他需要限制贵族和祭司阶层的影响。[②] 为了摆脱贵族和祭司阶层的影响和控制，伊嗣俟一世需要赢得诸如犹太教徒和基督教徒等萨珊波斯境内少数群体的支持，而当时罗马是基督教徒的主要庇护者，因此伊嗣俟一世需要与罗马保持良好的关系。更重要的是，除依靠基督教徒和犹太教徒外，希拉的撒拉逊人（Saracenof al-Hira）[③] 的军事力量是伊嗣俟一世对付波斯贵族的主要依靠。伊嗣俟一世需要大量钱财巩固他与希拉的撒拉逊人的关系，因此与罗马保持友好关系，可以让他从君士坦丁堡获得大量外交和经济补偿。[④]

外部方面，公元 395 年和 396 年匈奴人入侵亚美尼亚和美索不达米亚地

① 关于公元 299 年和公元 363 年罗马—波斯合约的详细对比及影响，参见 Blockley, R.C. "The Romano-Persian Peace Treaties of A.D. 299 and 363". *Florilegium*, 1984(6), pp.28-49.

② Blockley, R.C. "The Romano-Persian Peace Treaties of A.D. 299 and 363". *Florilegium*, 1984(6), p.49.

③ 阿拉伯人的一支，即臣属于萨珊波斯的拉赫姆王国（Lakhmids），因其首都在希拉而得名。当时阿拉伯人有两支，另一支是臣属于罗马帝国的加萨尼德王国（Ghassanids）。关于这两支阿拉伯人的基本资料，参见 Dignas, Beate and Winter, Engelbert. *Rome and Persia in Late Antiquity: Neighbours and Rivals*. Cambridge: Cambridge University Press, 2010, pp.169-172. 关于晚期古代阿拉伯人与罗马和萨珊波斯的关系，参见 Fisher, Greg. *Between Empires: Arabs, Romans, and Sasanians in Late Antiquity*. Oxford: Oxford University Press, 2011.

④ Rubin, Z. "Diplomacy and War in the Relations between Byzantium and the Sassanids in the Fifth Century". P. Freeman, D. Kennedy, eds.. *The Defence of the Roman and Byzantine East*(Part II). *BAR* International Series 297, Oxford, 1986, p.679.

区，劫掠足迹远至泰西封（Ctesiphon），罗马的卡帕多奇亚（Cappadocia）、加拉太（Galatia）甚至叙利亚也受到影响。① 匈奴人的入侵，使萨珊波斯东北部边境地区压力巨大。同时，罗马也需要防范来自北方游牧民族的入侵。因此，保护高加索通道抵御北方敌人的入侵成了罗马和萨珊波斯的共同利益所在。更何况，公元363年和约虽使罗马的东部边疆防御受到了削弱，但该和约签订后十年，罗马人便开始重新加强他们在东部边疆的防御。② 因此，此时罗马和萨珊波斯想要入侵或征服彼此都是非常困难的，坚守和约、保持和平才是理想的状态。

最后，伊嗣俟一世接受"托孤"也与其个人性格和经历有关。伊嗣俟一世即位后停止了萨珊波斯范围内对基督教徒等的长期迫害，在萨珊波斯和阿拉伯资料中，他被称为"罪人"，源于他对非拜火教信仰的过分宽容。③ 伊嗣俟一世不再把基督教徒当作王国的陌生人和敌人，虽有前述的政治原因，但也从侧面反映了他包容的性格。此前的大多数萨珊波斯君主都通过发动战争和获得战利品来满足萨珊贵族和祭司阶层的需求，从而巩固自己的王位。而伊嗣俟一世采取非战争手段，即使他利用撒拉逊人的军事力量，更多的也只是威慑，而不是实际的战争，④ 他在位期间没有激战发生。基督教徒在这一时期也发挥着积极作用，促进了两国间友好关系的发展。除前述的马路他之外，据说波斯主教雅八拉哈（Yabalaha）也向伊嗣俟一世展示了另外的奇迹，为

① 关于四世纪末匈奴人的入侵，原始资料汇编参见 Greatrex, Geoffrey and Lieu, Samuel N.C. eds. *The Roman Eastern Frontier and the Persian War Part II AD 363-630: A Narrative Sourcebook.* pp.17-19.

② 罗马重新对东部边疆城市阿米达（Amida）等进行设防。Greatrex, Geoffrey and Lieu, Samuel N.C. eds. *The Roman Eastern Frontier and the Persian War Part II AD 363-630: A Narrative Sourcebook.* p.14.

③ 相关资料表述来源，参见 Yarshater, Ehsan ed. *Encyclopaedia Iranica.* "Yazdegerd I". http://www.iranicaonline.org/articles/yazdegerd-i, 2019 年 4 月 12 日。

④ 据称伊嗣俟一世为确保王位继承，把其儿子巴赫拉姆五世托付给希拉的撒拉逊王子阿尔蒙德尔一世（Al-Mundhir I）。参见 Rubin, Z. "Diplomacy and War in the Relations between Byzantium and the Sassanids in the Fifth Century". P. Freeman, D. Kennedy, eds. *The Defence of the Roman and Byzantine East. BAR* International Series 297, pp.689-690, n.3.

罗马人赢得了好感。①

因此，在公元363年和约基本满足了萨珊波斯长期以来领土和经济诉求的前提下，在外部面对来自北方民族的侵扰，内部需要削弱波斯贵族和祭司阶层的影响和控制、需要与罗马保持协作的情况下，他还见识了基督教徒的"神迹"。接受阿卡狄乌斯的"托孤"，是具有包容性格的伊嗣俟一世所做的最优选择。

四、阿卡狄乌斯"托孤"与晚期古代东西方形势变迁

阿卡狄乌斯"托孤"对晚期古代东西方形势的变迁产生了深远的影响，也为认识晚期古代东西方形势的变迁提供了新维度。首先，对东罗马政府来说，在阿卡狄乌斯逝世后，年幼的提奥多西乌斯二世既未受到来自君士坦丁堡的密谋者的伤害，也未被西罗马趁机"统一"，更未受到来自萨珊波斯的威胁，罗马帝国东部的统治实现了平稳过渡。伊嗣俟一世在位期间与罗马保持的长期和平、罗马帝国东部边疆的安宁，为提奥多西乌斯二世政府赢得了足够的喘息时间，使东罗马能够将其军事力量集中起来对付由乌尔丁（Uldin）领导的匈奴人，避免了两线作战。公元408/409年，匈奴人再次侵扰罗马帝国。这次在乌尔丁的率领下，匈奴人跨过多瑙河，先是占领摩西亚（Moesia），后又入侵色雷斯。乌尔丁声称："如果他想要，那么他可以征服阳光照耀下的每一片土地。"②乌尔丁的入侵虽最终被罗马人粉碎，但同时也暴露了罗马帝国边疆防御的脆弱。安泰米乌斯随后立即加强了边疆防御，尤其是多瑙河舰队的力量。公元413年，君士坦丁堡的城墙也被重建和增补。③如果阿卡狄乌斯未"托孤"，那么提奥多西乌斯二世即位之初，很可能一方面在帝国内

---

①Socrates. *Historia Ecclesiastica*. pp.340−342.

②Sozomenus. *Historia Ecclesiastica*. London: Henry G. Bohn, York Street, Covent Garden, 1855, pp.411−412.

③Maenchen−Helfen, J.Otto. *The World of the Huns: Studies in their History and Culture*. Max Knight, ed., Berkeley, Los Angeles and London: University of California Press, 1973, p.74.

部要同时面临其他潜在篡位者的威胁和来自帝国西部试图统一的野心，另一方面在外部还要面临来自萨珊波斯和匈奴人的侵扰，在这种情况下东罗马政府是否能得以存续都是问题，能否于日后复兴更是未知。

其次，"托孤"事件对晚期古代基督教在东方的发展具有重要促进意义。基督教徒在促进罗马—波斯关系友好发展的同时，也使他们自身获益匪浅。罗马和波斯间的这种友好关系，使基督教在东方得以快速发展，尤其在萨珊波斯境内，在伊嗣俟一世在位期间基督教的影响力甚至一度超过拜火教。公元 409 年，伊嗣俟一世正式允许基督教徒在萨珊波斯境内公开信仰，并重建基督教堂。他下令释放狱中的"忏悔者"，并允许主教们在他们所在的教区内自由活动，还承认基督教徒有组织权以及为自身制定法律的权利。伊嗣俟一世在法律上正式承认基督教在萨珊波斯境内的合法性，这对自君士坦丁在罗马帝国内确立基督教信仰后，在萨珊波斯境内一直受到迫害的基督教会来说是一种巨大的进步，为基督教以后在东方的发展提供了必要的基础。[①]公元 410 年，伊嗣俟一世又批准马路他等人在塞琉西亚—泰西封（Seleucia-Ctesiphon）召集宗教会议，解决了东西方基督教会间的争议，并确立萨珊波斯境内基督教徒组成单一结构的教会，即后来的"东方教会"。这在东方教会及基督教在东方发展史上具有里程碑式的意义。[②]

再次，该事件对晚期古代东西方贸易交流也产生了重要影响。罗马与波斯在政治上的友好关系，促进了两国在东西方跨境贸易监管方面的合作。据《查士丁尼法典》[③]载，公元 408/409 年霍诺利乌斯和提奥多西乌斯二世颁布了关于商业和商人的法律，内容如下：

> 臣服于我们统治的商人及臣服于波斯国王的商人们，不得将市

①Wigram, W. A. *An Introduction to the History of the Assyrian Church or the Church of the Sassanid Persian Empire 100-640 A.D.* London: Society for Promoting Christian Knowledge, 1910, pp.89-90.

②Wigram, W. A. *An Introduction to the History of the Assyrian Church or the Church of the Sassanid Persian Empire 100-640 A.D.* pp.94-96.

③Krueger, Paulus ed. *Codex Iustinianus*. Cambridge: Cambridge University Press, 2014, p.188.

场置于与上述国家缔结的条约所约定的地点之外，以防止任何王国的秘密被披露。

　　1. 因此，我们帝国的任何臣民今后都不得在尼西比斯、卡里尼库姆（Callinicum）和阿尔塔克萨塔（Artaxata）之外购买或销售货物，也不得在上述城市外的任何地方与波斯人进行交易。因为签订条约的双方，都知道在这些地方以外销售或购买的任何货物都将被我们神圣的国库没收，且除这些货物外，用现金或实物支付的价款也将被没收，犯罪者本身将被永久流放；

　　2. 签订条约双方的法官及其下属进入上述范围以外的地方，也将被罚款 30 磅，包括罗马或波斯人中穿过其边界前往禁地进行贸易的人；

　　3. 但这不适用于那些携带货物来交换的波斯使节，出于人性和对使节的尊重，我们不否认这些人有在固定地点以外从事贸易的特权。除非他们以出使的名义在某个行省待了很长时间，没有回到自己的国家。当这些人参与交易，必须受到这种制裁所受的惩罚，包括与他们交易和他们居住在一起的人。

　　该法律总结了拜占庭和萨珊波斯之间贸易的官方指导方针，双方将跨境贸易限制在指定的城市，这从两国的角度来看，也是确保共同边界安全的重要一步，该原则在公元 7 世纪罗马—波斯关系结束之前一直都有效。[①]

　　最后，阿卡狄乌斯的这种"托孤"为晚期古代罗马和萨珊波斯寻求关系的改变提供了一种新范式。在古代社会，解决国与国之间矛盾和问题的通常办法是战争，这也正如芬利指出的那样，在古代世界，战争无处不在，他赞同柏拉图的观点，把它称为一种"无情的规律"。[②]但事实上，阿卡狄乌斯"托孤"事件的完美结局，开创了古代国家间寻求关系改变的另一种新范式，即非战

---

①Dignas, Beate and Winter, Engelbert. *Rome and Persia in Late Antiquity: Neighbours and Rivals*. pp.205−206.

②Finley, M. I. *Ancient History: Evidence and Models*. New York: Viking Penguin Inc., 1986, p.67.

争的"托孤"范式。萨珊波斯国王卡瓦德一世（Kavadh I）也曾试图让查士丁一世（Justin I）收养他的儿子库思老一世（Khusro I）。公元502年至506年，卡瓦德一世由于向拜占庭索要支付给嚈哒人的资金被拒，并被要求归还尼西比斯等问题，而与拜占庭交战。查士丁一世（公元518—527年在位）继位后，双方又因拉吉卡（Lazika）、伊伯利亚和里海隘口问题而发生冲突，关系再度紧张。但当年过七旬的卡瓦德一世准备对他身后的王国及王位继承做出安排时，他首先想到的却是让查士丁一世收养他喜爱的儿子库思老，与拜占庭缓和关系，以确保库思老能继承他的王位。[1]这很难说不是对阿卡狄乌斯开创的"托孤"范式的效仿。阿卡狄乌斯的"托孤"范式，对于晚期古代国际关系不能不说是一种新尝试。

（本文原发表于《史学集刊》2020年第5期，作者：徐进伟、徐晓旭。）

---

[1]Procopius. *History of the Wars*. 1.11.6.11,23-30.

开启福利国家之门

——美国《社会保障法》初探

张庆熠

社会保障是民生之基，是建设中国特色社会主义市场经济体系的重要组成部分，是构建和谐社会、保障公民劳动权和生存权的重要手段，是国家长治久安、人民安居幸福的重要保证，不同层次、不同领域、不同类别、不同形式的社会保障项目的实施关乎民众的福祉、社会的安定，诚如习近平总书记指出的："社会保障是保障和改善民生、维护社会公平、增进人民福祉的基本制度保障，是促进经济社会发展、实现广大人民群众共享改革发展成果的重要制度安排，是治国安邦的大问题。要加大再分配力度，强化互助共济功能，把更多人纳入社会保障体系，为广大人民群众提供更可靠、更充分的保障，不断满足人民群众多层次多样化需求，健全覆盖全民、统筹城乡、公平统一、可持续的多层次社会保障体系，进一步织密社会保障安全网，促进我国社会保障事业高质量发展、可持续发展。"[①]

纵观人类历史，保障社会成员劳有所得、老有所养、病有所医、幼有所依的社会保障制度在世界范围内普及和完善是人类社会经济发展的一项重大成就。据世界劳工组织（ILO）统计，截至 2012 年，已有 185 个国家建立起

① 习近平：《习近平在中共中央政治局第二十八次集体学习时强调健全覆盖全民统筹城乡的社会保障体系 促进社会保障事业高质量发展可持续发展》，中国政府网，2021-3-01[2021-2-27]，http://www.gov.cn/xinwen/2021-02/27/content_5589187.htm。

多种形式的社会保障制度^①。以政府为主体，以社会保障为核心，构建适合本国国情的社会福利体系已经成为当今世界各国政府共同努力的目标和方向。

　　美国作为经济总量最大、市场经济制度高度成熟的发达国家，其社会保障制度的创立、完善和不断发展的过程具有一定的代表性。美国现代社会保障制度发端于《社会保障法》（*Social Security Act*）^②的制定、通过和实施。回顾历史追根溯源，重新审视《社会保障法》，了解法案诞生的时代背景，探究立法进程中的诸多细节，反思其中的经验和教训，对我们更好地通览当今美国社会保障体系会有所裨益。本文立足富兰克林·罗斯福总统档案文献、第七十四届国会辩论记录、美国联邦最高法院判决意见书、当事人回忆录等原始资料，参考国内外专家学者的研究成果^③，对《社会保障法》出台的历史背景、具体过程和重大意义做一初步研究，不当之处，敬祈指正。

---

①International Labor Organization, World Social Protection Report, 2014-2015, Building Economic Recovery，including development and social justice, Gevena: International Labour Organization, 2014, p.21.

②U.S. Congress, The Social Security Act (August 14,1935), in Statutes at Large, vol. 49, pp.620-648.

③ 国内外学者对美国《1935 年社会保障法》做了较为深入的研究：黄安年教授在《当代美国的社会保障政策（1945—1996）》一书考察了美国《1935 年社会保障法》起草制定过程，强调该法对美国当代社会保障政策体系的重要奠基作用；作为历史的亲历者，经济保障委员会专家咨询组牵头人埃德温·E. 韦特（Edwin E. Witte）1963 年出版了专著《社会保障法的发展》（*The Development of the Social Security Act*），作者详细忆述了美国《1935 年社会保障法》诞生发展的过程，作者对富兰克林·罗斯福总统发挥的关键领导作用评价甚高；安德鲁·E. 杜贝尔斯坦（Andrew W. Dobelstein）教授在《理解社会保障法：面向二十一世纪的美国社会福利基石》（*Understanding the Social Security: The Foundation of Social Welfare for American in the 21st Century*）一书中从《社会保障法》文本结构分析的角度梳理了美国《1935 年社会保障法》发展演变的过程；克莉丝汀·唐尼（Kirstin Downey）在《新政背后的女人：弗朗西斯·珀金斯的人生与遗产——社会保障与失业保险》（*The Woman Behind the New Deal：The Life and Legacy of Frances Perkins, Social Security, Unemployment Insurance*）中细致考察了时任劳工部长弗朗西斯·珀金斯在美国《1935 年社会保障法》立法过程中发挥的独特领导作用和大力推动作用；亨利·J. 亚伦，巴里·P. 博斯沃思和盖瑞·波利斯（Henry J. Aaron, Barry P. Bosworth & Gary Burtless）合著的《美国变老能否负担？为社会保障买单》（*Can America Afford to Grow Old? Paying for Social Security*）从美国社会保障体系的筹资方式和保障水平财务分析的角度对美国社会保障法律体系搭建起来的社会保障制度进行研究和剖析，并提出了相应的对策和建议。

一、《社会保障法》立法缘起

从殖民地时期到 20 世纪 30 年代之前，美国都不存在现代意义上的社会保障制度。所谓现代意义上的"社会保障"（Social Security）是指："由国家通过立法和行政措施设立的保证社会成员基本经济生活安全项目的总和。社会保障存在于社会制度不同的国度里，它向公民提供各种形式补贴和津贴，用以补偿公民由于退休、失业、伤残、丧偶、生育等原因造成的工作收入损失，并在他们患病期间向他们提供医疗服务。"①

由于历史文化传统、经济发展水平和社会政策取向不同，世界各国对社会保障的理解和界定多种多样。就美国而言，现代社会保障"自 1935 年制定通过的《社会保障法》开始，该法创设了一系列社会保险、社会福利和社会救助制度，包括老年、遗属和残疾保险，联邦与州共同运作的失业保险，向老年人提供补助、向盲人提供补助、向养儿育女家庭提供补助的社会救助项目，儿童福利、残疾儿童照顾等社会福利项目，以及公共卫生事务。随着时间推移，社会保险、社会福利和社会救助项目规模不断扩展，渐趋完善，以社会保险和公共援助为核心的社会保障制度惠及绝大部分美国人"②。结合上述两个定义，我们可以归纳出美国社会保障制度的四个基本特征：①社会保障是一系列经常性制度安排的集合，无论经济繁荣还是萧条，都能保证社会成员因年龄、身体健康、社会境遇、经济状况不能工作无法取得合法收入的情况下，取得维持基本生活的费用；②社会保障待遇应以现金给付为主，同时也包括一定的实物（如食品券）和服务（如医疗、居家照顾）；③社会保障项目应由政府主持运作，强制实施，在保障本国公民社会经济保障方面，政府应承担起更多的责任；④社会保障包含社会保险、社会福利和社会救助等内容，社会保险、社会福利和社会救助三者之间既有联系，又有区别。

如上所述，《社会保障法》是美国现代社会保障体系建立的标志。作为新政（New Deal）的重要组成部分，《社会保障法》的通过和实施被富兰克林·罗

---

① 董克恭等编著：《社会保障百科全书》，中国社会出版社 1994 年版，第 248 页。
② Herrick, John M. & Stuart, Paul H. eds., Encyclopedia of Social Welfare History in North America, California: Sage Publications, Inc., 2005, pp.355-356.

斯福总统视为最卓著的政绩，社会保障制度是他留给美国人民最重要的新政遗产[①]。罗斯福之所以如此看重《社会保障法》和社会保障制度，20世纪30年代大萧条引发的持续严重失业是重要因素。1929年10月随着美国纽约股市崩溃，长达十年的经济大萧条骤然来临。如图1所示，美国国民生产总值（GNP）从1929年1050亿美元的最高点一路下滑到1932年550亿美元[②]。截至1933年，失业人口1283万人，失业率高达24.9%[③]。能够幸运保住职位的在岗人员薪金也一降再降，朝不保夕。失业导致的贫困、犯罪、离婚率飙升等社会问题愈演愈烈。罗斯福入主白宫后展开大刀阔斧的改革，由联邦政府投资兴建大规模公共工程，实施有针对性的社会救济项目来吸纳和消化庞大的失业人口。联邦政府通过以工代赈的方式帮助失业者渡过了眼前的难关，但失业率依旧居高不下。与1933年相比，1934年失业率为21.9%，仍有900多万人口处于失业状态。失业大军居无定所、四处游荡，危及社会稳定，严重打击民众对经济复苏前景的信心。

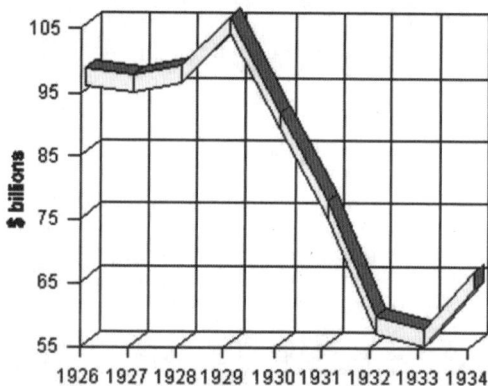

图1　1926—1934年国民生产总值（GNP）变化趋势[④]

---

①Roosevelt, Franklin D. , "Presidential Statement upon Signing the Social Security Act, August 14, 1935", from The Public Papers and Addresses of Franklin D. Roosevelt, vol. 4, New York: Random House, Inc., 1938, p.324.

②Kurian, George T. & Chernow, Barbara A., eds., Datapedia of the United States: American History in Numbers,1776–2007, 4th edition, Maryland: Bernan Press, 2007, p.237.

③Barabba, Vincent P., eds., Historical Statistics of the United States, Colonial Times to 1970, part 1, Washington, D.C.: U.S. Bureau of the Census, 1975, p.185.

④Kurian, George T. & Chernow Barbara A., eds., Datapedia of the United States: American History in Numbers,1776–2007, 4th edition, Maryland: Bernan Press, 2007, p.237.

面对严峻的现实，以罗斯福总统为首的奉行新政的当权者们在寻找治本之策。早在1934年2月2日，由众议员欧内斯特·伦丁（Ernest Lundeen）向众议院提交了一份议案，建议国会授权联邦政府为工人和农民设立失业保险和其他社会保险，以纾解民困，稳定民心[①]。尽管这份草案过于简略，缺乏可操作性，遭到否决，但这是自1929年经济大萧条以来国会首次认真地讨论设立失业保险和其他社会保险事宜。4月17日，劳工部长弗朗西斯·珀金斯（Frances Perkins）向罗斯福总统提交了一份备忘录，珀金斯敦促罗斯福认真考虑以社会保险的方式而非直接救济救助的方式应对失业的可能性和可行性。随备忘录一起递交白宫的还有失业保险小组委员会（Unemployment Insurance Committee）提交给工业咨询委员会（Industrial Advisory Board）的一份研究报告，报告起草者评估了当时除各州和美国以外其他国家失业保险制度的运作情况，并针对美国的实际情况，提出相应的政策建议。起草者认为联邦政府应当仿效英德等欧洲国家，尽快设立包括失业保险在内的社会保险项目，强制实施，覆盖全国各行各业[②]。6月，罗斯福的密友——联邦紧急救济署署长哈里·L.霍普金斯（Harry L. Hopkins）致信罗斯福，提请总统召集经济保障委员会（Committee on Economic Security），选派相关专家和政府官员一起全面归纳梳理国内外社会保险、社会福利和社会救助制度，研究、酝酿、起草建立经济保障（Economic Security）制度的具体实施方案。罗斯福多方权衡，终于采纳了霍普金斯的建议。6月8日，罗斯福向国会提交特别咨文，向国会议员通报行政分支在他的领导下取得的业绩和未来的计划和目标。在致国会的特别咨文中，罗斯福全面回顾了一年多来联邦政府应对经济大萧条的种种举措。罗斯福认为美国眼下的经济状况已经出现好转的迹象，在救济和复兴两个方面业绩突出，效果显著。联邦政府的种种努力初步稳定了大局，稳住了人心。

联邦政府要做的工作还有很多，其中头一件就是研究如何稳妥地创立美

[①]McJimsey George, eds., *Documentary History of Franklin D. Roosevelt Presidency*, vol. 5, Washington D.C.: University Publications of America, 2001, pp.12–14.

[②]Ibid., pp.17–46.

式经济保障制度。在罗斯福看来："我把我国男男女女的安全保障放在第一位。对于个人以及家庭的安全保障而言，主要涉及三个因素：第一，人们要居者有其屋；第二，人们在安家之后能够立业，从事生产劳动；第三，他们还要求某种保证，能够应付未来可能遭遇到的不幸事件。"在农业时代，"安全保障是通过家庭成员之间的血缘关系和社区邻里的互帮互助实现的。然而，进入工业化时代以后，人们走出家庭，走入社会，大规模的社会组织取代了以往简单的家庭和社区邻里关系，各行各业，情况复杂。有鉴于此，以家庭为中心的安全保障不再适用于复杂的社会现实。我们不得不依靠政府的力量来增进每个公民个人的安全保障"。罗斯福坚信安身（居者有其屋）、立业（生活有指望）、未来充满希望（风险共担）"乃是我们能够向美国人民提出的最低限度的承诺。这三件事情构成了一切愿意劳动的个人和家庭的一种权利"①。

基于上述考虑，罗斯福宣布成立经济保障委员会，由内阁部长和社会保障专家组成工作班子，进行调查研究，草拟经济保障法案，提交来年的第七十四届国会讨论。6 月 28 日，罗斯福发表炉边谈话，向国民讲解联邦政府近来的施政举措。面对广大美国民众，罗斯福再次强调需要"运用政府的力量提供一种手段，以作为防止现代生活兴衰多变可靠而充分的保障，换言之，即社会保障"②。

《社会保障法》的诞生和美国现代社会保障体系的建立离不开富兰克林·罗斯福的强力推动③。除了高层政治人物以外，还有多股力量参与到社会保障制度的创建之中，如美国的本土经验、外来制度和知识工具的灌输、草根民众的自愿自发活动等都以不同渠道、不同方式、不同的力量分化组合为现代社会保障制度这一源自欧洲的制度安排打上了深深的美国烙印。

---

① Roosevelt, Franklin D. "Message to the Congress Reviewing the Broad Objectives and Accomplishments of the Administration, June 8", 1934, from the Public Papers and Addresses of Franklin D. Roosevelt, vol. 3, New York: Random House, Inc., 1938, p.287.
② Ibid., p.289.
③ 黄安年：《富兰克林·罗斯福和 1935 年社会保障法》，《世界历史》1993 年第 5 期。

根据美国学者希达·斯科普尔（Theda Skocpol）的研究，从殖民地时期开始，受英国《济贫法》（*Poor Law*）和基督教慈善精神影响，各英属北美殖民地的居民逐步发展起一整套制度和习惯做法，通过开办济贫院、贫民所等方式照顾无法自谋生路的穷苦老人、孤儿、盲人、残疾人、精神病人以及丧失劳动能力者等弱势群体。到美国立宪建国之后，上述传统完整地保留了下来。在这一过程中，地方自治共同体和教会在维系家庭团结、邻里和睦、社区安宁方面发挥了重要的纽带作用。在此基础上，到19世纪后半叶，州和地方政府立法向特定穷困群体（如母亲、孤儿、寡妇、盲人等）发放金钱补贴和物质补助，帮助他们维持最低水平的生活[1]。虽然州和地方政府扩大了社会救助的责任，但这与现代社会保障理念和实践迥然不同，美国早期州和地方政府、社会团体、地方自治共同体的社会救助行为体现的是帮扶，而非共济，社会救助的对象极其有限，社会救助的资金来源主要是税收、慈善捐助等，各个地方社会救助的方式、范围、程度、持续性等差别很大，很难做到全国统一。尽管如此，救助妇孺、关爱长者、扶持弱者的文化传统，基督新教悲悯的宗教情怀，悠久的传统习惯和富有地方特色的法律法规，这一切作为美国本土经验的一部分，被整合进入现代保障制度的制度设计之中，成为美式社会保障制度的源头之一。

此外，除美国以外其他国家，特别是欧洲国家建立社会保障制度的成功经验和失败教训，对美国构建本国的社会保障制度起到了重要的推动作用。德国是世界上首个建立现代社会保障制度的资本主义工业国家，在铁血宰相奥托·冯·俾斯麦的推动下，德国帝国议会分别于1883年5月31日通过《疾病社会保险法》，1889年5月24日通过《老年和残疾社会保险法》，1889年6月27日通过《工伤社会保险法》，再加上魏玛共和国时期制定通过的《失业保险法》（1927年7月7日），德国率先在全世界构建起以社会保险为核心，涵盖失业、工伤、医疗、养老、助残等内容，体系完备、可操作性强、备受

---

[1] Skocpol, Theda. Protecting Soldiers and Mothers: The origins of American Welfare State, Massachusetts: Harvard University Press, 1995, pp. 15–18.

民众特别是工人阶级支持的现代社会保障制度。作为社会保险制度的发源地，德国对社会保障的理解主要基于社会市场经济理论，该理论强调社会平等和社会安全，社会保障主要作用就是要为在市场经济竞争中不幸的失败者们和失去竞争力能力的人提供最基本的生活保障。①

德国的经验很快跨越国界，传播到欧洲其他国家，进而跨越大西洋来到美国。1910 年，哥伦比亚大学政治经济学教授亨利·罗杰斯·西格尔（Henry Rogers Seager）出版了《社会保险：一项社会改革计划》②，这是在美国出版的第一部专门介绍社会保险的书籍。西格尔指出与传统的社会救济和自愿互助模式不同，社会保险具有强制性，强制所有工人必须购买社会保险。考虑到劳动过程中出现的工伤、事故、疾病、失业、死亡等劳动风险无处不在，为了扩大风险池，提高抗风险能力，最好的办法是由政府立法强制工人缴费参保。社会保险另外一项特别之处是雇主也要参加到社会保险体系中来，为雇员缴纳社保费。这样做的原因是工人的劳动风险与企业息息相关，雇主为雇员分担保费等同于分担了工人的劳动风险，雇主作为有权力确定工作条件的一方，也有责任承担工业生产过程中的风险③。西格尔的著作将德国社会保险制度介绍到美国，对进步时代社会政治经济改革产生了积极影响，从 1907 年到 1919 年，先后有 39 个州颁布了《雇员工伤补偿法》。④

尽管社会保障的理念和实践已在美国扎下了根基，然而，19 世纪末 20 世纪初美国联邦和地方政府构建社会保障的努力大都没有取得重大突破，究其原因有二：其一，社会保障制度缺乏联邦层面的顶层设计，各行各业、各州各地各自为政，就事论事，极大地分散了改革的力量；其二，企业等私营部门为雇员提供的老年津贴/补贴、商业医疗保险等在某种程度上起到了替代

---

① 有关德国社会保障制度建立的历史过程参见姚玲珍编著：《德国社会保障制度》，上海人民出版社 2010 年版，第 22—25 页。

②Rogers Seager, Henry. Social Insurance: A Program of Social Reform, New York: The Macmillan Company, 1910.

③Ibid., p.53.

④Herrick,John M. & Stuart Paul H., eds., Encyclopedia of Social Welfare History in North America, p.360.

社会保险的作用，加之保险行业垄断经营，极力排斥社会保险，极大地增加了构建社会保障体系的阻力和难度。诚如美国学者丹尼尔·罗杰斯所言："所有这些因素：雇主和保险公司对国家企图染指他们独占领域的抵制、劳工立法专家从原有立场退缩到更安全、更有美国特色的方式、大众缺乏对需要缴费的社会保险的支持，有效阻止了美国政策像海外那样转向更加体系化的社会保险。"[1]

当经济大萧条来临时，在德国行之有效的社会保险制度再次进入人们的视野，参与起草《社会保障法》的专家们比较一致的看法是要解决失业、养老等棘手问题，社会保险是可行之道。甚至有美国学者认为："《社会保障法》起草者心里想的都是其他国家的经验，要把社会保险思想改造适用于美国。"[2]

综上所述，20世纪30年代大萧条引发的严重失业促使罗斯福认识到在美国建立社会保障制度已刻不容缓，而美国的本土经验同外国的先进制度结合在一起，为《社会保障法》的起草者们提供了丰富的政策选择。

二、经济保障委员会构建美式社保体系的初步探索

1934年6月29日，罗斯福颁布第6757号总统行政令，下令组建经济保障委员会（Committee on Economic Security，简称CES）。经济保障委员会是临时机构，由总统下令召集。经济保障委员会的任务是专门研究涉及个人经济保障的诸多问题，并于1934年12月1日之前向总统提交报告。经济保障委员会提出的政策建议应当能更好地推进经济保障[3]。

经济保障委员会由四部分组成：第一部分为行政长官委员会，由劳工部长弗朗西斯·珀金斯（Frances Perkins）、财政部长亨利·摩根索（Henry

[1]丹尼尔·罗杰斯著：《大西洋的跨越：进步时代的社会政治》，吴万伟译，译林出版社2011年版，第449页。
[2]前引书，第458页。
[3]Roosevelt, Franklin D., "Executive Order of President No. 6757 for Establishing the Committee on Economic Security, June 29, 1934", from The Public Papers and Addresses of Franklin D. Roosevelt, vol. 3, New York: Random House, Inc., 1938, pp. 321-322.

Morgenthau）、司法部长霍默·卡明斯（Homer Cummings）、农业部长亨利·华莱士（Henry Wallace）、联邦紧急救济署署长哈里·霍普金斯（Harry Hopkins）五位内阁成员组成，珀金斯担任主席。他们由罗斯福总统直接任命，握有最终拍板权和决定权。第二部分为顾问委员会，由 23 位专家和各界杰出人士组成，他们均不在联邦政府担任官职。第三部分为技术部门，由联邦政府相关部门抽调的 21 位官员组成。此外，为整个经济保障委员会运作服务的工作人员也受技术部门管辖。第四部分为行政主管领导的工作小组，由威斯康辛大学经济学教授埃德温·韦特（Edwin Witte）担任行政主管。韦特曾经在威斯康辛州政府任职，是社会保险领域的顶尖专家，也是美国劳工立法协会（American Association for Labor Legislation）的活跃成员。

经过半年的辛勤工作，经济保障委员会于 1935 年 1 月 17 日向罗斯福总统提交了《经济保障委员会报告》（以下简称报告）及其立法草案，供罗斯福总统审阅。罗斯福总统随后将报告和立法草案提交国会讨论。报告共由两部分组成。第一部分是委员会提交给总统的报告正文，第二部分是委员会专家分门别类对社会保障制度方方面面进行的专题研究报告。后者多达十数卷，卷帙庞大，内容繁杂。

经济保障委员会行政主管韦特在他的回忆录里详细记述了委员会运作的细节。经济保障委员会面临最大的挑战是时间紧、任务重，据韦特回忆，直到 1934 年 8 月初，委员会全体工作人员才全部就位，全身心投入美国社会保障制度的政策设计工作，只用了短短 4 个月多月，就完成了罗斯福交办的任务。8 月 13 日，罗斯福同珀金斯和韦特会面，指明了委员会工作的重点和方向。罗斯福认为未来社会保障制度应当包含失业保险和老年人养老保险等社会保险制度，最好有一个一揽子解决方案。罗斯福强调所有形式的社会保险筹资必须是以参保人缴费为基础的，不能单纯依靠政府拨款筹资。罗斯福要求"委员会将主要精力放到研究如何保护个人抵御失业、贫困、老无所依等风险上。所有形式的社会保险（事故保险、医疗保险、丧失工作能力保险、失业保险、退休年金、遗嘱保险、家庭成员领取的保险收益等）都要考虑在内"[1]。根据上述指示，韦特将委员会专家分成四组，专题研究四个问题：第一组研究失业保险；第二组研究公共雇佣和救济问题；第三组研究医疗保险问题；第四组研究养老保险问题。

现有的材料反映出经济保障委员会在罗斯福总统的领导下对社会保障制度进行了一个宏观的顶层设计，广泛收集和研究国内外现有的所有社会保险、社会救济和社会福利计划，综合考虑哪些既有的成功经验和现成的制度模式可以整合到美国未来的社会保障体系中来。尽管从社会保障专家的政策建议和宏伟蓝图到法律条款的落地实施还有很漫长的路要走，不可能所有形式的社会保障项目都能得到国会的认可和公众的认同，但未雨绸缪，抓住经济大萧条这一难得的机会，为美国社会保障制度的体系化奠定最初的基石，是经济保障委员会专家们的理想和追求。

报告的起草者认为自 1929 年 10 月纽约股市崩溃引发经济萧条，迄今已五年有余，民众生活在水深火热之中。正是由于生活困苦，朝不保夕，人们才发现安全和保障的重要性。在报告的第一部分，报告起草者列举了大量事实和数据，说明这个国家的人民比以往任何时候都需要"防范人类社会种种不幸事件的机制和方法"[2]。即便是回到平常年景，例如 1922 年到 1929 年经济繁荣时期，依旧有约 8% 产业工人处于失业、半失业状态。除了失业之外，工伤事故、身故残疾、老无所养、幼无所依等等，在人生的每个阶段，人们都生活在不安定、不安全之中。联邦政府应承担起政治责任，为所有美国人，无论男女老幼，织就一张社会安全网，帮助他们在人生际遇步入低谷时能够维持基本的生存和体面的生活，因此，尽快构建一整套健全的社会保障制度，变得越来越紧迫。

---

[1]Witte, Edwin E. The Development of the Social Security Act: A Memorandum on the History of the Committee on Economic Security and Drafting and Legislative History of the Social Security Act, Wisconsin: The University of Wisconsin Press, 1963, p.125.

[2]Committee on Economic Security eds., "Report to the President of the Committee on Economic Security, fromCongressional Records of Social Security Act of 1935", 74th Congress 1st session, Appendix III, Washinton D.C., Government Printing Office, 1935, p.19.

　　报告的第二部分主要从保障就业、失业补偿、退休与养老、儿童福利、医疗健康、社会保险与私营保之间关系、社会保险运作机制等七个方面逐一介绍了政策建议[①]。报告执笔者认为与德国、英国、法国、比利时、瑞典等欧洲国家相比，美国的社会福利和社会保障体系发展滞后，存在系统性的缺陷和不足，需要进行体系性的改革和再造。尽管罗斯福总统领导的百日新政初步缓解了经济大萧条导致的就业不充分问题、失业严重问题和社会动荡问题，然而，百日新政只是治标之术，不是治本之策。要想真正摆脱经济危机，恢复经济健康增长，亟须补齐社会福利与社会保障短板和不足，为调整经济结构和产业结构、重塑经济秩序和社会秩序提供保障和缓冲机制。

　　报告的第三部分，起草者结合国外社会保障制度运行的情况，向总统建议提出立法建议。作为重要的立法参考材料，经济保障委员会广泛搜集了主要工业先发国家业已建立的社会保障和社会福利项目，深入研究了德国、英国、法国、意大利、加拿大等国家在社会保障和社会福利领域行之有效的法律法规，形成了卷帙浩繁的国会立法参考资料。《社会保障法》通过之后，帮助美国公众更快更好地了解和熟悉全新的社会保障制度和社会保障体系，将《社会保障法》的立法理念和制度设计尽快付诸实践，1937年社会保障署政策研究部门从经济保障委员会专家为国会立法撰写的数十卷研究报告中择其精要，编撰整理，出版了《社会保障在美国：社会保障法的事实背景》（以下简称《社会保障在美国》）一书供公众、企业界和政府官员参考[②]。作为经济保障委员会研究工作成果的全方位展现，《社会保障在美国》较详细地描述了德国、英国、法国、意大利、加拿大、比利时等国的社会保障和社会福利制度发展情况。进入20世纪后，澳大利亚（1922）、奥地利（1920）、保加利亚（1925）、加拿大（1935）、德国（1927）、英国（1911）、爱尔兰（1920）、意大利（1919）、波兰（1924）、瑞士（1925）、南斯拉夫（1935），亚拉巴马州（1935）、加利福尼亚州（1935）、华盛顿哥伦比亚特区（1935）、马萨诸

---

① Ibid., pp.25-40.

② Social Security Board eds., Social Security in America: The Factual Background of the Social Security Act, Washington D.C., Government Printing Office, 1937.

塞州（1935）、新罕布什维尔州（1935）、纽约州（1935）、俄勒冈州（1935）、犹他州（1935）、华盛顿州（1935）、威斯康星州（1935）等欧洲多个国家、美国多个州陆续建立失业保险强制参保制度，将失业保险金缴费和给付制度以法律的制度确立下来，构建起失业保障制度[①]。

报告的第四部分主要关注在未来的全国统一的社会保障体系中，州和地方政府应当扮演什么样的角色，发挥什么样的角色，在美国联邦制下，联邦和州应如何携手合作，为全体美国公民提供经济保障。报告的结论指出："我们认识到上述政策措施和立法建议并不能给予公民个人百分之百的经济保障。正如总统在1934年6月8日致国会的特别咨文中指出的那样，美国人民的幸福包括安身、立业和为未来发生天灾人祸做好防备，该报告只涉及第三部分，即保护美国的男女老幼面对不幸和苦难时所应获取的最基本的保障和保护。我们也不把本报告和我们提出的建议当作构建经济保障体系的终极版本，建立健全美国经济保障制度将花费未来数代人的心血和努力，本报告只是一个开始。"[②]

经济保障委员会草拟的社会保障体系蓝本充分吸取了美国以往成功的经验和失败的教训，吸收了美国以外其他国家和地区社会保障方面先进经验和做法，并充分照顾到美国的国情以及当时经济深度衰退、百业萧条的特殊时代背景。更重要的是，经济保障委员会的专家们没有闭门造车、闭目塞听，而是充分接触社会，倾听劳苦大众的心声，了解普通美国人的需求。此外，经济保障委员会的成员还认识到社会保障制度不仅要考虑当下的紧迫需要，更要着眼未来，要充分估计到随着社会经济形势的变化、人口结构的变动，会对社会保障制度产生持久而深刻的影响。作为美国社会保障制度的主要设计者，经济保障委员会的成员为美国社会保障制度的构建打下了良好的基础，诚如罗斯福总统在1935年1月17提交给国会咨文中所言："经济保障委员

[①] Ibid., p.6.

[②] Committee on Economic Security eds., Report to the President of the Committee on Economic Security, from Congressional Records of Social Security Act of 1935, 74th Congress 1st session, Appendix III, Washington D.C., Government Printing Office, 1935, p.64.

会在其详细报告中提出的一系列建议，一定会受到具有明智鉴别能力的美国人民的欢迎和支持。经济保障员会并不想尝试做不到的事情，他们审慎地考虑到下列相关因素：国民的承受力、各州的权利和义务、国家的财力以及不辜负社会各阶层公民热情支持的方式方法。"罗斯福总统敦促国会"尽快采取行动来达到此报告所要达到的目标"①。这一切都表明，以经济保障委员会提交的报告为蓝本讨论社会保障立法的时机已然成熟，离美国向现代福利国家又迈进了一大步。

尽管经济保障委员会的辛勤工作博得了罗斯福总统的好评，但他们还要经受国会和全国民众的严苛考验。罗斯福清醒地意识到对绝大部分美国人来说，社会保障、社会保险和社会救济还是新鲜事物。在美国利益多元、权力分立与相互制衡的政治格局下，不同利益的集团有不同的利益诉求，七嘴八舌，众口难调，这将对谋求构建统一的社会保障制度的既定目标构成冲击和阻碍。因此，在 1935 年 1 月 17 日致国会的咨文中，罗斯福倡议："先不使有关经济保障的联邦立法的使用范围过于宽广，以防这项健全而必需的政策将无可挽回地丧失信誉。"②罗斯福的底线是养老保险和失业保险的筹资方式必须是政府强制缴费参保。罗斯福认为通过辛勤工作赚取薪水，从薪水中拿出一小笔钱以参加社会保险项目缴纳保费的形式强制储蓄起来，作为雨天基金（rain money）应对年老、失业等人生不测，这是值得鼓励的，而通过社会救济方式被动等待领取政府的施舍，以全体纳税人的税金养活少数好吃懒做之徒，这将导致社会保障制度偏离它设立的初衷。按照罗斯福自己的话说："从薪水中抽出一部钱来缴费参保，这给予参保人一项法律的、道德的和政治的权利去获取他们的养老金和失业补偿。以法定税收的形式将薪资税固定下来，就不怕什么可恶的政治家敢搞砸我的社会保障项目。"③

---

①Roosevelt, Franklin D. "A Greater Future Economic Security of the American People — A Message to the Congress on Social Security". January 17, 1935, from The Public Papers and Addresses of Franklin D. Roosevelt, vol. 4, New York: Random House, Inc., 1938, p.44.
②Ibid., p.46.
③Schlesinger Jr., Arthur M. Age of Roosevelt, vol.,II, The Coming of New Deal , New York: Houghton Mifflin Company, 1986, pp.308-309.

最先被牺牲掉的是医疗保险。当霍默·福尔克（Homer Folks）领衔起草的医疗保险方案陷入困境之际，美国医师协会站出来代表医生群体反对医疗保险社会化。[1] 面对特殊利益集团的强大压力，罗斯福担心医疗保险项目面临的激烈反对可能会拖累养老、失业等其他社会保障项目在国会顺利过关。为了照顾全局利益，丢卒保帅无疑是最好的选择，就这样，《社会保障法》草案中医疗和健康保险部分消失得无影无踪。

1935 年 3 月 1 日，在众议院拨款委员会审议经济保障委员会提交的立法草案文本时，来自加利福尼亚州的众议员弗兰克·巴克（Frank Buck）动议将经济保障法案（Economic Security Bill）更名为社会保障法案（Social Security Bill），获得多数支持。社会保障（Social Security）一词由此正式登上了历史舞台，广为人知[2]。

全盘反对社会保障制度的声音也不绝于耳。国会共和党人坚决反对社会保障法案，他们担心如果《社会保障法》得以通过，子女将不再赡养父母，征收薪资税为养老保险和失业保险筹资的办法，使联邦政府有权侵犯雇主的私有财产权，肆意干涉保障雇主与雇员自愿订立劳动合同契约自由。借助社会保障制度，联邦政府这只有形的手伸得过长，管得过宽，有社会主义劫富济贫、平均分配的嫌疑，以至于人们挖空心思，想出种种理由来反对它。有人甚至气势汹汹地打断听证会。有一回，弗朗西斯·珀金斯在国会一个委员会为社会保障法案作证时，有个女人喊道："主席先生，这个法案是从《共产党宣言》第 18 页逐字逐句抄来的，我这里有原书。"[3]

经过激烈辩论，众议院以 372 票赞成，33 票反对，25 票弃权；参议院以 77 票赞成，6 票反对，12 票弃权，通过《社会保障法》。后经参众两院跨党派协商，对草案文本做了最终的修正后，于 1935 年 8 月 14 日，提交罗斯福总统签署生效。

[1]Blumenthal, David. & A. Morone, James. The Heart of Power: Health and Politics in the Oval Office, California: University of California Press, 2009, p.15.
[2]Congressional Records of Social Security Act of 1935, 74th Congress, 1st session, vol. 1, p.1935.
[3] 威廉·曼彻斯特著：《光荣与梦想：1932—1972 年美国实录》，第 1 分册，董乐山等译，商务印书馆 1980 年版，第 150 页。

三、《社会保障法》的主要内容和历史意义

《社会保障法》的制定和实施，是美国现代社会保障制度创立的标志。考察这段历史后，我们发现社会保障制度的构建是一个涉及社会利益格局调整，涉及社会政治稳定，涉及经济发展，涉及不同利益集团切身利益，涉及继承过去、面对现实、谋划未来的十分复杂的系统工程。

19 世纪末 20 世纪初，随着美国从农业国转变为工业国、人口从乡村迁徙到城市定居、国家经济结构从自由资本主义向垄断资本主义过渡，随着经济的发展、社会的变迁，在物质生活极大丰富的同时，失业、贫困、贫富差距拉大等社会问题始终相伴相随。《社会保障法》的制定和实施，就是为了矫正和克服资本主义社会化大生产带来的种种弊病，体现出人们在追求效率和自由的同时，更加注重社会公平公正，从公平公正中寻求社会的长治久安和可持续发展。如表 1 所示，《社会保障法》是一项涵盖广泛的综合社会保障制度，有学者指出："半个多世纪以来，美国社会保障制度的演变基本上是 1935 年社会保障法的延续、发展、扩大和调整。"[①]《社会保障法》奠定了美国社会保障制度的法律基础，开创了美式社会保障体系构建的先河，在美国现代历史上具有划时代的里程碑意义。

如表 1 中，《社会保障法》共十一条，法律文本体现出立法者着力解决大萧条时期的两大突出问题——失业与贫困。截至 1935 年 8 月，尽管罗斯福政府实施大刀阔斧、疾风骤雨式的改革，倡行新政两年有余，然而，美国宏观经济仅是趋于稳定，多项经济指标尚在低谷徘徊，消费低迷，投资者信心严重不足，由于各国抬高关税、货币贬值导致出口不畅，失业率居高不下。罗斯福深刻地认识到政府通过扩大公共开支拉动消费、促进就业的手段只能缓一时之急，不是推动经济发展、走向繁荣的长久之计。1935 年的美国尚未从大萧条的沉重打击中完全恢复过来，失业与贫困，尤其是老年人的失业与贫困，始终是困扰美国政府和民众的两大难题。从《社会保障法》第二条和

---

① 黄安年著：《当代美国的社会保障政策（1945—1996）》，中国社会科学出版社 1998 年版，第 22 页。

第八条可以看出，面对艰危时局，罗斯福政府着力于通过社会保障改革，由联邦政府设立社会保障项目，将社会保障筹资建立在劳动者缴纳的工薪税基础之上，社会保障必须跟工作挂钩，将社会保障资金代际转移和分配建立在联邦政府的信用与行政效能基础之上，标本兼治，从根本上解决长期困扰美国民众的贫困与失业问题，以保证美国社会的长治久安。

表 1　美国《社会保障法》内容概要

条　款	标　题	内容概要
前言		美国《社会保障法》立法目的、立法者
第一条	贫困老人援助计划给予各州之赠款	规定联邦政府对各州贫困老人援助项目的赠款方式、补贴范围、认定方式等，联邦政府以赠款等间接方式参与各州贫困老人救助项目的运作，对各州贫困老人援助项目予以支持
第二条	联邦老年人养老金	老年人养老储备金账户、老年人养老金的支付、给予不符合养老保险参保条件的老年人的补助、财产少于 500 美元的老年人的补助、养老金的支付方式、惩罚机制等
第三条	对各州失业补偿管理机构之赠款	联邦政府以赠款等间接方式引导各州建立失业补偿管理机构和管理机制，联邦和州携手合作，建立全国统一的失业保险体系，对各州失业补偿、失业保险和失业救济项目予以支持
第四条	对各州援助养儿育女家庭之赠款	联邦政府以赠款等间接方式参与各州对养儿育女家庭之援助项目，对各州援助养儿育女家庭进行引导和规范，对养儿育女家庭援助项目予以支持
第五条	对各州母亲和儿童福利之赠款	母子健康服务、残疾儿童服务、儿童福利服务等
第六条	公共卫生工作	引导和规范各州和地方公共卫生服务体系建设
第七条	社会保障委员会	社会保障委员会的设立、职责、权限、工作机制等
第八条	雇员所缴之税	雇员从薪资收入中扣缴工薪税划入养老储备金账户，薪资税的税基、税率、税则，薪资税的应税群体，薪资税对社会保障筹资的贡献率，等等
第九条	雇佣八人以上之雇主所缴之税	雇佣八人以上之雇主所缴纳社保税和失业保障税的比例，社保税和失业保障税的税基、税率、税则，社保税和失业保障税的应税群体，社保税和失业保障税对社会保障筹资的贡献率，应税收入最高限额，等等
第十条	对各州救助盲人之赠款	联邦政府以赠款等间接方式参与各州救助盲人项目，对各州救助盲人项目予以支持
第十一条	总则	美国《社会保障法》涉及法律概念之定义、权利和义务关系等

此外，《社会保障法》第一条和第三条统筹整合当时各州业已实施的失业保险制度，将登记失业、分配失业保险金的自由裁量权赋予州和地方政府，联邦政府通过给予各州赠款的方式，帮助各州建立起运作高效而又符合各州实际情况的失业保障和救济体系，缓解经济萧条对就业带来的严重冲击。在新的合作联邦制下，既明确规定联邦政府事权，又强调调动各州政府积极性，发挥各州属地管理职责，联邦政府事权＋州政府属地管理的新模式在社会福利与社会保障领域广泛推行开来，极大地提高了政府构建和运作福利国家制度的能力和效率。

最后，为了维系种族歧视的根基，将黑人等有色人种排除在联邦政府新设立的社会保障体系之外，在国会辩论阶段，代表南方保守势力的民主党议员提出将在农场工作的雇佣工人、在家庭工作的家政服务人员等收入不固定、不稳定的劳动者排除在缴纳工薪税、领取养老金的社会保障体系之外，而生活在南方的广大黑人首当其冲，被无形的玻璃门挡在了社会保障体系的大门之外，《社会保障法》规定的种种社会保障与社会福利大部分与他们无缘。美国学者吉尔·卡德诺（Jill Quadagno）指出 1935 年制定的《社会保障法》不仅没有实现人人平等，促进黑白种族融合，反而进一步强化了特定区域、特定职业、特定历史时期黑白种族之间的隔离与对立[1]。简而言之，种族歧视及其种族歧视背后根深蒂固的种族优越感所导致的制度设计缺失，是《社会保障法》的重大不足。随着时间的推移，特别是 20 世纪 60 年代民权运动兴起后，才彻底打破了黑人等有色人种在社会保障与社会福利领域遭受到的差别对待。通过修正法律、修改制度、匡补缺失，社会保障制度逐步惠及全体美国民众。

四、美国联邦最高法院对《社会保障法》合宪性司法审查

鲜有论者涉及美国联邦最高法院对《社会保障法》合宪性进行的司法审查。

---

[1] Quadagno, Jill. The Color of Welfare: How Racism Undermined the War on Poverty, Oxford: Oxford University Press, 1994, p. 20.

在美国三权分立的政治运作模式中，手握司法审查权的美国联邦最高法院扮演着关键的角色。通过解释与适用宪法，最高法院有权宣布违反宪法的国会法律、各州法律和行政分支发布的行政法规无效。1935 年 8 月 14 日，罗斯福总统在《社会保障法》文本上签字，标志着该法完成了全部立法程序，将于1937 年 1 月 1 日正式生效。对《社会保障法》和社会保障制度不满的人将目光转向最高法院，寻求在司法战场上赢得胜利，废止《社会保障法》。

《社会保障法》极大地拓展了联邦政府管理公民个人事务、管理国家宏观经济、管理公共事务的权力和权限。联邦政府也通过赠款等方式，以前所未有的速度、深度和广度将权力的触角伸向传统上属于州和地方管辖的领域。在新的权力分配体系中，联邦政府的权力和责任无疑大大集中和加重了。根据美国宪法第十修正案："宪法未授予合众国、也未禁止各州行使的权力，由各州各自保留，或由人民保留。"[1] 如果联邦政府想要拓展自身权力，必须要从宪法明文列举的权力中为权力扩张找到正当的宪法依据。

早在《社会保障法》起草阶段，经济保障委员会成员犹豫不决，游移不定，一直无法决定应选择宪法哪一条款作为《社会保障法》的宪法基础。随着法案起草工作进入尾声，这一问题变得愈来愈迫切。1935 年前后，正是罗斯福总统与最高法院的对抗日趋升温的关键时期。从 1935 年 1 月起，最高法院内部保守派联合中间组成多数，开启司法能动主义的闸刀，宣布《全国工业复兴法》《铁路工人养老金法》《农场房屋贷款法》《农业调整法》《烟煤法》《城市破产法》等十多个对新政至关重要的法律违宪。罗斯福念念在兹的新政事业岌岌可危。其中，1936 年 1 月 6 日，最高法院判决《农业调整法》违宪的合众国诉巴特勒案 2 与《社会保障法》的合宪性息息相关。《农业调整法》基本运作方式是联邦政府向农产品加工和流通企业征收农产品加工税，以筹措资金，向自愿削减农产品产量的农场主发放种地补贴。通过削减农产品的总产量，达到量跌价升，恢复农业领域正常的价格秩序。这与《社会保障法》

①U.S. Const. Amend. X. 译文参考王希著：《原则与妥协：美国宪法的精神与实践》（增订版），北京大学出版社 2014 年版，第 813 页。
②United States v. Bulter, 297 U.S. 1（1936）.

中规定向雇主和雇员开征薪资税以筹款支付养老金、失业补偿等社会保障项目几乎如出一辙。

法院多数意见的执笔者欧文·罗伯茨（Owen Roberts）大法官在本案中阐述了对国会行使征税权促进"公共福利"的基本看法。罗伯茨认为应对征税权采取文本主义的解释路径，反对任意扩大国会的征税权。巴特勒案的前车之鉴为《社会保障法》的前景蒙上了浓重的阴影。除此之外，判决《铁路工人养老金法》违宪的铁路工人退休委员会诉奥尔顿铁路公司案①，也让《社会保障法》前景堪忧。

在最高法院保守派大法官敌视新政的大背景下，《社会保障法》的立法者们时刻担心最高法院司法审查违宪无效的判决结果会令政治进程产生的新政立法功亏一篑。如何有效地应对保守派大法官们犀利的宪法目光，保护《社会保障法》不被司法审查废止，成为经济保障委员会成员考虑的头等大事。毕竟，无论是 18 世纪末制定宪法的年代，还是 19 世纪 60 年代内战结束后的重建时代，参与制定宪法和修订宪法的人们都压根儿没有社会保障的概念，宪法中也没有任何只言片语涉及社会保障的理念和实践。如何找到一个恰当的宪法基础，将宪法中的微言大义与现实的大胆创新有理有据地联系起来，这是《社会保障法》起草者们无法回避的难题。

因缘际会，在一次社交活动中，经济保障委员会主席、劳工部长弗兰西斯·珀金斯碰巧与最高法院大法官哈兰·斯通（Harlan Stone）相邻而坐，看似繁难无比、毫无头绪的难题，霎时间出现了转机。斯通大法官的夫人长袖善舞，在华盛顿政治圈以善于交际闻名。每周三下午，斯通家高朋满座，群贤毕至。某个周三下午五时许，珀金斯恰巧与男主人斯通大法官相邻而坐。寒暄过后，两人谈起了正在草拟中的社会保障法案。二十八年后，珀金斯依旧清晰地记得当她尝试着把《社会保障法》的宪法基础困惑和盘托出，用征询的目光望向斯通大法官的时候，他抬头环顾四周，确认没有其他人在场后，

①Railroad Retirement Board v. Alton R. Company, 295 U.S.330（1935）.

他贴近珀金斯耳边低声耳语道："亲爱的，联邦政府的征税权就如你所愿了。"[①]珀金斯心领神会，赶忙道谢。她等不及下午茶结束，匆匆返回办公室下定决心将《社会保障法》的宪法基础确定为宪法第一条第八款第一段："国会有权规定和征收直接税、进口税、捐税和其他税，以偿付国债、提供合众国共同防务和公共福利，但一切进口税、捐税和其他税应全国统一。"[②]

尽管有斯通大法官暗中襄助，然而《社会保障法》的立法者们深知由联邦政府统筹管理的社会保障制度作为一项新生事物，是否属于宪法第一条第八款第一段述及的"公共福利"尚有很大的不确定性。

从立宪建国开始，国父们对联邦政府动用征税权（taxing power）促进"公共福利"存有很大的分歧。以亚历山大·汉密尔顿为首的联邦派主张从宽解释，即只要"公共福利"涵盖的范围很广，联邦政府的目标只要跟"公共福利"沾边，宪法就应当授权联邦政府采取大胆的行动，通过征税筹集资金。以詹姆斯·麦迪逊和托马斯·杰斐逊为首的反联邦派主张从严解释，即应从字面意思去理解"公共福利"，征税的权力仅仅局限于某种特定性质的国家目的，不应无限度地扩展"公共福利"的内涵和外延。[③]历史地看，最高法院逐渐认同了汉密尔顿从宽解释的宪法观，联邦政府为促进"公共福利"举债和征税的行动在多数时候得到了最高法院大法官们的默认和支持。

在1936年总统大选中，罗斯福取得压倒性优势，顺利连选连任。携胜选之余威，1937年2月，罗斯福提出填塞法院计划，用"甩石头，掺沙子"的办法向最高法院保守派大法官发起反击。填塞法院计划主要内容是考虑到法官年事已高，力不能逮，联邦法院法官若已经在法院服务十年且年满七十岁者，如果在六个月内不自动退休，则由总统另外增派一名新法官进入法院。这不是代替老法官，而是增加法官名额。按照这个计划，整个联邦司法机构将被

---

①Perkins, Frances. The Roots of Social Security: Speech Delivered at Social Security Administration Headquarters, October 23, 1962. 网页地址：https://www.ssa.gov/history/perkins5.html，2018 年 7 月 5 日访问。

②U.S. Const. art I, § 8, cl. 1. 译文参考王希著：《原则与妥协：美国宪法的精神与实践》，第 802 页。

③ 约瑟夫·斯托里著，毛国权译：《美国宪法评注》，上海三联书店 2005 年版，第 292 页。

指派额外大约 50 名联邦法官。具体到联邦最高法院，联邦最高法院将增派 6 名法官，连同原来的 9 名法官一共是 15 名。原来的 9 名法官中有 3—4 人对新政尚持同情态度，加上新增加的支持新政的 6 名法官就可以占据多数，扭转抵制新政立法的被动局面。

罗斯福"司法改组"方案是美国历史上唯一一次总统试图以法律的形式，通过改变最高法院人员组成，进而推动法官在司法实践中接受"新政"思想观念的勇猛行动。法院改组计划的结果令人出乎意料，在罗斯福法院填塞计划的攻势下和社会舆论的压力下，罗伯茨大法官转入同情新政的阵营，随后的司法判决开始出现变化，左右摇摆的中间派大法官们迅速地改变了先前的司法立场。罗斯福一手操持的最高法院改组计划，令一代伟人的政治声誉受损，罗斯福呵护新政的拳拳之心，竟无意间撼动了美国宪政民主制度的基础。罗斯福—国会—最高法院三方角力的大戏，把一向沉稳低调的联邦最高法院推到了政治风暴的风口浪尖上。最高法院改组之争凸显出新政阵营的嫌隙，1933 年罗斯福上台后"一边倒"的政治格局亦发生了显著的变化。罗斯福与国会之间亲密无间的关系已成明日黄花。新政以来，罗斯福与国会第一次就重大宪政问题出现严重分歧。国会山上的议员们不再翘望白宫，唯罗斯福马首是瞻，反之，无论是共和党议员，还是民主党议员，都发出了与罗斯福总统本人截然对立的声音。罗斯福时代的美国政治发生了新的变化。在罗斯福新政迎战大萧条的全新格局下，联邦行政分支，联邦立法分支，联邦司法分支——传统的三权分立与制衡宪政体制在党派政治的催化下，发生了新的重大变化：最高法院司法审查的重点从克制政府干预和规制经济的努力，转向切实保护公民的宪法权利和自由。1937 年宪政危机后，最高法院体面而有尊严地从传统阵地中全身而退，又在另一个长久被忽视的领域中涅槃重生。

就《社会保障法》而言，先后有三起案件上诉到最高法院①，挑战《社会保障法》的合宪性。乔治·P. 戴维斯是爱迪生电力照明公司的一名小股东。根据《社会保障法》的规定，爱迪生电力照明公司将从 1937 年 1 月开始为公

---

①Helvering v. Davis, 301 U.S. 619 (1937), Steward Mach. Co. v. Collector, 301 U.S. 548 (1937), Carmichael v. Southern Coal & Coke Co., 301 U.S. 495 (1937).

司雇员缴纳工薪税。戴维斯认为缴纳工薪税增加了用人成本，导致公司经营利润下降，进而影响到股东权益，因此，他反对爱迪生公司为雇员缴纳工薪税。他将爱迪生公司告上法庭，以此方式来阻止公司缴纳《社会保障法》规定的公司税。美国联邦行政分支与爱迪生公司司法立场一致，决定介入该案，由美国国内税收署（IRS）委员海沃恩代表联邦行政分支出庭应诉。戴维斯的律师认为工薪税是一种新税，宪法无明确授权联邦政府征收工薪税，因此它是违宪无效的，此外，为老年人提供公共福利是各州的职责，各州有权根据自身情况便宜行事。联邦政府认为如果不能与时俱进，从宽解释宪法条文，1789 年生效的宪法将无法满足 1935 年美国的紧迫需求。斯图尔德机器公司诉征税员案挑战了《社会保障法》有关失业保险与失业补偿条款的合宪性。斯图尔德机器公司依照法律规定缴纳了第一笔失业保险税费 46.14 美元后，立即以《社会保障法》违宪无效为由起诉联邦政府，要求联邦政府退回该笔税款。与戴维斯案一样，代表斯图尔德机器公司出庭的律师认为宪法涉及政府征税的条款不能为《社会保障法》的失业补偿金条款提供有力的法律依据，联邦政府征缴失业保险与失业补偿给付行为也与联邦政府"提供公共福利"没有什么直接关系。卡尔迈尔诉可口可乐公司案挑战的也是失业保险与失业补偿条款的合宪性。可口可乐公司设在亚拉巴马州的工厂已经缴纳了亚拉巴马州的失业保险金，根据《社会保障法》的新规定，可口可乐公司需要同时向联邦政府和亚拉巴马州政府分别缴纳失业保险金，联邦政府层的失业保险金体系和州政府层级的失业保险金体系互不兼容，在全国失业保险体系尚未建立健全的过渡阶段，不可避免地存在重复征缴加重企业负担的现象。《社会保障法》落实落地还有一个漫长的过程，联邦社会保障法与各州社会保障法之间的整合不尽如人意，让企业无所适从。可口可乐公司认为亚拉巴马州失业保险费率和失业补偿金给付方式比联邦政府的有关法律规定更合理、人力成本更低，可口可乐公司因此认为《社会保障法》违宪无效。上述三起挑战《社会保障法》合宪性的案件突出地反映出当时美国社会并未对《社会保障法》肇划的美国社会保障体系达成广泛共识，牵涉切身利益的公司所有者和经营者对《社会保障法》存有强烈怀疑和不满情绪，寄希望于美国联邦最高法院行使司法审查权判定《社会保障法》违宪无效。信心满满的挑战者们决心要把从政治战场上失去的东西从司法战场上夺回来。挑战《社会保障法》合宪性的三起案件攸关《社会保障法》的生死存亡，行政分支和司法分支闯关成功并不代表最终的成功，司法战场取得胜利才能确保《社会保障法》顺利落实落地，不至于半途而废，无果而终。

在填塞法院计划引发的宪政危机尚未平息之际，1937 年 5 月 24 日，最高法院发布判决意见书，在三个案件中均判定《社会保障法》合宪。在海沃恩应诉戴维斯案中，代表多数派撰写司法意见书的本杰明·卡多佐大法官认为缓解失业问题的社会保障立法是促进"公共福利"的应然之举，社会保障是"公共福利"的题中之义。随着时代的变迁，公共福利的含义也在发生变化。究竟应如何确定公共福利的内涵和外延，这是国会的责任，不应由最高法院来做出判断。卡多佐大法官明确指出："失业造成的危害人所共知。失业情况如此严重，以至于各州政府无法提供及时和必需的社会救济。无论就地域范围而言，还是从严重程度而言，失业问题都是全国性问题，需要全国政府统筹协调解决……这部法律（《社会保障法》）背后蕴含的希望就是为了把人们从穷困潦倒的境地拯救出来，并让他们免于晚景凄凉、孤苦伶仃带来的恐惧。"[1] 最高法院一系列从宽解释"公共福利"、赋予联邦政府新征税权的司法先例为联邦政府未来行使该项权力，进一步扩展和完善社会保障体系扫清了法律障碍。正如斯通大法官在卡尔迈尔案多数意见中写道："各州政府和联邦政府应携手合作，共同促进公共福利。否则，如若各州政府和联邦政府相互拆台，不能精诚合作，则会导致两败俱伤的双输局面。宪法并不禁止（各州政府和联邦政府）之间这样的合作。"[2]

五、结语

诚如中国学者黄安年教授所言："社会福利保障是一个涉及社会经济发

---

①Helvering v. Davis，301 U.S. 619, 650 (1937).

②Carmichael v. Southern Coal & Coke Co., 301 U.S. 495, 526 (1937).

展和持续发展，涉及社会政治稳定、进步和发展，涉及各个阶层的利益集团互动关系，涉及过去、现在和未来相互影响的十分复杂的系统工程。对它的政策的历史回顾、实施时面对的诸方面的矛盾，以及它的前瞻影响都是必须重视的……对于美国不同于西、北欧典型福利国家的社会福利保障机制的不足和优长，我们都需要加以研究。"① "二战"后美式资本主义制度发生多重深刻变化，福利国家制度的构建和拓展是其中最重要的新变化，1935 年制定和通过《社会保障法》奠定了美式福利国家的法律基础。

目前中外学界较为一致的看法是 1935 年《社会保障法》开启了美国福利国家之门，通过进一步发掘新旧史料、转换研究视角和研究层面，更深入、更系统、更全面地研究 1935 年《社会保障法》，有助于研究者探索美国社会保障制度蕴含的根本特征及其规律性认识，即通过联邦政府协调和再分配，将所有参与日常经济活动的人与社会保障计划联结起来，将美国人的现在和未来建立在经济安全之上。在美国这样一个强调市场经济制度、自由交易和个人自由的国度，发挥联邦政府和州与地方政府的力量，将社会保障事务纳入国家事权，将此前业已存在的碎片化的社会福利制度整合在一起，通过法律的形式加以整合、拓展和完善，进而系统地构建起一套符合美国国情的社会保障制度是一项殊为不易的系统工程。

回望历史，思古鉴今，当代中国社会保障事业也处于承上启下、开拓创新、快速变革的关键时期。在以习近平同志为核心的党中央坚强领导下，如何吸收古今中外经验教训，从中国现实国情出发，以现实需要为导向，以满足人民群众对美好生活的追求为抓手，既着眼当下紧迫需要，又谋虑经济社会长远发展，进一步挖掘社会保障制度的巨大潜力，发挥社会保障"稳定器"和"安全网"的重要作用，不断构建和完善中国特色的社会保障体系，提升人民群众的满足感和获得感，是摆在社会保障研究者、从业者、决策者面前的重大时代课题。唯有解放思想，实事求是，务实奋进，砥砺前行，才能不负党和人民的期望和重托，为构建和完善中国特色社会保障体系而努力奋斗。

---

① 黄安年著：《当代美国的社会保障政策（1945—1996）》，第 1—2 页。

后 记

　　浙江工商大学历史学专业是在 21 世纪大力发展基础学科的背景下设立的，也是浙江工商大学重要的学科门类之一。2009 年历史学系正式组建，次年开始招收历史学专业本科生。与此同时，专门史硕士学位点也转入历史学系并招收中国史专业硕士研究生。2017 年历史学系开始招收文献学专业硕士研究生。历史学系创建以来，在学校各级领导、相关职能部门的关心和扶持下，立足学科基础，凸显学科特色，发挥自身优势，不断成长壮大，呈现出了良好的发展势头。

　　当下历史学系依托商业史研究院、大运河研究院、中国思想文化研究中心以及中国饮食文化研究所等平台，结合学校传统与专业特色，聚焦时代使命，开展教学与研究活动。近年来，历史学系教师获得国家社科基金四项、省社科重点项目两项、其它各类科研项目十余项，在重要学术期刊发表学术论文数十篇，出版学术著作十余部，获省级以上奖励多项。

　　值此浙江工商大学建校一百一十周年之际，历史学系创建已十年有余，历史学系教师追思往迹，感念创业维艰，遂有编制纪念文集之动议。本书所选文章皆为历史系教师近年来潜心治学的成果，也从一个侧面反映了历史学系的发展状况。

　　本书出版得到了浙江工商大学党委副书记李军教授的热忱关怀，得到了社会科学部部长、社会科学研究院院长高燕教授、人文与传播学院党委书记郑晓东教授、浙江工商大学出版社鲍观明社长和郑建副总编辑的大力支持，在此一并表示衷心的感谢！

浙江工商大学历史学系

杨齐福

2022 年 4 月 18 日